中国老年教育

理论研究与国际对接

（2018）

林元和　王友农　主编

北京师范大学出版集团
BEIJING NORMAL UNIVERSITY PUBLISHING GROUP
北京师范大学出版社

图书在版编目(CIP)数据

中国老年教育理论研究与国际对接.2018/林元和,王友农主编.
—北京:北京师范大学出版社,2020.5
ISBN 978-7-303-25766-9

Ⅰ.①中… Ⅱ.①林… ②王… Ⅲ.①老年教育—研究—中国
Ⅳ.①G777

中国版本图书馆 CIP 数据核字(2020)第 052153 号

营 销 中 心 电 话 010-58802135 010-58802786
北师大出版社教师教育分社微信公众号 京师教师教育

ZHONGGUO LAONIAN JIAOYU LILUN YANJIU YU
GUOJI DUIJIE 2018

出版发行:北京师范大学出版社 www.bnup.com
          北京市西城区新街口外大街 12-3 号
          邮政编码:100088
印   刷:北京溢漾印刷有限公司
经   销:全国新华书店
开   本:787 mm×1092 mm 1/16
印   张:15.75
字   数:225 千字
版   次:2020 年 5 月第 1 版
印   次:2020 年 5 月第 1 次印刷
定   价:65.00 元

策划编辑:郭兴举 鲍红玉   责任编辑:李云虎 朱冉冉
美术编辑:李向昕   装帧设计:李向昕
责任校对:康 悦   责任印制:马 洁

前　言

　　2018 年是我国改革开放 40 周年，也是中国老年大学协会成立 30 周年。中国老年教育国际化发展在 2018 年有了重大进展：一是让世界认可了老年教育的"中国模式"；二是让站位更高、视野更广的国际老年大学协会（AIUTA）关注和参与了中国的"一带一路"倡议与老年教育的研究。本书展示了这两个前沿动态。

　　今日的中国，无论是对国家、民族来说，还是对每一个人来说，黄金时代的大幕已经拉开，中国老年教育更是美好生活的见证者、创造者和受益者。40 年来，中国老年大学从最初的 916 所，发展到现在的 6.2 万多所，学员从 12.48 万人发展到 1300 多万人（包含远程教育学员），在校学员数占到全世界老年大学在校学员数的 $\frac{1}{2}$。办学规模、教学设施、开设专业等方面已经处于世界先进水平。随着对外交流的进一步扩大深化，"老年教育中国模式"的影响力也在海外老年教育界日益增强，老年教育理论研究与国际对接的水平大幅提高。中国老年教育在走出去的同时也把国外的老年教育请进来。2018 年，AIUTA 两次在中国举行国际学术交流活动，分别是在上海和潮州。

　　理论对接是中国老年大学国际合作交流的最主要通道，AIUTA 一年两次的国际研讨模式为理论研究提供了良好平台。中国老年教育与国际对接应是双向互动、包容联动的，为此，我们提出和实施了"1＋1"国际议题研讨模式，形成了研究成果共享的局面。本书延续了这种国内外理论成果融通的写法。正如中国老年大学协会会长张晓林所指出的："我们一定不能关着门，孤芳自赏、抱残守缺，不仅要把别人好的经验学来，他们遇到的问题、采取的措施我们也可以学习借鉴，少走弯路，后发优势的特点就在这。我们还要走出去，彰显特色，介绍我们自己，介绍我们主要的特点和做法。"

本书收录了 2018 年 4 月 10 日 AIUTA 教育和科学执委会在中国上海召开的执委会议，10 月 11 日在广东潮州召开的老年教育发展趋势学术会议及 2018 年 AIUTA 动态，AIUTA 第 102 届西班牙巴塞罗那国际会议，第 103 届毛里求斯国际会议，较全面地展示和解析了 2018 年老年教育国际业界的动态、观点与成果。

通览全书可见，2018 年中外老年教育理论研究的对接，在三个重要节点上通过清晰的逻辑思维主线串联起来了：第一，4 月上海老年教育国际学术交流活动确认了世界老年教育的三种主要模式为法国模式、英国模式、中国模式；第二，6 月巴塞罗那国际研讨会确认了世界老年大学有共性的教育标准；第三，11 月毛里求斯国际研讨会确认了老年大学教育促进多元文化融合。而由此推演出来的成果就是：老年教育可以在世界范围内与"一带一路"倡议对接。

本书最大的亮点和突破是，AIUTA 和我们一起研究了"一带一路"与老年教育的关联。在 2018 年 11 月召开的毛里求斯国际会议上，中国老年大学协会代表向所有 AIUTA 会员国发出公告，提出：我们在 AIUTA 的框架下建立终身教育的国际体系，可与"一带一路"的理念进行对接。面对一个全球老龄化的世界，"一带一路"的推进需要全世界的老年人了解关注，也需要大家共同商讨，共同建设老年教育的国际体系，共享这个体系所带来的应对全球老龄化的成就。AIUTA 理事会接受了中国代表的建议，确定 2019 年 5 月在武汉召开的第 104 届国际理事会的主题为"'一带一路'与老年教育"。这是首次以中国视角提出的国际议题，彰显了中国老年教育组织在世界上的积极影响力。

目 录

第一章　中国会议

第一节　上海会议

2018 年 4 月 11 日至 12 日，2018 老年教育国际学术交流活动在上海举行。此次学术交流活动是为了深入贯彻落实国务院办公厅印发的《老年教育

发展规划(2016—2020 年)》中关于加强国际交流合作的有关要求，进一步提升我国老年教育理论研究与国际对接合作水平，聚焦中、法、英等国老年教育模式，开展发展研究和特色交流。活动由中国老年大学协会国际联络部和上海老年大学主办，上海老年教育研究院承办。

一、齐聚上海，交流各国老年教育发展模式

中国老年大学协会会长张晓林、中共上海市委原副书记罗世谦等出席本次交流活动。中共上海市教育卫生工作党委书记虞丽娟出席并参加了中国老年大学协会国际老年教育研究中心的揭牌仪式。上海市教育委员会主任陆靖在开幕式上致辞。

教育部职业教育与成人教育司城乡社会教育处处长刘英，中国老年大学协会副会长林元和、孔玉芳，上海市教育委员会副主任倪闽景，上海老年教育协会会长俞恭庆，中国老年大学协会国际联络部主任王友农等相关领导嘉宾，以及来自全国各省市老年教育机构的代表与学者近 200 人出席了这次学术交流活动。国际老年大学协会主席弗朗索瓦·维拉斯(Francois Vellas)、国际老年大学协会秘书长玛利亚·切斯特(Maria Chester)与来自法国、英国、葡萄牙、意大利、美国等国的 10 余位老年教育专家应邀来华出席活动，受到热烈欢迎。

上海老年大学校长、上海老年教育研究院院长李宣海主持开幕式。

国际老年大学协会第一副主席、中国老年大学协会副会长林元和宣布，经中国老年大学协会第四届七次常务理事会研究决定，设立中国老年大学协会国际老年教育研究中心，落址在上海老年大学。这为开展中国老年教育研究的国际交流增添了一个重要的平台。

在主旨演讲阶段，4 位中外专家分别介绍了法国、中国、英国的老年教育模式和中国模式下的上海老年教育样本；在论坛交流阶段，来自湖北、天津、浙江、贵州的代表分别介绍了各地开展老年教育的经验与特色，并进行

了由陆剑杰和叶忠海教授分别主持的中外学者互动交流。中外代表们还参观考察了上海老年大学和徐汇区老年大学。

经过交流与讨论，本次活动通过了"老年教育上海共识"，强调增进民生福祉已成为全球社会发展的主流趋势。老有所养、老有所医、老有所为、老友所学、老有所教、老有所乐，成为未来社会有望达到的美好目标。

教育部职业教育与成人教育司城乡社会教育处处长刘英对本次国际学术交流活动表示祝贺并给予高度评价。她还以中国政府部门一线管理者的身份，从提高认识、扩大供给、创新方式、创新管理和加强研究五个方面，对如何进一步推动我国老年教育工作的发展发表了重要意见。

交流活动还举行了聘任仪式。中国老年大学协会会长张晓林代表新成立的国际老年教育研究中心向外国专家颁发聘书，聘请国际老年大学协会主席、法国图卢兹第三年龄大学校长弗朗索瓦·维拉斯为高级顾问；聘请国际老年大学协会秘书长、英国第三年龄基金会干事玛利亚·切斯特女士，国际老年大学协会科学委员会主任兼司库、法国兰斯第三年龄大学校长帕特里克·德穆伊（Patrick Demouy）先生，国际老年大学协会副秘书长、葡萄牙亚速尔群岛老年大学校长卡洛斯·桑托斯（Carlos Santos）先生和国际老年大学协会教育委员会主任、意大利费拉拉大学老年大学校长利维奥·泽尔比尼（Livio Zerbini）先生 4 人为客座议员。

在欢快的气氛中，上海老年大学向国际老年大学协会主席维拉斯赠送了本校老年学员集体创作的《看上海爱上海画上海》长轴书画作品，情真意切，赢得全场热烈的掌声。

二、"参与·实现·共享"成为老年教育发展的国际课题

在聚焦世界老年教育三个主要模式框架下，本次国际学术交流活动的主题为"参与·实现·共享：从老年大学到老年学习者"。它揭示了老年教育两个主题之间的关系，揭示了老年教育的终极目标，也提出了老年教育的发展

方向，即通过各类老年大学的努力，面向更多的老年学习者，鼓励参与，实现自我，共享成果。

(一)关注之一：探寻各国各地的发展模式

面对老龄化社会程度的不断加剧，各国在老年教育的发展路径与管理方式上呈现出不同的模式。法国紧密依托高校力量举办老年大学，并组建法国老年大学协会进行协调；英国鼓励各行各业独立办学、开放办学、自主办学，并组建信托公司进行管理；中国在"党委领导、政府主导、社会参与、全民行动"的老龄工作方针指引下，走出了一条由政府为社会提供公共服务、党政职能部门成为老年大学办学主体的发展之路，其力度之大，发展之快，受到国际同行的关注和称赞。

中国老年大学协会副会长林元和认为，中国老年教育的发展有强大的内生动力，主要来自三方面：一是来自老年群体日益增长的学习需要；二是来自执政党和政府以人为本、执政为民的施政理念；三是来自中国老年教育工作者的探索与推动。

湖北省的整体发展规划、天津市的"章鱼式"办学举措、浙江省的内涵建设和贵州省的边陲特色等经验，都让与会代表得到新的启发。

中国模式影响世界。据国际老年大学协会主席维拉斯介绍，目前，老年大学在国际上迅速扩展，许多国家也开始学习中国做法，采用政府力量直接办学，以推动老年教育事业的加快发展。

(二)关注之二：坚持以人为本的教育初心

法国老年大学以"经验、分享、志向"来概括老年教育的功能和聚焦点。英国老年大学强调"自主、互助式"的学习，教学互助、管理互助，以乐趣为主要动机。它们都十分强调满足老年人的内在需求，并且努力让老年学员在互动中获得快乐。

在上海老年教育研究院常务副院长庄俭看来，上海的样本比较重视"发展老年教育必须坚持以人为本"的理念，提出老年教育就是为老年人的学习提供服务，为老年人创造学习条件、提供学习机会、做好学习服务。

这些理念，通过相应的措施得到落实。例如，在教学内容上，以需求为导向；在学习场所上，以便利为导向；在学习方式上，以尊重为导向。上海的老年教育还通过建立一个机构——多部门参与的老年教育工作小组，制定一个制度——每四年开一次老年教育工作会议，形成一个规划——分阶段制定老年教育发展规划等办法加强顶层设计，并在改善学习环境、构建服务体系、丰富学习资源、拓展学习方法、整合社会资源、注重制度创新、搭建展示平台等方面开创新的经验，形成上海特色。

（三）关注之三：积极开展老年教育的国际研究与交流

中国老年教育35年的发展，大体上与中国改革开放40年的经历相伴而行。经过中国老年大学协会等各地各系统全体老年教育工作者的努力，现在，覆盖全国的老年教育框架体系基本形成。我国老年教育总体规模迅速发展，810多万老年人在6.2万多所老年教育机构学习，上千万老年人通过社区教育、远程教育等各种形式参与老年教育，更多的老年人走出家庭、活跃在老年学习的各个领域。全国的老年教育工作呈现一派欣欣向荣的景象。

目前，仅上海一地，参加各类老年大学（学校）学习的60周岁及以上学员总数有50余万人。老年教育不断向基层社区延伸，全市有60万老年人参与了各类学习团队活动。与此同时，面对日益增长的老年群体，上海老年教育依然任重道远，需要努力构建起覆盖广泛、社会参与、资源融通、灵活多样、优质均衡、充满活力的现代老年教育体系，为全国乃至世界的老年教育发展提供一个可供借鉴的范本。与会者经过深入研讨，达成共识：当前，老龄化社会全面到来，老年教育的丰富实践和相关研究方兴未艾，这正是广大学者进行探索和实证的最佳实验场；要积极开展老年教育基础理论和经验的研究，探索老年教育发展规律，同时还要秉持开放的视野与胸襟，与国际优秀研究机构和院校合作，汲取国外的先进经验和理论；要让中国老年教育的理论体系在新时代中国特色社会主义的伟大实践中和广泛的国际交流中包容整合，更加丰满。上海应该在这方面做出更大的贡献。

中国老年大学协会会长张晓林认为，老年教育应当重视国际交流合作，这既是贯彻落实《老年教育发展规划（2016—2020年）》的有关要求、推进我国老年教育内涵式发展的需要，也是顺应当前我国"一带一路"发展蓝图的需要。

刘英表示，加强老年教育的理论研究和实证性研究，加强国际间的合作研究，搭建对外交流平台，这些非常重要；教育部大力支持这项工作。

国际老年大学协会与中国老年大学协会有密切的合作，维拉斯主席和他的同事多次来华进行学术交流，中国的专家学者也多次参与国际老年大学协会所组织的国际交流活动。这些交流活动很好地满足了各方的需求。对此，维拉斯主席评价说："国际老年大学协会同中国老年大学协会之间的合作可以成为促进全世界老年大学发展的合作典范。"

（上海老年大学研究室）

上海会议国际观点

AIUTA 教育和科学执委会

—— 2018 年 4 月 10 日会议摘要

前言：本文是根据会议速记整理编辑而成，旨在使我国老年教育工作者了解 AIUTA 执委会讨论学术工作的流程和概况，借此开阔视野和思路。会议由 AIUTA 主席维拉斯主持。

维拉斯：

今天的会议不是外交问题，而是研究 AIUTA 的工作。我先通报一下 AIUTA 最近的一些项目。首先是去年 5 月在斯洛伐克召开的第 100 届理事会，会议拟在欧盟教育中心出版一个小册子，这个小册子是一个比较重要的文件。其次是哥伦比亚会议，去年 11—12 月已在波哥大召开，会议主题是"机构在老年大学中的作用"。我这次带了两份关于这次会议的报告，请林元和第一副主席看看。我建议以后要将每次 AIUTA 理事会议的工作报告做得更好一些，同时各位的会议发言也将翻译介绍。比如，中国施祖美教授的大会发言。这两年，我们还做了规模相对小一点的活动，这里就不细说了。

2018年6月，我们将在巴塞罗那召开理事会及国际研讨会，讨论老年大学的标准问题。这是一个比较重要的问题，主要是希望形成一个国际标准。在泽尔比尼教授的帮助下，我们可以生成一个简单的标准，在网络上发表，供查询。中国的国际老年教育研究中心，也可以把这个作为重要课题来研究。另外，2018年10月将在毛里求斯召开的国际会议，是第一次在非洲召开的国际研讨会。毛里求斯老年大学的校长是原国家教育部长。毛里求斯是一个文化融合的国家，多民族融合导致文化融合。所以我们将在毛里求斯研究文化融合、多元文化与老年教育问题，这将是未来研究的一个新起点。我们希望做出学术成果，希望毛里求斯会议起到一定作用，因为当前文化传播和融合是很重要的问题。关于该问题的研究已经递交联合国教科文组织。毛里求斯老年大学校长也当过教科文组织秘书长，一直对文化传播和融合感兴趣。我们已确认，毛里求斯的会议主题是"多元文化融合与老年大学"。

我建议未来的工作研究包括以下几个方向。第一，学员健康与老年大学的关系探讨。法国图卢兹老年大学已经做了这方面研究，未来将与医学院挂钩，做一些技术性研究。希望更多学校参与这一课题。第二，老年人与运动的关系研究。法国老年大学运动课程少一些，中国老年大学的运动类课程内容比较多，这给我们的启示值得研究。第三，老年人与居住社区的关系探讨。当今世界各国居家养老是趋势，老年大学是最了解老年人的一个群体，所以我们应该了解、研究居家养老的需求，以及应对各种相关问题。第四，关于共享课程的交流。泽尔比尼和桑托斯教授可以做这方面的研究。他们下面会讲这一点。第五，最重要的研究方向，就是我们提出"'一带一路'与老年教育"的探讨。谈到"一带一路"，首先谈到的是经济合作，其实，老年人可以参与分享"一带一路"的建设。我提议今天就探讨这些问题及相关解决方法。

德穆伊教授：

感谢维拉斯的介绍。我提议还有一些问题。比如，关于老年旅游问题，关于老年人与艺术的问题，关于老年人与宗教关系的问题，关于养老院的创新和旅游观测平台的问题。同时，还有一个现在已经提出的英、法老年教育的对比模式报告。另外，最近也讨论了老年人"均等学习机会""机构的作用"的内容。我是历史学教授，侧重研究中世纪历史。我很强调艺术对老年大学的重要性，并且发现老年人对艺术的需求是非常大的。我们通过的《老年大学宪章》体现了对老年人提供知识的愿望。目前，艺术类的课程是不少的，有的大学还对艺术教学研究在国际上的传播做了一些准备，有的学员本身就是艺术家，如歌唱家、书画家、舞蹈家。他们到老年大学来，进入一个慢慢看的体验过程。大家想在最短时间内看到更多东西，这就是那些艺术家的想法。所以我们应该让学员做更深入的艺术了解。欧洲正在做这个项目，这是一个穿越的过程。每个过程都由一些老年大学起作用，这是可以与"一带一路"结合的成果，是很好的文化旅游实践，也是一个历史穿越的过程。我认为这可以锻炼老年人的脑力、体力。就像将在毛里求斯讨论文化融合一样，AIUTA 可以成为老年人与世界文化、艺术连接的桥梁。

泽尔比尼教授：

高科技是老年人发展的重要资源。我的主题总是关于高科技的，而且我的看法总是在晚上产生的，因为我失眠，休息不好。我建议 AIUTA 建立网络平台。提到高科技，我们总是想到年轻人比较在行。目前，各国老年大学交流可能还是一个比较传统的方式。AIUTA 应该有一个联系所有老年人、所有老年大学交流的网络。我曾参加过一个讲座，当时很多老年人不会复制。他们想复制我的课件，会务方给了 U 盘，但老年人说他们回去也不会打开。所以，如何让老年人使用这些新技术工具是一个大问题。另外，我们可以做老年人记忆的研究，这对于高科技的应用是有意义的。建一个实用的网络平台，比如提供博物馆的内容，这是有实际价值的。另外，老年旅游的问题我也说一下。老年人的旅游需求不可忽视。网络平台能满足老年人的需求，其中有个主题很重要，就是健康问题。我对中国老年教育的模式印象深刻。我了解到，中国老年大学的许多课程是关于锻炼身体、促进健康的内容，我们可以向世界推广中国经验。可以研究运动对老年人生活改善的作用。我们交流平台的建立需要多国老年大学参与，以汇集更多老年人，尤其是他们锻炼、保养的经验，当然还有许多不同课程的设置。我希望中国多给些经验让我们在网络上宣传。（维拉斯插话，泽尔比尼的建议很好，可以先做一个可行性报告）建设这样的平台应该有个计划。当然还要理顺一些问题，提出解决细节问题的办法。比如，财力、物力、人力怎么解决。

玛利亚秘书长：

英国有相关平台，用户达 40 万人。这是一种有效的传播途径，其实中国在这方面也有很好的经验。比如，昨天在浙江上虞，我们看到非物质文化展览，同时又看到现代化的老年大学。中国把传统和现代化相结合，上虞是一个成功案例。现在在欧洲，有一种夏季老年大学概念和模式。在英国，夏季老年大学资金来自第三年龄信托。在英国这些老年学校，很多人既是学生又是老师，就是强调自主办学。夏季老年大学在西班牙最早出现，英国学习这个夏季老年大学，但其运作模式较多的是学习兴趣小组。在英国，一所老年大学若具有老年大学资质，学员必须是 8 个人以上。我认为，既有知识传授，又有锻炼平衡的方法，这就是夏季老年大学的特色。欧洲很多人在夏季不工作，所以夏季老年大学往往有个主题，围绕这个主题开展校园活动。

桑托斯教授：

我来介绍一下老年旅游观测平台的问题。大的背景是老年旅游是梦想实现的过程，是社会融合的过程，又是一个改善家庭关系的过程。我想以老年学员为研究范本，而中国能提供较大样本。我希望与中国老年大学协会一起进行研究，在 2020 年前做个这方面较大规模的研究。方向是参与旅游的老年人信息有哪些，包括旅游的动机、需求，可以再考虑深一点，包括高科技与旅游的关系，也可以研究每个人对不同旅游产品的选择。

经济增长实际上也有旅游的因素，老年人又是重要的市场，所以研究老年旅游对市场也是有意义的。具体涉及的还有老年旅游的安全、生活方式。现在许多产品都介入了高科技，如住宿、出行的方式，老年人手中的高科技工具。在此背景下，老年大学的影响也是非常明显的，所以我们研究的目的是从老年大学入手，找出各国老年旅游的差异，进行比较，研究旅游和老年大学里面涉及的种种因素。

林元和：

大家的精彩发言让我受益匪浅。我认为老年教育一定要实现网络和面对面教育两者结合。老年人用网络可以了解世界，交更多朋友，但面对面教学可以解决孤独问题，形成一个新的社交圈，两者结合很重要。

另外，关于老年大学标准的研究是必要的。因为世界上有许多老年大学，但是要规范化，应该有个基本的、统一的、大家认可的要求。比如，作为老年大学的学员，我认为，大家都应学会网络，懂一点计算机，可以要求学员从开机、关机学起。是否可以在国际上制定这样一个基本要求？又比如，可以学一些复制、发文件、搜索的基本技巧。在中国，我们的课程都是按需求来设置的，现在应该加上引导性的课程。有的人不一定喜欢电脑，但我们要引导，因为这是信息社会的要求。老年人要分享社会进步，就应该有这方面的基础知识。这些要求不高，其实是容易做到的。对于已经掌握计算机基本操作的，可以免修，不会的必须补课，否则就不能成为老年大学的学生。这一点提出来供大家讨论。

维拉斯：

这两点都很重要。课堂教学是老年大学的基础，在全球视野中，要考虑在这个问题上有更好的交流。平台是展示课程教学的重要媒介。关于标准，我同意各国有不同的需求，但老年大学的标准是以提高教学质量为目的，可以提供一个课程体系的认证。我同意林先生的看法，电脑课十分必要，让老年人了解计算机操作基础十分重要。桑托斯刚才在汽车上说忘记带鼠标，提出要借鼠标，但我想年轻人可能不需要鼠标，他们可以用触摸式电脑或者其他方式操作。

王友农教授：

刚才听了各位 AIUTA 教育和科学执委会的发言，我想简单讲三点。第一，关于维拉斯教授提到的在欧洲出版的那本从斯洛伐克带来的小册子，我们已经翻译了，很快就会在中国出版。第二，关于"'一带一路'与老年教育"的主题研究，维拉斯教授在浙江考察已经提出来了，我们感觉这个题目非常好。"一带一路"是我们中国面对全球化提出的中国答案，我们也提出了构建人类命运共同体，这些问题与刚才各位教授讲到的在毛里求斯研究多元文化融合问题，我认为完全是一致的，而且是高度融合的。这是值得讨论的问题，所以我们非常赞赏、关注 AIUTA 即将做出的这个决定，也就是研究"'一带一路'与老年教育"。第三，这一次 AIUTA 在中国上海召开的教育科学执委会，是第二次在中国召开这样的执委会会议，我们觉得这对中国老年大学协会的学术理论研究将会起到较大推动作用。我们对各位提出的看法、观点非常感兴趣，并且是高度关注的。我们将参与这些问题的研究，谢谢大家。

维拉斯教授：（总结发言）

感谢各位参与，会议特别成功，有五点小结。

1. 我们要建立一个平台，这是泽尔比尼教授的建议。他计划做一个可行性报告，希望下次大会可以提出来，我们现在不是能纸上谈兵，而是做出实事。

2. AIUTA 重点推广英国的老年大学，希望有个好的范例，注重对艺术的推广。

3. 老年旅游的两点研究要开展。一是揭示老年人旅游的意愿；二是研究高科技与老年旅游的结合。0 这两点都可以与泽尔比尼教授提出的建立以网络为依托的平台结合在一起。

4. 关于老年大学的标准，采用林元和的建议，可以先就计算机做出简单标准，在此基础上扩展到其他课程，如智能手机。希望中国先提出一个标准的初稿。

5. 最重要的是，在"一带一路"与老年教育的结合上，我们可以共同创造出果实。2019下半年国际研讨会准备在中国召开，主题可以是关于"一带一路"的，如研究老年大学对"一带一路"能起什么作用，老年人对"一带一路"能有什么贡献。我们请中国老年大学协会制定一个关于研究这个项目的方案，提交 AIUTA 理事会和国际大会探讨。

最后，维拉斯主席感谢了上海老年大学和中国老年大学协会国际联络部的安排和接待。

（本文由王友农速记整理，王晨旭翻译，由 AIUTA 秘书处译为法文会议纪要载入档案）

法国老年大学及老年教育

——在上海老年教育国际学术交流活动上的主题报告

法国第一所老年大学于 1973 年在图卢兹诞生，目的是为老年人提供符合其相应年龄的活动，满足他们的需求和愿望。随后又有几所大学设立了与老年人相关的活动计划方案。多年后，老年大学数量持续增加，法国老年大学得到快速发展。之后是欧美国家，如比利时、西班牙、瑞士、波兰、加拿大、瑞典、意大利、美国、英国、德国……然后拉丁美洲、非洲、亚洲等地也建立了老年大学。我们组织创立了国际老年大学协会，通过汇集经验和研究成果，为学术机构、管理人员和老年学生提供交流的理想场所。

一、法国老年大学的学员和教师情况

1. 学员——全日制老年大学已将其教学活动扩展至所有的"退休人员"，对任何不再从事职业生涯（没有年龄要求），以及没有文凭的、具有空闲时间的人们开放。当然，老年大学所提供的所有课程都不会产生文凭。此外，如果需要进行额外的培训，充实个人文化以应对考试等，需支付学费。

老年大学学员的年龄比例：50～60 岁占 8%，61～70 岁占 38%，71～80 岁占 42%，81～90 岁占 11%。学员的男女比例：男学员为 26%，女学员为 74%。

2. 教师——老年大学聘用的领取费用的教师为 42%，志愿者为 58%。

教师层次中，大学老师为 45%，特邀非教师职业的为 39%，来自其他机构的为 16%。

二、法国老年大学的活动与课程

法国老年大学的活动注重师生之间的交流。每周的活动有：会议讨论、绘画学习、声乐合唱、徒步旅行、阅读讨论、体育锻炼、语言课程。

法国老年大学通过科学的和互动的方法，为老年学员提供优质的活动，来促进老年人智力、体能的发展。例如，凭自己的兴趣进行智力、文化、艺术或体能运动；丰富教学课程，提供多元化的活动，并可根据地点和主题等以各种形式开展活动；在不同领域（艺术、文学、科学、人文、医学、卫生、政治、环境等）召开周期性研讨会；开设多类课程（音乐文化、艺术史、音乐史、植物学、地理学等）；进行探索之旅、文化出游（从半天到一周的旅行）；设置工作坊（艺术和 DIY 创作）；组织实习（视听、电脑等），建立阅读圈子；开展跨代活动、体育活动、合唱团活动等。这些都受益于青年学生和研究人员的交流体验，也受益于新技术、外语（辅导）等知识中受益。

学员要获得老年大学提供的各种活动，需完成注册手续，提供以下材料：行政信息表，一张照片（用于制作学生卡），支付注册费用（TLU）或年费，加盖会员卡或学生卡的信封，将颁发注册凭证，允许学员在注册后参加课程和会议，同时对参加活动者给予奖励。例如，设立研究奖，对由学员进行研究、登报出版的作品设立奖项；还设有"金羽毛奖和银羽毛奖"，每两年根据学习和研究，由专业评审颁发该奖，包括诗歌、新闻、专题研究等。

三、法国老年大学联盟和法国老年大学的未来

法国老年大学联盟成员有 UTA、UIA、UTL、UPT 等 40 所大学，遍布法国 250 个地区，约 75 万名学生。其中包括各种类型的学校，如跨年龄大学、全日制老年大学、自由时间大学、文化休闲大学、业余时间大学、开放大学等。格勒诺布尔老年大学是法国最大的老年大学，已成立 40 年，拥有 7000 名老年学员。联盟的目标和任务是：保证课程质量、遵守学术目标；确保入学，对文凭和年龄没有限制；促进国家老年大学和国际老年大学间的

交流；确立老年大学与政府权力机构的沟通。每所大学都为学生提供文化、艺术、经济和社会活动的年度计划。联盟的计划是：在创意经济方面开展适应新形势的培训，如金融创新培训、文化产品创新培训、创意经济培训等。在健康和旅游方面，开展考察旅游，继续追求活跃的、强大的学习和服务重点，通过旅行建立家人和朋友的友好关系，找到在社会上的位置，加强国际交流。法国格勒诺布尔老年大学有加入国际老年大学协会的行动计划，特别是与中国老年大学的合作。第三届夏季马略卡岛、巴利阿里大学与图卢兹老年大学的合作项目，也表示有意与中国开展合作，共同发展全球老年夏季大学。

法国老年大学的未来，就是要加强老年学生和年轻人之间的交流；加强传统知识和创新知识的传播；共同努力改善生活和健康；在各大洲建立老年大学世界。

可用三个词来概括老年大学：经验、分享、志向。

我们认为："停止学习就代表着变老，跟着老年大学开始学习新事物，永远不会太晚。"

（弗朗索瓦·维拉斯：AIUTA 主席，法国图卢兹老年大学校长、教授）

老年大学：英国的经验

老年大学诞生于一个历史时刻：紧随 1968 年巴黎学生抗议越战之际。第一所老年大学由比埃尔·维拉斯教授于 1973 年在法国图卢兹创建。

在英国，老年大学 1981 年诞生于一个学术圣地——剑桥。剑桥大学的知名校友包括：艾萨克·牛顿，查尔斯·达尔文，伯特兰·罗素，以及更近的史蒂芬·霍金博士。

英国老年教育的开创者包括公开大学的创立者迈克尔·扬（Michael Young），剑桥大学三一学院的研究员彼得·拉斯利特（Peter Laslett）以及目前仍活跃的埃里克·米德温（Eric Midwinter）。

一、英国模式

法国模式的老年大学与当地高校联系紧密，并依赖其师资力量，即第二年龄者给第三年龄者上课。而英国模式是这种情形：

适合英国的合作模式；

分享技能与经验；

没有考核；

教者学，学习者教；

学以致乐。

我们为什么会创造出所谓的"英国模式"？

在我国，大学周边人居密度不高。相反，人们更喜欢住在远离热闹城市的地方。在创办新的老年大学时，这实在是一大麻烦。为了解决这个问题，我们开创了一种不同的老年大学模式：地方社区根据其需求组建自己的老年大学。

英国模式也被澳大利亚、日本等国效仿。

第三年龄信托代表全国的老年大学，既是有限公司，又是登记在册的慈善机构。它向全国各地老年大学提供教育及管理支持，并协助新老年学校的发展，如图1-1所示。

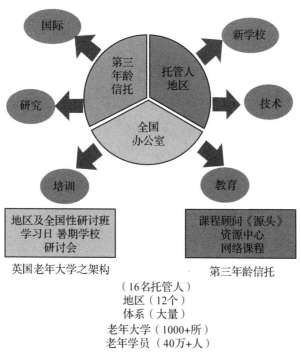

图1-1　第三年龄信托

在全国范围内，我们拥有 1000 所会员校，涵盖 40 万名成员，而且仍在壮大。伴随着发展我们迎来了挑战：继续维持教学质量、践行志愿者承诺、保持自助学习精神（这种精神对我们的成功至为重要）。

第三年龄信托由全国执行委员会管理，包括主席 1 人、副主席 2 人以及来自各行政区域的代表 12 人。信托公司位于伦敦，雇佣 9 名全职员工、7 名兼职者，资金主要来自会员校每年按人均原则缴纳的会费，对于特别项目偶尔还有拨款。

第三年龄信托支持我们的全国课程顾问，慷慨出资为其全体成员购买保险，并开设每周 7 日，每日 24 小时的法律咨询服务。

信托公司印制建议单和讨论资料，发给所有老年大学的秘书长，由其派发至全校成员。

信托公司也对我们的全国暑期班给予支持，这些班级于七、八、九月份在哈珀·亚当斯大学和位于赛伦斯特的皇家农业大学开课。此外，也有一些地区性的暑期班。

信托公司每年组织全国大会及年度股东大会，人人皆可参加。大会通常持续一个周末的时间，这是老年大学之间互相交流的良好契机。

没有课程顾问，我们的模式将难以存活。他们为老年大学兴趣小组的完善提供必要的知识，而依靠兴趣小组、分享式学习是老年大学的核心。

每一所老年大学都有自己的兴趣小组，由当地领袖或导师带领。我们最喜欢的教学模式为分享式学习。

一直以来，英国的老年大学和第三年龄信托在发展、实践、传递自助式学习理念上收获了巨大成功。

二、展望和使命

（一）我们的展望

通过办老年大学，让终身学习在所有第三年龄者面前成为现实。

（二）我们的使命

使命宣示我们机构的目标，为我们衡量自身行动和决定提供标准：

1. 助力老年大学运动的发展；

2. 为老年大学的管理及教学提供支持；

3. 提高老年大学运动的社会关注度；

4. 通过自助式学习增进晚年学习的益处。

三、老年大学运作的原则

老年大学的运作是非宗教、非政治的，有三条主要原则：第三年龄原则、自助式学习原则、互助原则。

(一)第三年龄原则

老年大学面向全体第三年龄者开放。所谓第三年龄，非指一个特定年龄，而是全职工作已然终止的人生时期；学校成员要增进终身学习的价值以及归属于一所老年大学的益处；学校成员要尽力协助有志加入者圆梦。

(二)自助式学习原则

1. 兴趣小组由成员带领，一切为了成员；

2. 不提供、不追求学位资质。学习本身就是目的，乐趣为主要动机，而非资质、奖赏；

3. 学习者、教者无区别，皆为老年大学成员。

(三)互助原则

老年大学皆为互助组织，运作上独立但属于第三年龄信托的一员，要遵从老年大学运作的指导原则：

学校成员向其学校提供的服务为无偿劳动；

每所学校靠收取成员会费，尽量节省开支实现经费自理；

唯有在不损害老年大学运作的前提下，才可以寻求外部的经费资助。

四、国际委员会

在芭芭拉·刘易斯(Barbara Lewis)的协调下，国际委员会得以创立，这是第三年龄信托加入国际老年大学协会的产物。它旨在：

向会员校传播国际老年大学运动的信息；

与国际老年大学协会合作，支持英国老年大学运动的发展；

鼓励全球各地老年大学之间的交流及国际联络。

五、杂志《第三年龄事务》

我们与全体会员保持联络的主要渠道为杂志《第三年龄事务》,此外还有《源头》。《第三年龄事务》登载我们的会员所创作的有趣文章、各种动态、对课程顾问及学习小组组长有用的信息。

六、结　语

截至目前,我们的老年会员已经超过了 40 万,会员校的年增长率为 5%,会员的年增长率为 7%。这种发展也给我们带来了挑战:维持质量、践行志愿者承诺、保持自助学习精神(这种精神对我们的成功至为重要)。

目前我们能接触的会员,不及全国第三年龄人口的 3%。英国的老年大学正在审视多样化与包容性这一全面性问题。我们正在鼓励并支持老年大学体系的有机发展。

最近,英国模式欢迎老年大学与高等院校加强联系,如坎特伯里老年大学与肯特大学合作的例子。

我们已经把办公室从布罗姆利镇搬到了伦敦中心地区,以便信托的国际委员会和各下属委员会有开会的场所。

(玛利亚·切斯特:AIUTA 秘书长、教授)

世界老年大学的现状、未来与 AIUTA

——在浙江老年大学的学术报告(4 月 7 日)

世界上第一所老年大学于 1973 年诞生在法国的图卢兹。其创建之初是为老年人提供适合其年龄的活动,满足他们生理和心理的需求,丰富他们的退休生活。

第一所老年大学建立后不久,许多大学追随其脚步,设立了专门针对老年人的课程,如格勒诺布尔大学。在法国,老年大学发展速度最快,其数量每年递增。随后,在其他国家也开始发展起来,依次是比利时、西班牙、瑞士、波兰、加拿大、瑞典、意大利、美国、英国、德国,最后发展到拉丁美洲、非洲、亚洲。皮埃尔·维拉斯教授随后成立了国际老年大学协会,该协会致力于促进世界各地老年大学间的国际交流与合作，提供一个分享经验和研究成果的国际平台。

国际老年大学协会作为老年大学的联盟，心系所有老年人的福祉，致力于帮助他们通过学校间的合作，特别是教育的研究和创新，以实现终身学习的目标。其主要功能是：在教育学领域，教育委员会通过举办研讨会和工作会议的方式向更多的人介绍教育领域的创新；在科学研究领域，科学委员会制订了一项科学活动计划，由国际老年大学协会制定新的参考出版物（特别是在多学科框架内展开研究，以使所有学员都能在医学、经济、法律、文学、科学等领域受益）。

一、老年大学的特点

1. 教育方面。老年大学对那些已经上过大学、想重新学习一门新学科的人，在青少年时期没有机会上大学、退休之后希望实现大学梦的人实施教育；老年大学的授课范围包括历史、地理、文学、经济学、法律、科学、医学等。

2. 交流方面。老年学员与老年大学的老师、教授交流；与参加老年大学课程的新朋友、同学交流；与年轻学生的代际交流。

3. 经验方面。老年学员将丰富的人生阅历、经验分享给年轻学生；从年轻学生那里学习新技术、新语言；从国际老年大学协会举办的活动中，与世界各地的老年大学交流经验。

二、图卢兹老年大学活动

每周的活动主要是：两次讲座、绘画小组、合唱课、有氧徒步、阅读小组、体育课、语言课等。

老年学员年龄分布如表 1-1。

表 1-1　老年学员年龄分布

年龄	比例
50 岁以下	0.40 %
50～60 岁	8.00 %

续表

年龄	比例
61～70 岁	38.00 %
71～80 岁	42.00 %
81～90 岁	11.00 %
90 岁以上	0.60 %

三、近年来国际老年大学协会国际研讨会的主题

1.2012 年，里斯本老年大学（葡萄牙）国际研讨会的主题为"老年人、大学和旅游"。

2.2012 年，伦敦老年大学（英国）国际研讨会的主题为"老年大学，现在和未来"。

3.2013 年 5 月，广州市老年干部大学（中国国际研讨会）的主题为"老年大学创新发展、老年人融入社会、开拓银发旅游"。

4.2013 年 11 月，乌普萨拉老年大学（瑞典）的主题为"老年公民机会平等"。

5.2014 年，法国图卢兹第 94 届理事会暨国际研讨会的主题为"老年大学和国际合作"。

6.2014 年，巴西伊瓜因第 95 届理事会暨国际研讨会的主题为"老年大学和代际合作"。

7.2015 年，西班牙阿利坎特第 96 届理事会暨国际研讨会的主题为"公民、社会凝聚力和老年大学"。

8.2015 年，波兰卢布林第 97 届理事会暨国际研讨会的主题为"第三龄学员：新一代的学员"。

9.2016 年，法国兰斯第 98 届理事会暨国际研讨会的主题为"老年大学在世界上的历史和发展"。

10.2016 年，日本大阪第 99 届理事会暨国际研讨会的主题为"老年大学：健康和积极的老龄化"。

11. 2017 年，斯洛伐克布拉迪斯拉发第 100 届理事会暨国际研讨会的主题为"老年人平等的学习机会"。

12. 哥伦比亚波哥大国际研讨会(2017 年 11 月)国际老年大学协会第 101 届理事会暨国际研讨会的主题为"机构在老年大学发展中的作用"。

13.（德召开）巴塞罗那国际研讨会（2018 年 6 月），第 102 届国际老年大学协会理事会暨国际研讨会的主题为"老年大学的教育标准"。

14.（德召开）毛里求斯国际研讨会（2018 年 10 月），第 103 届国际老年大学协会理事会暨国际研讨会的主题为"多元文化和老年大学"。

四、国际老年大学协会通过的《老年大学宪章》

1. 目标：在大学之间传递文化与知识。

2. 使命：在促进文化的交流，提高老年人的社会地位与福利水平。

3. 公开：在面向所有老年人，没有年龄、学历或收入的差异。

4. 地位：能进行一定的学术活动。大多数老年大学附属于普通高校或与普通高校建立联系，一部分老年大学为独立的教育机构。

5. 教学：在提供同普通高校相同的课程、讲座、研讨会，并增加当地的特色主题。

6. 健康：在通过对老年人的身体活动、脑力活动、社会活动进行创新，来提高老年人的健康水平。

7. 文化：在帮助老年人更好地理解社会的变迁。

8. 伦理：帮助老年人减少年龄、性别和地域等因素所带来的负面情绪。

9. 国际化：老年大学是增强世界各地老年人之间文化交流与学术合作的重要载体。

10. 未来：通过改善老年人的身体条件与智力条件，达到延长老年人的平均寿命的目的。

（弗郎索瓦·维拉斯：AIUTA 主席，法国图卢兹老年大学校长、教授。翻译：王晨旭）

上海会议国内观点

老年教育的中国模式

一、中国老年教育发展的概况

自 1983 年成立第一所老年大学以来，中国老年教育从无到有、从小到大，走过了 35 年的历程，取得了引人瞩目的发展成就。目前，中国有 7 万所老年大学，在校学员 800 多万人，办学规模 1 万人次以上的老年大学有 18 所，此外还有 1000 多万老年人通过社区教育、远程教育等各种形式参与学习，是起步相对较晚，但发展速度很快，办学规模最大的国家。

二、中国老年教育的特色优势

中国老年大学的办学形式有多种，有党政办学、学校办学、企业办学、社团办学、民间办学等，其中 80% 以上的老年大学由党和政府主办。这些学校普遍遵循"省—市—县"的层级分布方式，校长大多由退休的党政领导担任，管理人员由公务员和聘请的其他人员组成，经费主要由政府保障，学生来源面向全社会开放，专业设置和课程门类齐全，可以满足老年人多层次、多样化的个性需求。这种党政主导的办学模式，传承了有教无类的教育思想，弘扬了尊老敬老的传统美德，遵循了以老年人为本的办学理念，体现了终身教育和人的全面发展的要求，具有鲜明的时代特征和中国特色。中国老年教育的最大特色和最大优势是"执政党、政府办学"。

三、中国老年教育发展的动力

中国老年教育发展有强大的内生动力，主要来自三个方面。一是来自老年群体日益增长的学习需求。随着经济社会的持续发展和人们生活水平、人文素质的不断提高，以学习为代表的精神文化需求也快速觉醒、不断增长。进入 21 世纪，随着老龄化进程的加快，中国的老年教育需求空前高涨，成为突出的民生需要。二是来自党和政府以人为本、执政为民的施政理念。在中国，党和政府把人民对美好生活的向往作为奋斗目标。老年教育是老年人对美好生活的需要。近年来，党和政府把发展老年教育提升到国家战略层面，列入基本公共服务和重要的民生大事来抓，宏观上作为国家积极应对人口老龄化、建设学习型社会、实施终生教育战略、实现教育现代化的重大制度安排，微观上作为老年人提高生命、生活质量，提升幸福感、获得感的重要举措，凝聚了广泛共识，形成了强大合力。三是来自中国老年教育工作者的探索与推动。中国有一大批热衷于老年教育事业发展的人士。他们开拓创新、锐意进取，在实践探索中推动中国老年教育事业的发展，为老年教育贡献了智慧和力量。

四、中国老年教育的保障措施

为构建有效的动力推进机制，中国政府多措并举，为发展老年教育提供了制度、经费、人员三个关键保障。一是健全老年教育立法，在《老年人权益保障法》和国家"十三五"规划《教育改革和发展规划纲要》《老年教育发展规划》等法规政策中提出发展老年教育的要求，明确老年人继续受教育的权利，强调国家发展老年教育，部署把老年教育纳入终身教育体系，体现了鲜明的国家意志。二是制定各级政府的老年教育发展规划，形成了发展老年教育的举国体制。三是支持党政部门办学，建立了依托国家力量的要素供给制度。

五、中国老年教育存在的主要问题

中国老年教育事业在开创良好局面的同时，也存在不容忽视的问题。一是老年教育的管理体制和协调保障机制需进一步完善。二是老年教育资源供给不足，城乡区域间发展不平衡，老年教育普及工作亟待加强。三是高校参与老年教育的力度仍然不足，老年大学现有教育学术水平有待提高。

六、中国老年教育下一步发展的重点

国家对老年教育发展的整体布局，可以抽象地归结为"普及"与"提高"，这是中国老年教育下一步发展的两个重点。

"普及"主要是指扩大和优化老年教育的资源供给。《老年教育发展规划（2016—2020）》（以下简称《规划》）要求将老年教育的增量重点放在基层和农村，通过加大投入、整合资源、优化布局、提升基础能力、发展远程教育等措施，争取到2020年，50%的县（市、区）可通过远程教育开展老年教育工作，50%的乡镇（街道）建有老年学校，30%的行政村（居委会）建有老年学习点，以各种形式经常性参与教育活动的老年人占老年人口总数的比例达到20%以上。

"提高"主要是指提升各级老年大学的办学水平。《规划》要求县级以上城市至少建有一所老年大学，并要求各级老年大学大力加强特色品牌和现代化建设，不断提高办学水平，更好地在推动区域老年教育发展、提升老年教育现代化水平上发挥示范引领和辐射带动作用。

七、推动中国模式与世界其他模式交流借鉴、共同发展

中国国家主席习近平说过："文明因交流而多彩，文明因互鉴而丰富。"我们在为中国老年教育发展成就感到自豪的同时，也由衷地赞赏法国模式深厚的高等教育内涵和教育政策，英国模式灵活自主的教育策略。中国老年教育的发展，学习借鉴了国外的先进经验和做法，得到了以维拉斯主席和AIUTA为代表的国际友人及友好组织的帮助。在这里，我代表中国老年大学协会向维拉斯主席和AIUTA以及为中国老年教育提供帮助的朋友们表示衷心的感谢和诚挚的敬意！

我们愿与各国朋友携起手来，依托AIUTA提供的国际平台，加强交流，互相借鉴，促进各国老年教育共同发展，更好地造福全球老年人。我们衷心期待老年大学取得更大范围、更高成就的发展，为推动构建人类命运共同体发挥应有的作用。

（林元和：中国老年大学协会副会长、广州市老年干部大学校长）

国际老年教育办学模式研究

我们这个时代最鲜明的特色之一就是全球老龄化。面对第二次世界大战后婴儿潮转化而来的银发浪潮，全世界都在设法积极应对，老年教育不可避免地成为战略选择。第三年龄大学（U3A，即老年大学）从欧洲兴起，经历40多年的发展，覆盖了五大洲。各国老年教育通过国际比较视角，讨论、分析各国举办老年大学为主体的老年教育模式，可以相互学习借鉴，完善发展自己。

目前，国际上究竟有哪些较典型的老年大学办学模式呢？据笔者研究，主要有以下几种。

一、法国模式

（一）法国模式的内涵

老年教育的法国模式，即在高校内办老年大学，组建法国老年大学协会（UFUTA）。

在法国，"老年大学"中的"大学"一词，意味着必须与一所高等教育机构相关联。老年大学与高等教育机构之间是否有联系，成为能否加入法国老年大学联盟的一个重要标准。换而言之，要成为法国老年大学协会的成员，该老年大学须是一所高等教育院校中的某个部门或其附属的某个机构。由此可见，法国政府对老年教育性质判定为"教育"。

法国老年大学和高等教育体系之间的紧密关联，表现出法国政府和社会要求并促进高校研究老年教育、举办老年教育的教育政策指向。法国老年大学协会创立"老年人关系、学习、信息问题"研究中心以"建立和协调教学、研究社会行动方案，促进终身学习的发展"。

奠定法国老年大学模式的关键性政策因素是强调老年教育的学术性，要求其教学水平和管理水平须与高等学校的学术地位等同，这反映在以法国人为主起草的、在国际老年大学协会通过的国际《老年大学宪章》里。《老年大学宪章》在"地位"一条写道："老年大学旨在通过自主一体化发展，或与其他教学机构的合作来确保学术活动的地位。"在"国际化"一条中指出："老年大学是世界各地老年人学术科学合作的有利交流平台。"[①]可见，法国模式是把老年大学作为高等教育来办的。

（二）法国模式存在和发展的动力源是政府的教育政策

法国老年大学协会的主要目标是"协调公共权利，帮助各成员组织获得官方认可"。法国模式是一种自上而下的模式，由专家进行科学研究以制定出最适合老年人接受教育、享受教育的方案。

法国的教育活动资金一般都由国家资助。1968年，法国《高等教育法》修

---

① 《老年大学宪章》，AIUTA 于 2013 年 5 月在广州召开的第 92 届理事会会议通过，载《广州老年教育研究》，2013，12。

正案明确规定，"法国大学应当面向所有阶层开放"。1971 年，法国出台一项法律，允许法国大学资助成人教育。此外，法国政府也会资助协会，提供公共服务。法国老年大学直接被纳入国家教育体系，享受国家的财政支持。

（三）法国模式的世界意义

法国模式具有世界普遍意义，主要表现如下。

1. 成为大多数国家老年教育的"模板"。全球大多数国家老年大学采用法国模式，西班牙、德国、意大利、葡萄牙、瑞典、瑞士、比利时、巴西、加拿大、波兰、斯洛伐克、芬兰、哥伦比亚、哥斯达黎加等国老年教育均采用法国模式。

2. 法国模式的教育学术地位大力推进了老年教育的发展。法国突出老年大学的教育属性和学术地位，使老年大学学习研究层次提高，能适应社会新信息技术的不断演进冲击，适应老年学生不断提升的高端需求。

3. 法国模式存在和发展的外部动力源自政府的教育政策。国家赋予高等院校开展终身教育的责任义务并予以资助，可保障老年大学发展的可持续性。

4. 注重、强调教育权利公平，由此体现现代教育的基本思想。

5. 办学的人才、师资可与高校共享。

6. 高校内办老年大学有利于通过共同学习知识这个非常有意义的接触实现代际交流和合作。

二、英国模式

（一）英国模式的内涵

英国模式与法国模式截然不同，其内涵是各行业办学，独立、自助办学，组建信托公司管理。英国的老年大学可以与高等教育机构无关联。最大特点是学员民主自助，学习活动形式灵活。英国模式是一种自下而上的举办老年教育的模式，各个老年学校更民主地根据老年人的兴趣爱好来制定不同的学习、研究、讨论、活动方案，师生角色在不同专长方面互换现象较普遍，即"能者为师"。

（二）英国模式的价值指向和社会定位

1982年，剑桥老年大学建立，联合了英国早期成立的老年大学。彼得·莱斯里克教授起草了《老年大学的目标和指导原则》。这个文件规定了在英国成立老年大学必须满足三个条件：一是对所有老年人开放；二是在广泛意义上体现教育性；三是以民主方式运营。

根据英国老年大学的模式，"老年大学"中的"大学"一词，就是其最原始的意义，即在一起学习与分享各种知识。老年大学的活动大多在社区中心进行。有时候，这些学术沙龙活动也会在一些成员的家中进行。这样的学习过程会不会由于没有大学氛围而变形为老年人的娱乐聚会活动？其实，只要老年教育以老年大学的形式开展，就不会变形。英国老年大学的奠基文件《老年大学的目标和指导原则》所确立的办学前提条件，规定了其大学教育的准则，所以英国老年大学教育的教育地位、学术承认与法国无异。

（三）英国模式存在和发展的动力源自社会资助

英国没有涉及老年大学的相关正规法律。英国公立大学没有任何资助终身教育的义务。英国继续教育通常被学习和技能改进服务机构承办。学习和技能改进服务机构的目的是对人们进行培训以便于更换职业，但是，退休的人没有权利享受该机构的服务。

1983年，英国第三年龄信托基金（The Third Age Trust）成立。这是由英国12个地区代表组成的一个以慈善团体注册的机构。其为全英国数百所分支第三年龄大学提供多种支持服务，如法律援助、课程内容、教学资源、经验交流等。英国政府对老年大学基本没有财政支持，但还是鼓励和予以赞助的，主要是无偿提供公共设施，如社区活动中心、改造的各类场所等。英国第三年龄信托基金在促进老年大学向高等教育研究发展方面并没有明确的措施与行动。

英国模式不仅存在于英国，在美国、澳大利亚、新西兰和南非等英语国家，老年教育的英国模式也十分常见。

三、中国模式

（一）中国模式的内涵

中国模式的内涵，是中国政府应对人口老龄化所采取的政策举措，是各地各级政府及相关部门为了满足老年人的精神文化需求而举办的老年大学（老年学校）。其最大特色是"执政党办学"。这种说法是笔者根据中国老年大学管理体制绝大多数是各级党委组织部门、老干部部门创办并管理的独特现象提出的判断。中国模式是干部制度改革的历史演进的结果。老年大学是政府为社会提供公共服务。党政职能部门为办学主体，目前正在转型为以教育部门为主。

中国模式的老年大学显现出来的外部特征就是学校校长大多数是当地党政领导，有的是退休后继续以志愿者身份发挥作用，有的是由在职的党政领导兼任，而不是像国外那样大多数是教授。

（二）中国模式存在和发展的动力源自各级政府提供的公共服务

从中国老年教育近 30 多年的历程来看，在中国特定的环境下，中国模式利大于弊。

1. 党政主导办老年教育。党和政府把老年教育当作重要的民生大事，当作政府为人民提供的公共服务，当作社会建设的必要环节。"重视老年教育""国家发展老年教育"是法律确定的国家意志和国家政策。

2. 办老年教育的主体力量是党委组织部门、老干部部门，可以充分调动办学资源，包括人力、物力、财力。

3. 党委组织部门带头办老年大学，其他政府部门、企事业单位，甚至军队机关，特别是涉老机构有条件的也相继办学，促进了中国老年大学迅速发展，成为全球最大规模的老年教育群。

中国模式成就的中国老年大学事业取得了重大成就，受到全世界的赞誉。AIUTA 主席维拉斯教授在各种国际场合讲话，在他的许多论文中都由衷地表示对中国老年大学的赞扬。维拉斯教授给笔者来过三封信，也多次面谈，都会表示对中国老年大学的好评。

中国模式也存在不足之处，最大的问题在于各级教育部门没有成为办学主体，老年大学的宏观协调和管理机制不明确。中国高校也在相当长的时间内游离老年大学之外，出自高校的教师到老年大学任课只是以个体劳动方式领取课酬，高校本身介入老年教育太少，高校自己办老年教育的更是凤毛麟角。由此导致老年大学工作的教育属性长期不清晰，办学者空有工作热情、服务态度但缺乏教育人才，教育学术水平不高。《老年教育发展规划（2016—2020年）》颁布后，教育部门开始介入整个老年教育，使得问题在一定程度上得到缓解，教育部门将逐步成为老年教育的主导。但是可以断言：中国模式的老干部部门办学仍会持续相当长一段时期，协调正在承担老年教育主要责任的党政职能部门和教育部门的合作关系，把老年大学教育学术水平提升到与高等教育相对应的水准任重道远。

其实，中国模式的巨大潜质就在于在政府强有力的支撑下，由教育部门统筹、领导高等院校的大幅度、大力量介入，形成党政职能部门和教育部门共管而又分工的局面。

（三）中国模式的世界影响力

中国模式影响世界。目前，老年大学在全世界迅速扩张，许多国家开始采用政府各种涉老部门直接办学的中国做法。2015年12月，塞内加尔老年大学成立，特邀中国老年大学协会代表参加，邀请函清楚地写到，他们学中国的政府办学做法，因此很希望中国人去他们那里交流经验。

最近，保加利亚、乌克兰、蒙古、立陶宛、尼日利亚、卡塔尔等国家也纷纷由政府部门直接办起老年大学。这些国家原来也有各类零零星星的号称老年大学的文化、教育机构在活动，但规模很小，时办时停。中国老年大学的成就传播后，这些国家的教育部门以国际广泛传播的终身教育思想为指导，调动、启用各种教育资源，举办国家直管的老年大学，任用的管理者均为原高等院校的知名教授学者、校长或教育部门官员。AIUTA认为，各国政府开始重视老年大学，直接建校办学，已成为全球一股浪潮。

四、日韩模式

（一）日韩模式的内涵

日韩模式的内涵，是政府涉老部门为了应对人口老龄化、满足老年人精神需求而举办的教育活动。日本、韩国、俄罗斯等国办学主体为社会各涉老机构，并不强调老年大学的教育性。笔者将日式老年大学和韩式老年大学并列称为日韩模式，源于它们有本质相同点，即办学主体为多元化的涉老机构以及民间团体，没有任何主导机构，政府也给予一定支持。办学依托社区，教学内涵趋同为老人实用技能，与高等教育联系不大。

（二）日韩模式的价值指向和目标

日本是一个老龄化十分严重的国家，制定有笼统的终身教育方面的法律。老年教育的任务重心之一就是重新开发老年人力资源。日本老年问题协会（ACJ）的核心事务是开办老年大学。各类老年大学的最大特点是依托社区办学，课程重点鲜明，就是老年护理，包括居家护理和机构护理。

2016 年 10 月，在日本大阪召开的 AIUTA 国际会议上，日本老年问题协会秘书长冢谷晶子演讲称："日式老年大学是日本社区之枢纽，其办学目标是做日本老人护理的领跑者和推动、变革志愿者工作。"可见，日式老年大学与高等教育无关，活动区域在城镇社区。与英国模式类似，也因此日、英两国的老年大学交往较多。

日本的第一个老年大学始于 1985 年，设在静冈市一个叫作"Kiyomigata Daigakujyuku"的人的名下。老师和学员在早年生活中积累了丰富的专业知识、技能和经验，注重相互交流。现在至少有 100 个这样的终身教育组织，有着相同的理念但名字不同。2009 年 4 月，日本关注老龄的非营利组织成立了日本 U3A 联合会，注册了日本 U3A 的标志。

韩国老年教育办学多元化。中小学、宗教团体、慈善机构、企事业部门、大韩老人会等，都办有名称不同的老年教育机构。韩国政府保健福祉部和教育部共同承担、协调、管理老年教育工作。1999 年，政府提出一个支持老年教育的计划，拨款给一些指定的大学资助老年教育工作，但量少而无成效。韩国老年大学的课程有三点很有创意，即开设退休准备教育、死亡教育及再社会化教育。这一点对全球老年大学都有启示。

中国香港的老年大学多为慈善机构、宗教机构举办，运作模式和课程与日韩相似，显然深受日韩的影响。2014 年 5 月，在浙江乌镇全国老年教育高峰论坛上，香港一所老年大学教育长发言，讲他们的相似日式老年大学办学情况以及关于死亡教学问题，会场颇为震动。澳门理工大学长者书院是中国澳门唯一的老年大学，加入了中国老年大学协会，运行法国模式。中国台湾的老年大学既受日韩模式影响，又有独特的教育部门有力度掌管的痕迹。

五、私人办学模式

（一）私人办学模式内涵

私人办学模式的内涵，即有条件的个人兴办的老年大学（老年学校）。这种模式在新加坡、黎巴嫩等国家较多，同时又散见于各国。

（二）私人办学模式的价值指向

目前确有私人办老年大学的不少案例，但都是以慈善事业为主。2014 年 6 月，在法国图卢兹 AIUTA 国际会议上，美国、新加坡参会代表就是私人办学者。2017 年 5 月，在斯洛伐克 AIUTA 国际会议上，有一个年轻人上台代表黎巴嫩老年大学讲话。他原来是澳大利亚人，独自跑到战火未消的黎巴嫩办起了老年大学。他没有任何私利，就是想做好事。他申请加入 AIUTA。也有从宗教目的出发，宣传教义的老年大学，如在印度较普遍的"修灵"或"修行"老年大学。印度老年大学一个重要的任务是扫文盲。据悉，尼泊尔也有宗教人士办学。[①]

中国目前也有不少房地产企业家私人办学，他们的目的是提升所建住宅小区的文化层次，从而提升商品房的性价。中国大量私人建立的养老院也纷纷建起"老年大学"，为的是实现养教结合，提升养老院的服务水平。还有做慈善之举者办老年大学，不以营利为目的。例如，广州南沙有一所香港商人

---

① 中国老年大学协会国际联络部 . U3A 在世界（一）、（二）、（三）、（四）、（五）. http://www.caua1988.com/.

私办的老年大学，老年学生 200 多人，长期以来参加广州地区老年大学联谊会活动，至今办学招生持续不衰，办学者的目的就是做好事。

六、结　语

2002 年，在马德里召开的第二次世界老龄大会的宣言指出："政府在处理老龄事务和贯彻执行 2002 年国际老龄问题行动计划方面承担首要的领导责任，但是国家与地方政府、国际机构、老年人自己和他们的组织、民间社团的其他部门，包括非政府组织以及私营部门之间的有效合作，也是极为重要的。贯彻执行 2002 年国际老龄问题行动计划，需要许多专业组织、企业、工人和工人组织、合作社、研究、学术、其他教育和宗教机构以及媒体的合作。"①全球老年大学以各种模式的兴起和蓬勃发展，印证了这一判断。

法国模式列入国家高等教育体系，特色在于教育学术性强；英国模式因地制宜，特色在于自由活力教育；中国模式为国家政策支撑，政府直接办学，特色在于发展动力强劲、教育内涵丰富；日韩模式、私人模式面向社区基层，均各有实用特色。老年教育办学模式其实在任何一个国家都不是单一性的存在，各种办学模式相互共存，甚至相互渗透。但一个国家往往有一个主要的、主体的或主导的模式。

最后，必须指出：全世界的老年大学无论在哪个国家，无论叫什么名称，无论采取何种模式，都有共同的理念和目标，因而他们都组建了一个共同的协作组织：老年大学协会（在英国称为信托）。国际上如此，中国也一样。

（王友农：广州市老年干部大学副校长、中国老年大学协会国际部主任、上海老年教育研究院特聘教授）

中国老年教育模式下的上海样本

——让每个老年人都享有受教育的权利

上海是一座国家历史文化名城，拥有深厚的近代城市文化底蕴和众多历

---

① 联合国第二届世界老龄大会政治宣言（2002 年 4 月 12 日）. http：//www.un.org/zh/index.html.

史古迹。江南传统吴越文化与西方传入的工业文化相融合形成上海特有的海派文化。上海是中国重要的经济、交通、科技、工业、金融、会展和航运中心，是世界上规模和面积最大的都会区之一。

上海地域面积为 6340 平方千米，户籍人口为 1439 万。户籍人口平均期望寿命 82.4 岁。

人口老龄化是当今世界各国共同面临的一个全球性的社会问题。我国于 1999 年起成为人口老龄化国家，上海则在 1979 年就进入人口老龄化城市行列。2017 年，中国已经成为世界上老年人口最多的国家。据国家统计局 2018 年末数据，60 周岁及以上人口约 2.4 亿人，占总人口的 17.9%，而上海 60 周岁及以上人口为 457.79 万人，占户籍总人口数的 31.6%。

所以，上海也是较早全面推进老年教育发展的城市之一。

一、发展的理念

理念一：发展老年教育是为了保障老年人受教育的权利。《中华人民共和国宪法》第四十六条规定：中华人民共和国公民有受教育的权利和义务。《中华人民共和国老年人权益保障法》第七十一条规定：老年人有继续受教育的权利。国家发展老年教育，把老年教育纳入终身教育体系，鼓励社会办好各类老年学校。各级人民政府应当加强领导，统一规划，加大投入。国家《老年教育发展规划(2016—2010)》明确：保障老年人受教育权利，努力让不同年龄层次、文化程度、收入水平、健康状况的老年人均有接受教育的机会。发展老年教育，是积极应对人口老龄化、实现教育现代化、建设学习型社会的重要举措，是满足老年人多样化学习需求、提升老年人生活品质、促进社会和谐的必然要求。所以，发展老年教育是法律的要求，发展老年教育是老年人的需求，发展老年教育必须面向全体老年人。

理念二：发展老年教育必须资源整合。因为，老年教育不同于学校教育：学习目的不一、学习内容不一、学习方法不一。所以，必须资源整合，利用一切可以利用的资源，打造处处可学的环境，形成全社会参与的氛围。部门、行业、企业、社区、社团共同参与，有钱出钱、有人出人、有力出力。

理念三：发展老年教育必须坚持以人为本。例如，教什么：以需求为导向。2005年，开展的6.8万人学习需求大调研结果显示：学历偏低，大专及以上学历占10%；身体健康，表示身体较好占92%；有学习愿望。已参加老年教育的占8.8%，表示愿意参加老年教育的占55.8%，不愿意参加的占22.2%，无所谓的占13%。；对课程的选择基本还是以修身养性、保健及与生活有关的一些知识为主（旅游、书法、烹饪、太极拳、中医保健、声乐、国画）。随着老年人文化程度的提高，艺术欣赏、智慧生活、出国旅游逐渐热门。不同的人，有不同的学习需求，必须以人为本。在哪学：以便利为导向。老年人行动不便，在2007年，提出了重心向下；2011年，提出了就近、便捷，在资源的配置上必须以人为本。怎么学：尊重认知规律。尊重老年人的认知规律、尊重老年人的学习习惯。老年人因文化程度、工作经历、家庭环境等各种因素的影响，学习习惯、学习方法不一。拓展学习方式：课堂学习、网络学习、团队学习、体验学习等。用不同的学习方式满足不同老年人的学习需求。教学方法上必须以人为本。怎么教：强化服务意识。老年教育就是为老年人的学习提供服务，为老年人创造学习条件、提供学习机会、做好学习服务。内容：贴近生活（怎么上网、怎么用卡）；教学：志愿者队伍；指导：提供学习地图、提供咨询服务。为老年人创造机会、创造条件、提供服务。

二、我们的举措

（一）加强顶层设计

建立一个机构：建立多部门参与的老年教育工作小组。建立由市教委牵头，市老龄工作委员会办公室、市民政局、市文广影视局、市体育局、市委老干部局、市文明办、市财政局、市卫生局、市计生委、市人事局、市科委、市司法局、市总工会、团市委、市妇联等单位领导同志参加的市老年教育工作小组，按照"一方牵头、各方参与、分工负责、协调发展"的原则，统筹、规划、组织、协调、指导全市的老年教育工作。

制定一个制度：每四年开一次老年教育工作会议。第一次会议：2003年，明确全面开展老年教育，实现街镇全覆盖。第二次会议：2007年，明确重心向下，使老年教育深入到基层、农村。第三次会议：2011年，实施"个十百千万"计划，建立老年教育支持服务体系。第四次会议：2015年，提高老年教育服务能力，激发社会活力。

形成一个规划：分阶段制定老年教育发展规划。"十一五"期间，参加老年学校学习的老年学生人数力争达到老年人总数的10％；接受各种形式老年远程教育的人数力争达到老年人总数的20％；参与寓教于乐的多种形式的文化、体育、文艺活动次数力争达到老年人总数的30％。"十二五"期间，形成"一方牵头，各方协作"的定位科学、职责明确的管理体制；形成政府主导、社会参与、办学主体多元、办学形式多样、充满活力的办学机制；率先建设一批有特色的老年大学、老年学校和老年教育课程，率先建成覆盖所有村居委的远程老年教育学习网，率先达到城乡老年教育资源的均衡配置，不断满足老年人对教育的需求，使上海参与各类老年教育的人数达到老年人总数的25％以上。"十三五"期间，到2020年，基本形成覆盖广泛、社会参与、资源融通、灵活多样、优质均衡、充满活力的现代老年教育体系，实现参与老年教育的人口达到全市老年人口总数的20％。

（二）改善学习环境

第一次：2004年，将"兴办10所、完善80所老年学校"列入市政府实事项目。经费投入1.04亿，独立校舍增加16 771平方米，合用教室增加20 565平方米，专用教室从原来的271间增至618间，教学设备增加8160套。

第二次：2012年，将"在本市'东、西、南、北'建设四所上海老年大学分校"列入市政府实事项目。四所分校总面积达到25 540平方米，比计划实施前增加16 840平方米，增长率为193％；功能专用教室56间，比实施前增加32间，增长率为133％；开设课程366门，比实施前增加221门，增长率为152％；在校生人数达13 357名（2013年），比实施前增加7187名，增长率为116％。

第三次：2013—2015 年，将"扶持街镇老年学校开展标准化建设"列入市政府实事项目。经费投入 5.2 亿，专用教室从平均 3 个提高到平均 7 个。全面改善了老年学校的设施设备。根据老年人的生理特点和心理特点，完善相关的配套设施，按需增设厕所、楼梯、走道的无障碍设施和地面的防滑措施，建设并完善网络配套设施等；添置和改善一批为老年人服务的设施设备，为老年学员提供更为安全、卫生、舒适的教学环境。

(三)构建服务体系

形成一个体系：依托老年教育机构，建立理论研究、艺术教育、教材研发、教学指导、素质教育、远程教育、师资培训、信息中心、团队培育、行业指导、成果展示 11 个指导中心。

发挥各自优势：例如，上海老年大学，承担全市老年教育机构的理论研究指导；上海师范大学，承担老年教育师资培训工作。徐汇老年大学，承担全市老年教育信息收集、统计、分析。

成效逐步显现：例如，理论研究中心，参与全国课题研究 10 余项、指导区县开展研究 100 余项、编撰或参与编撰专著 6 本；艺术教育指导中心从 2012 年起，每年组织举办老年教育艺术节，每年举办艺术类教师培训班 2～3 次，每次 100 余人；素质教育指导中心，开展大型调研活动、协助市教委起草相关文件、设立实验基地 16 个、实验区 2 个、开展专题讲座 10 次、开展课题研究 10 余项、设立实验项目 100 余个。

(四)丰富学习资源

资源内容多元：有满足老年人兴趣爱好的：保健、艺术、休闲；有适应社会发展需要的：环保、安全、节能；有引领老年人学习需求的：智慧生活、上网技能、平板电脑；有传播中华优秀传统文化的：颛桥剪纸、金山农民画。

资源形式多元：除了纸质的课本外，还有电子书、有声读物、视频课件、微课、电子期刊、科普读本等。

开发主体多元：除老年教育机构(老年大学)外，还有普通高校(18 所)、行业企业(中国银行)、社区教师、居民、文化、科普机构。

传播渠道多元:通过课堂传播,还可以通过网络、大型学习活动、教师教研活动、师资培训等形式传播。

(五)拓展学习方法

课堂学习:全市有老年大学、老年学校292个,教学点5447个,共开设各类班级36 573个,全年有78.3万老年人报名学习。其中,规模最大的是上海老年大学,本部学员1.8万人,有分校24个,全部学员规模达6万人。

网络学习:建有上海老年人学习网,有网络课程2400门,有组织参与学习人数达59.2万人。最典型的是松江区的翻译者队伍和网上专家咨询。

团队学习:这是基于共同的个人爱好自发组织的学习组织,其涵盖了养生保健、体育健身、文化艺术等各方面。为了推动团队学习,组建了学习团队指导中心,创建了学习团队专门网站,制定了学习团队星级标准,开展了学习团队评估。现有老年人学习团队2.3万个,人数64万。

体验学习:充分利用科技、文化等场馆,设立各类体验站点361个。开发各种老年人喜爱的体验项目1102个,供老年人学习。通过发放学习护照、编制学习地图、举办嘉年华活动,吸引老年人体验学习。全年参与体验学习的老年人达100余万。

(六)整合社会资源

建立兼职教师师资库,开放高校资源,社会培训机构、企业参与资源建设,医院提供志愿服务,养老机构办教育。

(七)注重制度创新

不断完善和创新示范性老年学校评估标准、示范性老年大学评估标准、高水平老年大学评估标准、老年大学内涵建设评估标准、老年教育功能教室建设标准、老年教育四年一次表彰制度、老年教育管理人员培训制度、老年教育成果展示制度、老年教育统计制度。

(八)搭建展示平台

从2005年起,每年举办老年教育艺术节。建立老年教育成果展示厅。

2014 年，老年教育成果进中华艺术宫；2015 年，老年教育成果进大剧院。

三、取得的成效

（一）基本形成了协同推进的老年教育格局

形成了政府主导、多方协同、社会参与的工作格局；形成了教育、文化、科技多种资源为老年教育服务的局面；形成了学校教育、远程教育、社会教育有机融合的办学格局；形成了以老年大学为引领，老年学校为枢纽，社区、企业、社会各类学习点覆盖全市的办学网络。

（二）专业化水平显著提升

建立了老年教育支持服务体系；制定了一系列老年教育相关的标准；形成了一大批老年教育专业研究实验基地；出版了一批老年教育教材、专著、丛书。

（三）老年教育利己、利人、利社会

对老年人有利：满足了老年人对学习的需求，提高了老年人的生活质量（交新朋友、学新技能、立新追求）。

对社区有利：增进了人与人之间的关系，搭建了服务社区的桥梁，形成了终身学习的新风尚，养成了节能环保、垃圾分类等好习惯。

对社会有利：是市民开展科普的重要平台，是优秀文化传承的重要渠道，是促进社会治理的有效途径，是组织动员市民的有效方法。

（庄俭：上海老年大学）

中国模式下的湖北老年教育

湖北省积极应对人口老龄化新形势，以繁荣老年大学老年教育事业为切入点，深度打造老年人文化养老的示范平台、服务社会的前沿窗口、康乐有为的精神家园，受到了全社会广泛赞誉。全省拥有各级各类老年大学 2311 所，32 万多名老年人在校学习，形成了党委政府主导、多途径多形式推动、建管用共促的工作机制。

一、跨越之路——老年教育整体发展的湖北模式

一是注重顶层设计。为深入学习贯彻《老年教育发展规划（2016－2020

年)》，我省出台了《关于进一步加强老年大学工作的意见》，督导各地将老年人学习活动场所建设工作作为民生民心工程、敬老工程、德政工程和公益事业，纳入本地经济社会发展规划和城市总体发展布局。二是注重扶持推进。省财政安排专项资金 1.4 亿元，自 2014 年至 2020 年，采取以奖代补、检查督办和现场办公等方式，支持基层老年人学习活动场所建设。几年来，全省 118 个市、州、县(市、区)通过新建、合建、改建老年大学，拉动投资 17 亿多元，建筑面积 55 万平方米，场所总面积突破 115 万平方米。三是注重协调联动。全省每年举办老年大学校长培训班、业务骨干培训班和师资培训班，以及老年教育学术研讨会、校园文化经验交流会。44 所老年大学先后评选创建省级示范校，17 所(企业校 2 所)老年大学被评为全国示范老年大学。

二、创新之路——湖北省老年大学的特色实践

我校牢固树立"全国一流、中部领先、全省示范"的办学目标，大力推进"建名校、创名牌、聚名师、上名课"四名工程，先后被评为全国示范老年大学、全国老年教育宣传工作先进单位和全国老年教育理论研究基地，最近被新华社报道评价为全国全省业内标杆和老年教育"名校"。我校能有今天的成果，一是创新服务保障。投资近 3 亿元新建占地 40 亩的主校区，坐落于风景宜人、交通方便的省会城市中心、美丽的武汉东湖之滨，功能设施齐全、建筑节能环保、环境优美舒适、人文气息浓厚，及时健全管理制度和运行机制，强化工作人员技能培训，提升专业化和人性化服务水平。二是创新教学管理。学校设有 6 个系、23 个专业、288 个班、19 个团队，注册常年参加学习活动的老年人 13 000 多人次。坚持统一学制、统一教材、统一大纲，实行分层次教学、分对象授课、分专业展示。培育特色课程和专业，建立公共必修课与专业选修课相结合的立体式课程结构，以及不同主题、富有特色的学习体验基地。将班级管理推进到一线，实现服务网格化。建立学员电子信息库，采用线上与线下一体化运作方式，实现网上报名与现场缴费、网上选课与现场确认相统一。坚持引进与培养并重、规模与结构协调，建立富有创新活力、专业结构合理的优质师资队伍。三是创新培训与远程教育。定期举办学员、团队员集中培训和荆楚夕阳红讲坛，建立联通市州老年大学的远程教育视频控制中心，每月组织专业精品课进行远程同步教学，先后有著名歌唱家李光羲、程志等来校做报告；协同湖北广播电台开设老年大学空中课堂，校网站开设远程教育端口播放优质课件。定期开展校园开放日活动，积极与有关企业、高校合办分校。四是创新校园文化建设。加强校风、学风和教风建设，定期评选表彰先进集体、优秀教师、优秀学员和风范长者，创新校报、网站、微信公众号、校园广播和宣传栏、楼道展示框、LED屏、荣誉室等自有文化载体的内容形式。办好《湖北老年教育研究》和《湖北省老年大学协会通讯》，成立湖北老年教育理论研究中心，每年发布重要课题，组织专门力量研究，得到了一批高质量的研究成果并多次在全国获奖。每天有序开放校内活动场馆，每年重大纪念日举办系列大型活动，如全省老年人象棋大赛、太极拳剑比赛、书画展、文艺演出和校园文化艺术节等。近年来先后有150多批次省内外和日本、德国、法国、美国、俄罗斯等外国老年教育团体来校参观交流。

三、共享之路——老年学员主体作用的发挥展示

一是充分发挥老年学员在服务管理中的主体作用。设立了校长信箱，围绕办学措施、评先奖优、校报更名等重要事项，及时组织学员、团队员建言献策。经民主选举组成的学委会、团委会和班委会积极参与校园自治、校纪纠察和安全隐患排查等，组织学员们广泛开展互帮互助。二是充分发挥老年学员在教学过程中的主体作用。强化教学中老年学员的主体地位，既严格规范教师授课行为，又通过分层次、研讨式教学，引导老年学员积极参与评教评学，组织各种形式的学习成果展示和交流联谊活动。三是充分发挥老年学员在服务社会中的主体作用。成立了由2000多人自愿参加的志愿者服务总队，呈现出"聚是一团火、散是满天星"的效果。老年志愿者们纷纷把学到的知识带到社区、广场、公园和乡村，担任社会普法宣传员、民事调解员、治安监督员，搞好便民服务和义务捐赠活动。文体团队开展"进学校、进社区、进农村、进企业、进军营、进监狱"的"六进活动"，自愿参加全国、省市地区赛事，获得大批荣誉奖项，彰显了老年教育巨大的社会价值。

（湖北老年大学）

中国模式下的浙江老年教育

浙江老年教育是中国老年教育事业发展的缩影和写照。习近平总书记在浙江工作期间，十分重视老年教育事业，亲自为浙江老年大学新校舍奠基，并在浙江老年大学建校 20 周年之际发来亲笔贺信，指出："老年大学是老干部工作的重要组成部分，要进一步突出特色，总结经验，探索规律，努力把浙江老年大学办得更好，为推进我省老干部工作，发展老龄事业，创建学习型社会，做出积极贡献！"

浙江老年教育工作者始终铭记习总书记的殷殷嘱托，主动作为、用心用情、创新创业。截至 2017 年年末，全省 101 个市、县（市区）共有县级以上老年大学 209 所，在校学员 15.2 万人。

一、实施五大行动，孵化五大模式，打造"最美校园"

浙江的老年大学，从无到有、从小到大、从大到强地蓬勃发展起来，以"三上一中心""创三优促提高""创优胜老年大学活动""规范化建设示范校创建活动""教学管理先进单位创建活动"的"五大行动"为抓手，改善办学条件，强化内部管理，整体水平有了很大提升。在浙江，老年大学已经成为每座城市中"地段最好，环境最优美，设施最完善，人气最旺"的标志性建筑之一，最大限度地为老年人接受教育提供便利。

浙江的老年大学，勇于创新，多元开放，充满活力，在浙江这块改革先行地上孵化出"五大办学模式"。老干部等部门主办的老年大学是当前的主体，形成省、市、县三级完备的办学网络，起到了主导、示范、辐射的作用。温州城市大学模式构建了市级总校—县区学院—乡镇街道教学中心—社区（村居）教学点的四级办学网络，以及"1＋X＋N"（X 指 X 个社区老年学习苑，N 指温州老年教育网）的老年教育新模式。杭州终身教育学习圈模式着力打造"市—区（县市）—街道（乡镇）—社区（村）"四级市民学习圈，构建全纳、开放、多样的终身教育体系。企业创办的养教结合学院式养老模式把养老、教育与地产相结合，以学校的组织方式，对园区内老年人开展学习教育，构建积极的退休生活。远程老年教育主要有老年开放大学、老年电视大学、网上老年大学三种形式。各级相关部门可积极利用电视、网络等媒介开展远程老年教育，丰富学习资源，扩大教育覆盖面。

二、内外双源驱动，精准对标需求，建设"满意家园"

在浙江，老干部部门主办的老年大学实行校务委员会制度，定期召开校务委员会，为学校发展解难事、办实事。校务委员单位在师资配备、经费调拨、艺术指导、医疗保障、场地协调等方面给予了大力支持。

在各级党委政府的关心重视下，职能部门的支持配合下，老年大学的工作人员不忘初心，主动作为，凝聚攻坚克难的内生动力，不断推动老年教育事业创新发展。一是坚持三校原则，健全办学机制。突出政治建校，切实抓好抓实老同志思想政治建设。立足平安立校，提高风险防控能力，确保老同志学习活动安全。围绕质量兴校，推进"三个课堂"联动发展，"三类课程"相得益彰。二是精准对标需求，体现人文关怀。根据老同志学习特点，设定教学要求。根据老同志生活特点，确定学习时间。根据老同志身体特征，改进课堂管理。探索出前后左右法(每位学员留意观察帮助前后左右 4 位学员)、学习互助组(班级分成若干个学习小组互帮互助)、班委成员包干服务重点学员(特别是高龄、体弱学员)等课堂管理方法，最大限度地保障老同志在校学习安全。三是勇于改革创新，完善教学体系。我校积极响应省委提出的"最多跑一次"改革号召，开发教学管理软件系统，采取网络报名缴费，实现"一次也不跑"就完成入学注册。探索开办短训班，满足品质化、多元化学习需求，开设了旅游英语、舞蹈、钢琴、摄影、花鸟画创作等短训班。适应时代发展需要，推进课程设置更新，陆续推出孙辈教育、智能手机应用、陆俨少(中国当代国画大师)山水精英班、老年心理学、健身操、瑜伽等课程。

三、凝聚骨干力量，引领价值彰显，构筑"精神乐园"

积极组织、引领广大老同志力所能及地发挥独特优势，为党和人民的事业增添正能量。浙江老年大学在搭建正能量服务平台、打造品牌团队、丰富活动内容等方面进行了许多有益的探索。

一是彰显"十会一队"骨干效应。全校成立了思想政治工作、文学、书法、国画、摄影、艺术团等 10 个研究会和校舞蹈队，凝聚了一大批志趣相投、学有所长的专家、学员。在此基础上建立政治宣讲、文化讲堂、环境监督、文明劝导、社区服务等银色人才志愿服务团队，把老年大学建设成为社会公益活动的"推进器"。二是发挥"一委一组"主体作用。在每个班级选拔学员骨干组建班委，协助班主任做好班级管理工作。全面推进学校临时党组织建设。目前已成立的 4 个临时党支部，100 多个临时党小组，充分发挥老党员、老同志的先锋模范作用，切实引导老同志激发政治热情，筑牢思想根基。三是推动志愿服务助力"五进"行动。成立"常青志愿服务站"，为志愿参加公益活动的老同志搭建服务平台，采用 O2O 形式，采取线上线下联动模式发布心愿信息、推送活动资讯、展示志愿风采。组织学员志愿者进学校讲传统，进农村送文化，进社区促和谐，进部队送温情，进企业联学共建。每年约有近千名学员志愿者参与各类志愿服务、"正能量"活动达 500 余次。

2018 年，我们迎来了改革开放 40 周年，中国的老年大学也将从而立走向不惑。回顾过去，展望未来，大力推进老年教育的内涵式发展，更好地把新时代老年教育工作推向前进，需要我们每一位老年教育工作者坚守初心，坚定信念，艰苦奋斗。浙江是改革开放先行地，浙江的老年教育工作也将秉持浙江精神，干在实处，走在前列。

（浙江老年大学）

中国模式下的景德镇老年教育

景德镇老年大学经过 30 多年的探索、实践和研究，提出走"党政主导，社会化办学，办学社会化"的开门办学道路，形成了具有景德镇特色的老年教育办学体系，并获得了丰硕的成果。

一、景德镇老年大学的办学特色

（一）党政主导的全市老年教育工作

景德镇在 2003 年 1 月成立了景德镇市老年教育工作委员会。该委员会由市领导任主任，主管教育、民政、文化等与老年教育相关的 30 多个市政府领导为成员组成。作为党政管理老年大学的工作部门，其主要责任是，规划指导、组织协调、督促检查、总结表彰全市老年教育工作，并且以政府的名义颁发文件，并由此向县区、乡镇（街道）、村（社区）延伸，形成市、县、乡、村老年教育四级网络，将老年教育的受惠面辐射到基层。2012 年，市政府在市财政比较困难的情况下，无偿划拨 20 亩土地，筹集资金 5300 万元，于 2015 年 3 月建成建筑面积达 15 300 多平方米的景德镇市老年大学新校舍。景德镇市所辖的县市政府也支持老年大学工作。例如，2013 年，乐平市政府拨款 1500 万新建起建筑面积达 5000 平方米的新校舍；2014 年，浮梁县政府拨款 1200 万新建起建筑面积达 4800 平方米的新校舍。

（二）"开门办学"的景德镇市老年大学

老年教育是社会事业、公益事业，是涉及社会各行各业、各个阶层、各个家庭的系统工程。景德镇老年大学采取了"社会化办学、办学社会化"的开门办学方式，使学校与社会双向开放、资源共享、优势互补、互惠共赢，形成了社会各行各业、各个阶层、各个家庭都关心和支持老年大学发展的局面。景德镇老年大学一方面充分挖掘、整合资金、设备、场地、人才、信息舆论等各类社会资源，为老年大学发展提供社会支撑和依托。比如，景德镇老年大学除政府拨款外，还得到社会 133 个部门、企业、个人的捐助。他们以支持老年大学为荣，说："关爱老年学员就是关爱自己的父母，支持老年大学，就是为自己老了铺路。"

另外，老年大学通过"办学社会化"这一办学形式，为老年学员搭建了展示自我、服务社会的平台，实现了老年大学的人才、文化等资源向社会开放，使老年学员在参与、融入、服务社会的过程中，成为与时俱进、健康快乐、进取有为、生活幸福的现代老年人，焕发了人生的"第二春"。

二、景德镇老年大学的具体做法

景德镇老年大学的"社会化办学、办学社会化"的办学模式，具体做法是通过"三联合""四服务"和"五进入"的形式与社会双向开放、资源共享、优势互补、互惠共赢。

（一）"三联合"形式

"三联合"就是与政府和社会各部门联合办学、联合办班、联合办活动。老年大学的课堂教学与活动，延伸、拓展到社会各行业、各部门、各阶层，使老年学员走出校门，将学校的"小课堂"融入大自然、大社会的大课堂中去，在融入社会中教学，在服务社会中活动，在适应社会中提高自己又奉献社会。

联合办学：学校与社区联合办分校。学校为社区分校输送师资和文艺骨干，提供教材、管理资料等帮助，提高其办学水平。

联合办班：学校与电脑公司、各种琴行、剧院、图书馆、京剧票友协会等单位联办，办电脑班、古筝班、电子琴班、舞蹈班，办图书阅览、专题讲座等。

联合办活动：学校通过"四种文化活动"（校园文化活动、广场文化活动、校外教育活动基地文化活动、社区文化活动），为老年人提供更多融入社会、服务社会的条件和机会。学校在全市19个风景区和文博单位，挂牌建立了19个校外老年教育活动基地，作为师生校外教学和社会实践、服务社会的平台。每年，学校都要举行一次由市、县（市、区）、乡镇（街道）、社区老年学校（大学）和企业校共同参加的广场文化艺术节。目前，广场文化艺术节已举办8届，累计参加的老年学员达6200人次，观众达10万人次。

（二）"四服务"要求

学校按照"为中心工作服务、为老年人服务、为基层服务、为社会服务"的"四服务"要求，为学员提供学习、实践、展示、服务社会的载体和平台。

比如，学校银龄志愿者服务团以"低龄老年人关爱高龄空巢、孤寡老年人"的形式，通过与敬老院和社区结对子，积极开展慰问演出、访谈、心理疏导等精神慰藉活动。12年来，该服务团累计开展各类服务近300次，参与的老年学员达3100余人次，团长邓夷平还荣获了"景德镇市第三届道德模范"称号。

学校"夕阳红"市容督导团的团员平均年龄 63 岁。该团成立 11 年来，他们走街串巷、进市场、入车站，劝导交通文明、督导环境卫生。10 年来，累计参与巡视的老年学员达 5100 余人次。

（三）"五进入"渠道

根据学校教育、教学和社会的需求，学校的社团、班级主动与相关社会各界联系，开辟了"进社区、进学校、进企业、进部队、进农村"的"五进入"渠道。

学校向各种老年专业协会，如体育、书画、诗词、根雕、花卉、摄影等基层和企业学校输送了 2000 余名骨干和教师。他们对社会、社区和家庭发挥了更广泛、更深层次的作用，实现了"一人入学，带动一家，影响一片"的效果。

三、景德镇老年大学的成果

学校参加全国、省、市各类展出、演出、竞赛活动 200 余次，获得金、银、铜奖 1000 余项。例如，2008 年，我校瓷乐团作为市政府代表团成员出访韩国，参加对外文化交流活动，还代表江西省参加全国电视晚会，获得金奖；2004 年、2012 年我校分别承办了第 2 届、第 10 届"中华京剧票友艺术节"。10 多年来，来自全国各地以及外国的友人参加中华京剧票友艺术节的人数达 3000 多人，观众达 50 000 多人次，先后有来自美、英、德、澳、加、新、泰、日等 10 多个国家的华人票友参加了此次活动。我校京剧票友会成员还成功地将"万里送戏弘扬国粹"宣传到海外，主办了美国行、欧洲行、东南亚行等，节目大受欢迎，这是中国民间京剧票友组织首次组团到海外进行专场演出。

借用 AIUTA 维拉斯主席的一句话来结束本文："景德镇老年大学社会化办学、办学社会化是在社会中代代相传的桥梁和基石。"

（景德镇老年大学）

中国模式下的贵州老年教育

贵州地处祖国西南边陲，全省辖 9 个市（自治州）、88 个县（市、区），总面积 17.6 万平方千米，全省户籍人口 4300 余万人，少数民族人口占总人口的 36％。全省已建各级各类老年大学（学校）3761 所，在校学员有 40 万人，乡镇建校率达 98％，老年人入学率达 8％。

贵州省委、省政府历来重视老年教育事业的发展，把老年教育作为科学应对人口老龄化、构筑老年人精神文化养老高地和促进社会和谐稳定的重要举措，形成了党委主管、政府主抓、部门主推、学校主办的良好局面。达到了"参与、实现、共享"和让老年人享受学习、快乐人生的目的。

一、党委主管，宏观指导政令畅通

贵州老年大学从 1985 年 1 月成立即为正厅级事业单位。为了加强对全省老年教育工作的宏观指导，1999 年 1 月，省委成立省老年教育工作领导小组，省委常委、组织部部长任组长，省政府分管副省长任副组长，省委办公厅、省政府办公厅、省委组织部、省财政厅等 12 个省直部门及贵州老年大学为领导小组成员单位，领导小组的职责是对全省老年教育工作实行指导，做出规划，安排部署，组织协调和督促检查，并动员全社会都来关心支持老年教育事业。从"九五"到"十三五"，省委、省政府先后出台 5 个"五年规划"，推动老年教育事业有计划、有步骤的发展。为了稳定干部队伍，2002年，全省县级以上老年大学实行同级党委直管、明确相应规格、实行参公管理。坚持每年召开一次全省老年教育工作会议，回顾总结当年工作，安排部署下一年工作，领导小组办公室结合实际开展调查研究、干部队伍培训、经验交流、理论研讨、示范创建等指导服务。

二、政府主抓，党委决策落地见效

政府围绕党委就老年教育工作的决策部署，着重在财力、物力等给予大力支持。党的十八大以来的五年，也是我省老年教育事业发展最快的五年。五年来，全省财政投入校舍建设资金 5.6 亿元，投入办学经费 5.8 亿元，投入示范校创建经费 0.51 亿元，其他投入 1.2 亿元，共计投入 13.11 亿元。各级财政持续有效的投入，极大地提高了各级老年大学的办学条件和办学水平。

三、部门主推，成员单位关心重视

老年教育事业是社会工程，党委办、政府办、组织、老干、财政、发改、编办等部门尽力发挥职能优势，从政策保障、人员编制、办学经费、教学场地等方面给予重视和关爱。全省县级以上老年大学人员编制达 597 人，五年增加编制近 200 人。为整合省级老年教育资源，省委把整合工作纳入 2014 年党建工作任务，把省老干部活动中心、省老干部党校与贵州老年大学进行合并，贵州老年大学编制从 35 人增加到 125 人，学校面积从 5 亩增加到 135 亩，校舍面积从 1.5 万平方米增加到 5.8 万平方米。整合后的贵州老年大学实现了资源的有效利用。

四、学校主办，尽心尽力担当责任

各级老年大学切实担当起老年教育工作领导小组办公室职责，一方面尽心尽力争取党委、政府的重视和支持，从调查研究入手，针对老年教育发展的重点、难点问题开展调研，写好调研报告，用数据说话，提出建议或方案上报党委政府领导决策；另一方面尽心尽力抓好自身工作。近年来我们勇于开拓创新，大力推行老年远程教育、社区老年教育、把党支部建在教学班、网上招生报名、中老年人音乐考级等工作，探索出了符合贵州实际发展路径，深受广大老年学员的欢迎和党委、政府以及社会各界的广泛认同。自 2012 年以来，贵州老年大学的创新工作和职能绩效工作连续六年在省直机关目标管理考核中荣获一等奖。贵州老年大学先后获得"省直机关党建工作先进党委""省直机关文明单位""全国示范老年大学""全省精神文明建设先进单位"等荣誉称号。

党的十九大描绘的宏伟蓝图为发展老年教育事业提供了宝贵的机遇。我们一定抓住机遇，趁势而上，以习近平新时代中国特色社会主义思想为指导，切实解决老年人对美好生活的期盼与老年教育发展不平衡、不充分的矛盾，让更多的老年人享受学习、快乐人生！

（贵州省老年教育工作领导小组办公室）

中国模式下的天津老年教育

时光荏苒，斗转星移。天津市老年人大学 1985 年建校，到 2018 年已走过 33 个春秋。如今，天津市老年人大学已经成为天津市老年大学的排头兵，成为老年人学习向往的地方。

一、参与实现

天津市人口老龄化从 20 世纪 80 年代初就已现端倪。为适应人口老龄化，满足退休老人学习要求，天津市政府决定成立一所面向社会广大老年群体的学校，为老年人搭建一个学习平台，推动健康的、积极的老龄化和学习型社会的发展。天津市老年人大学成立后，始终秉承"乐学、乐教、求新、有为"的办学宗旨，以办人民满意的老年人大学为工作目标和方向，经过辛勤耕耘，使学校不断实现跨越式发展。

1. 营造学习环境。为给更多老年人提供学习机会，学校置换、扩建校舍，挖掘教学用房，改革招生方法，扩大招生数量，根据老年人身体特点和实际需要配置教学设施设备，营造舒适、温馨的学习环境。目前，学校占地 7270 平方米，三幢教学楼建筑面积 15 277 平方米，75 间多媒体教室，含 10 个 200 余平方米的教学场地；学校设 9 个系，一个远程教育学院，现有 740 多个教学班。在校学员近几年突破式增长，达 27 000 多人次。

2. 狠抓教学质量。学校以教学为中心，建有完整的教学管理体系。在教学大纲、教学进度、教材编选、课堂教学和教研活动等方面均有明确的规范和要求。学校设立了教学督导员，对教学质量进行检查和监督。在教学中根据老年学员年龄层次、认知能力等差异采取启发式、讨论式方法，多讲解，勤示范，边学边做，使老年学员易学、易懂、易操作。

3. 注重课程开发。根据社会发展和老年人学习需要，学校合理设置和调整专业课程结构，既办好传统课程，如书法、绘画、音乐、舞蹈等，又紧跟时代发展，开设社会需要的新兴课程，如摄影后期制作、智能手机使用、母婴保健与护理等，并不断创建精品课程。目前，学校已从办学初期开设的 4 门课程发展到现在的 360 多门课程，基本满足老年人对学习课程的选择。

4. 重视队伍建设。学校努力打造三支队伍。一是聘请了具有大专以上学历的教师和行业专家为骨干组建教师队伍，其中副高职称占 69.3%，开展教学督导、教学讲评和树立名师活动，调动每位教师的积极性；二是招聘了热心老年教育、乐于为老年人服务的退休人员组成学校管理队伍，其中大部分具有教授、研究员等高级职称，并均有在老年大学学习的经历；三是选拔了优秀学员担任校、系学委会，班委会工作，形成自我管理、自我服务的学员骨干队伍。三支队伍在办学实践中不断调整充实提高，为学校的发展提供了不竭动力。

5. 创新办学思路。从 2012 年开始，学校探索"一体两翼"办学格局，即以校本部为教学主体，以"章鱼式"校外教学实践基地和老年远程教育学习网为两翼，打开校门，将学校的优质教育资源向天津市的街道、社区辐射，为更多老年人就近学习提供便利。目前，学校已建立 136 个校外教学实践基地。这些教学实践基地分布在天津市 13 个行政区的 110 多个社区或市民学校，开设了 20 多门课程，组织开展各种活动达 15 450 余场；"天津老年远程教育学习网"在线免费播放 57 个门类的课程，使老年人足不出户，就能学习到老年人大学的优质课程，网上学习受益者达 100 万余人次。

6. 搭建展示平台。学校把教学成果展示展演和总结交流活动纳入教学计划，每学期末以班为基础、以系为单位将学员学习成果以展示展演的形式进行汇报，并将评选出的优秀教学成果在学校的展厅、舞台有组织、有计划地进行展示、展演。这些活动能激发老年学员学习的积极性，检验课堂教学效果，促进教学相长，同时，也能向社会展示老年教育所取得的成绩。

7. 培训老教师师资。培训老教师师资是天津市老年人大学承担的一项重要社会职责。学校利用寒暑假为校外教学实践基地负责人和教学骨干进行业务培训和辅导，为社区老年教育和市老年教育协会培训师资和管理人员。2017 年暑期，学校与天津市河西区合作，启动"榕树计划"，为 13 个街 144 个社区市民学校培训上岗老年教育师资 152 人，并颁发了结业证。

二、共享奉献

天津市老年人大学走过 33 年的历程，培养出一批又一批银发学子，他们不但在老年人大学的课堂上学有所乐、学有所成，同时，又以学有所用、学有所为奉献自己，回馈社会，让更多的老年人共享老年教育给晚年生活带来的快乐和幸福。他们是健康老龄化、积极老龄化的践行者、受益者和推动者。

1."天津群众性文体活动的品牌"。这是社会各界对天津市老年人大学艺术团的赞誉。学校艺术团由民乐团、合唱团、芭蕾舞蹈队、民族舞蹈队、服饰模特队、武术队组成。成员全部是在校学习的老年学员，平均年龄 63 岁，最大 72 岁。他们不仅有学习任务，还有排练演出任务；他们不仅在学校展演，还走出校门，参加公益活动，服务社会。学校艺术团多次荣获天津市和全国各类文艺体育展演的最高奖项，是天津市老年教育靓丽的窗口。其中芭蕾舞蹈队连续三年受邀走进首都国家大剧院，参演京津冀市民春节联欢晚会。"爷爷奶奶秀芭蕾"的精彩演出，轰动全场，喝彩连连，展示了新时代老年人的舞姿和风采。

2."用镜头扩展生命的宽度。"这是对老年学员陈宝龙的真实写照。2003年，做完胃癌切除手术，他进入老年人大学，圆了学习摄影梦。自担任学校社团摄影研究会会长后，为让老年会员学到更多的知识，他建立了天津摄影网论坛，创办《摄影之友》刊物，义务开展摄影知识讲座，组织外出采风，举办主题影展，参加校内外摄影大赛。他的摄影作品在《天津日报》《大众摄影》《数码摄影》等报纸杂志上刊登，在国际、国内多项摄影大赛中获奖。他说："摄影是我的爱好，也是我的精神寄托。摄影能愉悦自我，同时我也想为大家做点事。我在奉献中得到了快乐和满足，能活得精彩，活得更有价值。"

3."耄耋老兵续新篇，瑞江国色更添香。"这是社区老年朋友对皇甫秉钧的赞许。皇甫秉钧自幼酷爱绘画，天津画院原院长白金赞是他自学起家之典范。他走的是"朴实无华、大器晚成"的丹青之路。为了进一步精进绘画水平，退休后的皇甫来到老年人大学持续学习了 8 年。1997 年学校聘请他担任写意花鸟画教师。在老年国画讲台上，他辛勤耕耘、教学相长，对老年教育的热爱日深一日。2013 年年底，已 80 岁的皇甫老师因年龄原因离开课堂，但为老年朋友继续服务的心意却始终坚定不移。他义务到学校校外教学实践基地——河西区瑞江社区书画院——担任两个绘画班讲课任务。他说："我深知他们年轻时爱好美术，因条件所限未能如愿……我要尽自己所能帮他们补课、圆梦。我只有下功夫、动真情，一丝不苟地备好、教好每一课，才对得起这些拼搏一生的老年朋友。"

4."白鹤亮翅显精神，太极情怀捧金杯。"这描述的是"校园最美银发学子"周红军。2006年，周红军退休后报名进入天津市老年人大学学习，这些年来在学校共学习71门课程，写下38本学习笔记。2008年，她进入健身养生系学习太极拳、剑。在学习中她不断探究太极的奥秘，在刻苦习武中深化对太极招式的领悟。2013年8月，周红军参加"澳门第二届国际武术节比赛"，取得太极拂尘金牌、太极逍遥掌银牌、双手剑铜牌。记者采访她："你是哪个代表队的？"她说："我是天津市老年人大学的学员，我参赛的所有项目都是在天津市老年人大学学会的……"周红军先后在26个班担任过班长，还是学校学委会委员，系学委会主席，校健身协会理事。她积极参加校内外志愿者服务活动，在公园、社区学练太极拳、剑，开展全民健身活动。她追求的目标是通过"老有所学"，达到"老有所为"。

经过30多年的不懈努力，学校在办学理念、管理水平、教学质量和理论研究等方面有了很大发展，取得了一些成绩。近几年，学校荣获"全国先进老年大学""全国优秀成人教育培训机构""全国老龄工作先进单位""全国敬老文明号""全国老有所为楷模"。2017年，学校获得"全国示范老年大学"荣誉称号。

（天津市老年人大学）

第二节　潮州会议

潮州老年教育发展动态学术交流活动综述

2018年10月13日上午，老年教育发展动态学术交流活动在潮州举行。国际老年大学协会主席弗朗索瓦·维拉斯，广州市政协原主席、广州市老年干部大学(广州老年大学)校长林元和,省委组织部原常务副部长、省老年大学协会副会长许光超,中国老年大学协会国际联络部主任王友农,广州大学王卫东等专家学者分别介绍了世界老年大学、各地老年大学、高校老年教育发展的新动态。潮州市委常委、组织部部长姚继新出席会议并讲话。

这次聚焦老年教育新动态的学术交流会透视出的信息主要为:老年教育在全球蔓延发展日益迅速,国际交流合作日益广泛;中国高校介入老年教育和各级电视大学以开放大学模式投入老年教育新局面已经形成。

在研讨会上,维拉斯等国内外专家学者对潮州市老干部大学正在启动编写的《老年教育词典》表示了极大的兴趣和支持。

来自全省的各位专家学者进行了充分的学术交流活动,还举行了《老年教育学与教的原理(英文版)》首发仪式。期间,维拉斯一行还到市老干部(老年)大学参观,开展潮州文化考察。

(潮州市老干部大学)

潮州会议国际观点

老年大学的创新与世界老年教育新动态

一、老年大学的历史

世界上第一所老年大学于 1973 年在图卢兹诞生,创建的初衷是为老年人提供适合其年龄的活动,满足他们生理和心理的需求、丰富他们的退休生活。第一所老年大学建立后不久,许多大学追随其脚步,设立了专门针对老年人的课程,如格勒诺布尔大学。在法国,老年大学发展速度最快,其数量每年递增。随后依次是比利时、西班牙、瑞士、波兰、加拿大、瑞典、意大利、美国、英国、德国,随后发展到拉丁美洲、非洲、亚洲。

皮埃尔·维拉斯教授随后建立了国际老年大学协会,该协会致力于促进世界各地老年大学间的国际交流与合作,提供一个分享经验和研究成果的国际平台。可以说,老年大学的建立是 40 年前的一次创举。

二、国际老年大学协会

国际老年大学协会作为老年大学的联盟,心系所有老年人的福祉,致力于帮助他们通过学校间的合作，特别是教育的研究和创新，以实现终身学习的目标。

其主要工作为：在教育学领域，教育委员会通过举办研讨会和工作会议的方式向更多的人介绍教育领域的创新；在科学研究领域，科学委员会制定了一项科学活动计划，由国际老年大学协会制定新的参考出版物（特别是在多学科框架内展开研究，以使所有学员都能在医学、经济、法律、文学、科学等领域受益）。

三、图卢兹老年大学的作用

（一）教育方面

1. 针对那些已经上过大学，想重新学习一门新学科的人；

2. 针对那些在少年时期没有机会上大学，退休之后希望实现大学梦的人；

3. 老年大学的授课范围：历史、地理、文学、经济学、法律、科学、医学……

（二）交流方面

1. 与老年大学的老师、教授交流；

2. 与参加老年大学课程的新朋友、同学交流；

3. 与年轻学生的代际交流。

（三）经验方面

1. 将丰富的人生阅历、经验分享给年轻学生；

2. 从年轻学生那里学习新技术、新语言；

3. 从国际老年大学协会举办的活动中，与世界各地的老年大学交流经验。

四、老年教育活动的创新

老年大学是老年人从工作到退休的过渡，为各个年龄段的老年人提供学习的机会，丰富了老年人的退休生活。

（一）图卢兹老年大学教育创新

老年大学通过全新的教育领域（如信息技术和通信）和教学工具的革新，推动了老年教育的创新。

每年的课程都在创新：当代经济问题、经济史、公证法、退休法、信息技术、社交网络、通信和电话。

（二）国际老年大学协会和国际作用

联合世界各地区老年大学以及那些虽不以第三年龄大学命名但却与其有相同目标的老年教育机构；在世界各地老年大学支持下，建立国际性终身教育体系，关注老年教育以及老年研究；促进老年群体间的知识交流，继而实现社会发展的整体意义。

（弗朗索瓦·维拉斯：AIUTA 主席，图卢兹老年大学校长、教授）

潮州会议国内观点

潮州会议致辞

尊敬的维拉斯主席、女士们、先生们：

今天，我们与维拉斯教授一道，在有 2000 多年历史的国家历史文化名城潮州市，举办一个以研究老年教育新动态为主题的学术会议。我代表中国老年大学协会对这次学术会议的召开表示祝贺。

中国老年教育事业发展至今，走过了 30 多年风雨和彩虹交织的历程。随着老龄社会的到来，20％～30％老人的再学习问题引起了社会的重视，享受学习、提高素质、增强生活幸福感，以长者风范形成家庭和睦、社会和谐，促进社会文明进步，成为办好老年教育的目标和任务。2016 年，国务院印发了《老年教育发展规划（2016—2020 年）》，老年教育成为国家制度和国家行动，中国老年大学发展进入了黄金时期。

在这个新时期，老年大学的国际交流越发重要。借鉴国际上先进的教育理念和教育经验，促进我国老年教育改革发展，对世界介绍中国老年教育研究成果和发展新情况是十分重要的工作。国际老年大学协会为中外交流与合作搭建了很好的平台。AIUTA 的目标为：联合全球的老年大学和相关组织，包括任何目标一致但头衔不同的组织。在全球各大学的支持下，建立终身教育的国际体系，并发展老年教育的相关研究。促进老年人之间的知识交流，从而促进社会的整体进步。目标中包含着很有建设性的构想，即"建立终身教育的国际体系"。2013 年 5 月，AIUTA 在广州第 92 届理事会议通过的国际《老年大学宪章》，又以老年大学的"国际化"为标题观点，指出，"老年大学是世界各地老年人学术科学合作的有利交流平台""老年大学旨在通过自主一体化发展，或与其他教学机构的合作来确保学术活动的地位"。我们今天的学术交流会议，就是遵循这样的目标、原则，举办的一次学术信息沟通、分析和讨论的会议，目的是提升我国老年大学教育国际化交流与合作的理论水平。

一个城市的核心竞争力是文化。这两年，潮州市抓住"历史文化名城"这个主题，加快建设，取得了显著成绩。昨天的参观给我们留下了深刻的印象，令人赞叹不已。我们相信，潮州市的老年大学在这块充满活力的土地上也一定会越办越好。

在此，请允许我代表与会的所有人员向潮州市委、市政府、市委组织部以及会议承办方潮州市老干部大学表示由衷的感谢。

预祝学术会议成功。

（林元和：中国老年大学协会副会长，广州市老年干部大学校长）

在"国际老年教育发展动态"研讨会上的讲话
——潮州市老干部（老年）大学的办学特色

潮州历史悠久，文化积淀深厚。1998 年 7 月 1 日，潮州市老干部（老年）大学正是在这种浓厚的文化氛围中创办并茁壮成长起来的。

20 年来，学校从初办时 4 门课程、6 个班、193 人，发展到现在有 25 门课程、82 个班超、3000 人（次）的规模。学校办学面积 10 000 多平方米。学校先后被评为"全国先进老年大学""全国示范老年大学"等 4 个"全国先进"的荣誉称号及"广东省文明单位"等；学校被列为全国"五个十工程·地市级项目"校，成为 10 所地市级样板校之一，办学经验被编入《地区老年教育的群星灿烂》一书。

2015 年 6 月，校长陈先哲代表中国老年大学协会赴西班牙阿利坎特市参加国际老年教育专题研讨会，进行全英文演讲，大受称赞。我们在会上赠送的科研著作《新编老年学习学》，受到国际老年大学协会主席维拉斯的高度评价。在学校建校 20 周年时，维拉斯主席欣然为我校题写英文贺词："祝你们取得丰硕成果，祝明天更美好"（译文）。

一、开拓创新，彰显特色课程

坚持办学特色，开设富有地方文化特色的课程。学校相继开设潮乐、潮曲、潮州大锣鼓等课程，聘请邱楚霞等省级"非遗"传承人执教。其中，潮州大锣鼓队赴省参赛，分获金奖和银奖。2005 年起，学校设立"电脑与纵横码应用"课程，形成"潮州品牌"，促成 2006 年 4 月中旬在潮州市召开全国现场会，有 16 个省市代表，中央有关部门领导及香港嘉宾近 300 人参会，盛况空前。近年学校又开设潮州文化、潮菜烹饪等"潮味"课程，颇受学员欢迎。

二、科研兴校，结出丰硕成果

学校坚持科研兴校，"立足本校，带动全省，走向全国，面向世界"。自 2003 年起，在我校科研顾问、学习学专家叶瑞祥教授指导下，学校启动了 6 个系列科研课题，并圆满结题。先后出版反映科研成果的系列著作《新编老年学习学》《老年大学教学论》等 8 部书，近 300 万字，理论价值得到国内外专家教授的充分肯定。我校作为广东省老年大学协会学术研究委员会承办单位，负责多次召开的全省老年教育理论研讨会的策划、论文评审、研讨、总结等工作。2017 年 12 月，我校承办的在潮州市举办的全省第三次老年教育理论研讨会获得成功，受到广泛好评。

三、对外交流，播送科研芳香

2015 年 6 月，陈先哲校长赴西班牙阿利坎特参加国际老年教育专题。2018 年 4 月，陈校长参加在上海举行的老年教育国际研讨会，并携科研著作与国内外同行交流。2018 年 5 月，我校参加在烟台举行的"世界老年游学大会"，所赠的科研著作受到中国老年大学协会会长张晓林同志的肯定。近年，学校参与全国课题研究 6 项。其中我校作为全国 17 所学校之一，参与"老年教育学学科体系研究"子课题撰写，得到学术委员会领导的高度称赞。近 3 年来，学校受邀参加全国性教研教学会议 14 次，寄送科研著作 2000 多册。法国图卢兹大学已收到我校寄送的科研著作并寄来了馆藏证。我校出版发行的《老年教育学与教的原理》是根据《新编老年学习学》和《老年大学教学论》"原理篇"的英文译本编写的，希望与国际老年教育同行交流分享。

四、注重引领，推动基层发展

潮州市老干部大学发挥"示范校"的引领作用，推动县区老年教育的发展。如今，一县三区老年大学发展很快，枫溪区还在乡村办老年大学分校，全面推动社区老年教育的大发展。该区目前有 11 个村（社区）成功设立老干部（老年）大学分校，分校的校长都是村的党支部书记（村主任）担任，聘请退休的学校校长为业务副校长。其分校选址在各村原书斋旧址、祠堂、文化公园等村民日常相对集中的学习活动地点。学习体验课程与活动形式灵活、丰富，广受老年人欢迎和称赞。这种模式有利于基层老年大学的普及，我们接下来将在全市其他县区推广。

五、搭建平台，展示老有所为

我校学员把学到的知识、技能用于服务社会、回馈社会，彰显人生价值，对家庭、对社会的凝聚力起到了很大的作用。学员志愿者服务队，为社会提供健康养生知识、维护环境卫生、中医按摩保健服务，开展创文活动，送春联，深入社区服务等，备受社会各界好评。

现在，潮州市委市政府高度重视老年教育的发展。2017 年 7 月，上任不久的市委书记刘小涛同志，在市委常委、组织部部长姚继新同志的陪同下到校视察，对全市老年教育的发展指明了方向和目标。市、县区老年大学办学场地都达到省的要求，办学条件越来越好，越来越多的老年人来老年大学学习，这是一个老年教育大发展的时代。

新时代，新起点。我们将抓住这次维拉斯主席、林元和副主席、许光超会长和各级领导专家莅临指导的机会，奋发有为，勇立潮头，为推动全市老年教育事业的大发展，做出更大的贡献！谢谢大家！

（陈先哲：中共潮州市委组织部副部长、老干部局局长、潮州市老干部大学校长）

在国际老年大学协会考察团抵粤考察时的讲话

尊敬的维拉斯主席，各位来宾、女士们、先生们：

上午好！

首先，我谨代表广东省老年大学协会向国际老年大学协会的专家和朋友们不远万里来到广东、来到潮州考察表示热烈的欢迎！对你们持续关心广东省老年教育事业的发展表示衷心的感谢！

下面，我向各位来宾简要介绍近年来广东老年教育的发展情况。

一、党和政府各级相关部门高度重视，着力完善我省老年教育五级办学网络

广东的老年教育起步较早，广州市岭海老人大学创办于 1984 年。这是全省第一所老年大学，也是全国创办最早的老年大学之一。据不完全统计，截至 2017 年年底，广东省有老干部大学 105 所，老年大学 107 所，社区老年学校 484 所，总占地面积近 50 万平方米，总建筑面积约 72 万平方米，共开设专业 1649 个，教学班 4278 个，在读学员 20 多万人，已结业学员约 200 万人，基本建立了省、市、县（区）、镇（街）、村（社区）五级老年教育体系。取得这些成绩，我们的主要做法如下。

1. 制定政策，为老年教育事业发展提供制度保障。我省历来重视老龄工作，近年来，随着终身教育体系的构筑，尤其是国务院办公厅颁布《老年教育发展规划（2016—2020 年）》以来，广东省人民政府办公厅于 2017 年 10 月印发了《关于大力发展老年教育的实施意见》，结合我省实际，对标《老年教育发展规划（2016—2020 年）》要求，为广东老年教育制定了精准明确的发展目标。

2. 拨付经费，为老年教育事业发展提供财力支撑。省委省政府从财力上对老年教育事业也给予了倾斜支持。一是在 2015 年、2016 年连续两年为省老年大学协会编写教材拨付 200 万元专款，有力推动我省老年教育教材实现从无到有、从有到优的突破，促进了老年教育优质资源的共建、共治、共享。二是 2015 年省财政拨出 1.5 亿元的专项资金，分五年每年 3000 万元专门用于扶持补助少数民族县和欠发达县的老年教育基础设施建设，改善办学条件，推动我省老年教育发展的重心向基层转移。目前，该项工作已进入收尾验收阶段，全省 21 个地市、119 个县级行政区基本上都创办了老干部大学或老年大学。

3. 多措并举，为老年教育事业发展提供创新动能。一是将老年教育教学积极向村（居委会）一级推动。省老干部大学积极作为，主动开展 E 课堂建设，录制了 12 门（声乐、钢琴、古筝、书法、英语口语、计算机、太极、柔力球、舞蹈、摄影、中医养生、黄帝内经）课程，并将运用广东省党员教育中心网络在全省 3 万多个网点播放，扩大基层老年教育的受众面。二是各地老年大学综合利用当地的教育、文化和养老服务资源，不断创新办学模式，扩大办学覆盖面。例如，肇庆市老干部（职工）大学实行校委会领导下的校长负责制和老干局主办、教育局等部门协办的办学模式，与老干部党校、老年教育研究会合署办公，形成高效的校园管理系统，深得广大老同志称道。

4. 广东的老年教育在多年的发展中形成了具有特色的发展模式。例如，省老干部大学作为省级示范老年大学，坚持认清发展形势，科学把握方向定位，通过创新驱动"四个轮子"（教学、教研、教师、教材）促进内涵式发展，扩大教育资源共享，发挥示范带动作用，以时不我待的紧迫感和敢为人先的使命感推动全省老年教育协调发展。与此同时，深化与广州大学、广州中医药大学的校际合作，引入高校优势资源和各类专业人才，成立老年教育研究中心，为实现全面内涵发展、提升办学质量提供新动能。广州市老年干部大学注重老年教育现代化建设，大力推进教学创新和理论研究，以中国老年大学协会国际联络部的名义积极开展对外交流，发挥区域示范、辐射影响作用，产生了良好的社会效应。江门市老干部大学以制度创新为动力，践行幸福教育办学理念，实现跨越式发展。潮州市老干部大学是省老年大学协会学术研究委员会的牵头单位，先后完成了多个科研课题，取得了丰硕成果。深圳龙岗区老年大学率先在全市实现社区基层老年大学全覆盖，在开放、包容的服务理念指引下打造互助共享的工作格局，全区老年大学(学校)达124所，在校学员33 000多人次，为和谐社会建设增添正能量，形成了独具特色的办学模式。

二、发挥广东省老年大学协会平台作用，引领全省老年教育科学发展

广东省老年大学协会成立于2013年12月。自成立以来，协会始终紧紧抓住我省老年教育亟须解决的问题，大力引导各会员校开展教学科研，打造示范学校，并着重做了以下工作。

1. 抓规范化建设，促科学发展。各会员校按照要求和老年教育规律建立学制并规范教学，为科学发展老年教育奠定基础。为改变我省老年教育长期没有统编教材的现状，省协会于2016年年底组织全省近20所老年大学的70名教师开展9门课程(声乐、钢琴、古筝、舞蹈、书法、摄影、英语口语、计算机基础、智能手机应用)共10本统编教材的编写工作。目前，系列教材已由北京师范大学出版集团出版发行，全国已有近50所老年大学使用。省老干部大学还注意在课程设置中融入地方文化特色，特邀非物质文化遗产传承人开设岭南艺术剪纸课程。潮州市老干部大学也开设了当地独有的潮乐、潮曲等课程，很受学员欢迎。

2. 组织师资培训，编写师培教材，提升教师任教水平。协会连续5年每年利用暑假(7月、8月)组织全省范围的师资培训，至今已有550人次的教师接受了培训。同时，首次组织客座教授和专家编写师资培训教材。教材涵盖老年教育教学理论与艺术、老年教育原理、老年教育心理、老年教育管理和老年教育课程论等丰富内容。可以预期，随着师资培训教材的出版及使用，将有效弥补老年教育师资培训的短板，有力提升教师任教专业水平。

3. 突出理论研究，夯实科研基础。通过几年的努力，省协会会员校在科研方面取得了较为显著的成绩，在全国老年教育理论研究中占据了一定的地位。在2018年中国老年大学协会第十三次老年教育理论研讨会(每两年举行一次)评出的 315 篇优秀奖征文中,我省协会 9 所会员校(含分校)就有 25 篇文章获奖,占全国获奖总数的 7.9%,同时有 5 所会员校获组织奖,占获奖总数的 12.8%,充分展现了我省会员校深化老年教育理论研究的成果。

三、审时度势,培养有作为、有进步、有快乐的现代老年人

1. 加强党建工作,发挥老党员在学习和活动中的模范带头作用。按要求,我省各级老干部(老年)大学均在班级和活动团队中建立了党支部。省老干部大学持之以恒地开展"非隶属关系党员多重组织生活"党建书记项目,加强临时党支部建设。2018 年秋季学期 229 个教学班均组建了临时党支部和班委会,并给各个支部安排活动场地,共组织党员 5450 人次参加了临时党支部学习活动,发放支部学习资料 6500 余份。通过参观、游览和接受爱国主义教育,进一步激发班长、书记的爱党、爱国热情,增强党性修养,涵养道德品格,在各自所在的教学和活动团队起好模范带动作用。

2. 认真按照要求组织开展老龄化国情教育。2018 年 1 月,全国老龄委、中央组织部、中央宣传部印发的《关于开展人口老龄化国情教育的通知》,把老年人列为人口老龄化国情教育的重点对象之一,要求到 2020 年,人口老龄化的国情意识明显增强,关爱老年人的意识和老年人的自爱意识大幅提升,积极应对人口老龄化的社会氛围更加浓厚。省老年大学协会及时转发了《关于开展人口老龄化国情教育的通知》,号召会员校积极举办有关活动,弘扬主旋律。省老干部大学带头行动起来,一是以庆祝改革开放 40 周年伟大成就为主题,组织举办学习成果展,展示、宣传改革开放以来国家的新面貌、新形象,进一步增强广大离退休老干部实现中华民族伟大复兴中国梦的信心和决心;二是组织开展主题征文活动,一个月间共收到近 40 篇质量较高的征文;三是开设"乐龄教育"课程——"老年积极心理健康教育"教学班,受到老同志的欢迎。惠州市老年大学半年内举办了 3 次全校性大讲堂活动,通过宣讲坚定大家的理想信念,坚定"文化自信"。

3. 关注老年人心理健康,编撰《老年积极心理健康手册》。组织专家依据学科知识逻辑和老年人身心特点,采取图文并茂的形式,选择生动翔实的案例编写《积极心理健康手册》。老年人手捧手册就能轻松愉悦地学习，调动积极情绪，构建积极关系，从而增强主观幸福感，促进身心健康，更加自信、阳光。目前，该手册已发行上万册。

伴随着改革开放的春风，几十年来广东的老年教育事业在南粤大地如火如荼地蓬勃开展，直接服务、惠及了200多万老年人。通过他们的言传身教、口口相传或间接影响，广大人民群众都深切感受到了老年群体向上向善的积极心态和持续释放的正能量，以及由此营造的良好社会氛围，有力地推动了和谐社会的构建。老年人都把老干部（老年）大学当作自己的第二个家，关心她、爱护她，并积极参与到各项活动中来，争做有作为、有进步、有快乐的现代老年人。

我们将更加"用心用情用力，提质、提速、提劲"，把这项行善积德、造福人类、平凡而又神圣的工作做得更好，不断把广东的老年教育事业提升到新的高度。

最后，祝愿维拉斯主席及各位来宾在粤的行程圆满愉快！祝在座的各位同行幸福安康！谢谢！

（许光超：广东省委组织部原常务副部长、广东省老年大学协会副会长）

普通高校参与老年教育：中国的现状、问题与前景

一、中国普通高校参与老年教育的现状

中国老年大学教育的基本特征是政府主办、主管，但是，普通高校以法人身份举办老年教育也是起步比较早的。与最早的中国老年大学——1983年创立的山东老年大学——成立时间相比，中国最早在普通高校创办的老年大学厦门大学老年大学（成立于1985年4月）和稍后的北京师范大学老年大学（成立于1985年10月）只是略晚一两年。[①] 之后，普通高校参与老年教育的势头日益高涨，已经成为全社会老年教育事业发展不可或缺的重要组成部分，更将是实施中国老年教育发展战略与规划的一种潜能巨大的宝贵力量。

---

① 倪浩：《高校老年教育发展概况及其对策思考》，载《老年教育·老年大学》，2017(9)。

目前来看，普通高校参与中国老年教育的主要形式有以下几种。

（一）在普通高校内成立老年大学，创办有特色的老年大学教育

中国普通高校学科门类齐全，办学各有特色。依托学校自身的特色，创办有特色的老年大学教育，是普通高校参与老年教育的主要形式之一。各高校的老年大学是中国老年大学系统中较高层次的老年教育机构，在中国老年教育中发挥着骨干作用和示范作用。为此，在扩大办学规模的同时，普通高校创办的老年大学更加注重内涵的提升，积极探索老年教育规律，发挥自身的学科优势和特色，办出学科特色突出的老年大学。

例如，1999 年创办的天津美术老年大学，依靠天津美术学院师资的支持，有较高的书画教学质量，推动了老年书画教育的发展，办出了特色。[①]

（二）与所在地老年大学合作，促进老年大学不断提高教育教学质量

这种形式是以老年大学为主体，结合本校的实际情况和发展需要邀请所在地普通高校参与到老年大学的建设和发展中来。

例如，2015 年秋季，广东省老干部大学与广州中医药大学开启校际合作，共同推动"名师进课堂"。自开启校际合作后，广州中医药大学统筹部署，一二附属医院的优秀临床医师团队轮流到老干部大学任教并开展现场义诊、互动教学等各项活动，全方位支撑广东省老干部大学中医品牌课程建设，满足老年大学生学习正确健康养生知识和技能的需求。截至 2018 年秋季学期，广州中医药大学教师团队在广东省老干部大学共开设 12 门课程，多名知名教授亲临任教。广州中医药大学教师团队还以"讲座汇聚"的形式为老年大学生讲授心血管系统、内分泌系统等多学科中老年人常见病、多发病的防治及紧急处理知识，深受老年大学生的欢迎。

（三）利用现代教育技术，发展老年远程教育

高校是现代教育技术使用最为集中和先进的机构之一，大多数学校都设有教育技术学或计算机科学与技术专业，而且现在中国的高校正在不断地推

---

① 齐心、彭克敏、阮晋柏：《老年学校究竟由谁来主管》，载《上海老年教育研究》，2004(1)。

进精品课程、精品资源共享课程、特色课程网络教育资源的开发和运用等。利用高校计算机和教育技术方面的专业人才、资源和经验，开发老年教育网络教育资源，推进适当的老年网络教育，也是普通高校参与老年教育的重要形式。

二、中国普通高校在参与老年教育方面存在的主要问题

（一）参与的数量不够多

截至 2016 年年底，全国只有不到 200 所高校办有老年大学，仅占现今全国高校总数的 7.7％，占全国 6 万余所老年大学的 0.39％。[①]

（二）办学的质量不够高

部分高校党政领导对发展老年教育的思想认识不足，重视程度不够，没有兴办老年教育的积极性。多数已办的高校老年大学办学立意不高，缺乏办学的规范化标准与管理，总体上的办学水平还不高，对老龄社会发展形势的适应能力较差；高校自身的学科、师资、管理、环境、设备设施等方面的优势发挥不充分；经费投入不足。

（三）面向社会开放的程度不够大

目前，中国普通高等学校举办的老年大学，多以本校退休教师和职工为基本对象，尚未广泛吸收社会退休人员参与本校举办的老年教育。

（四）参与老年教育的形式不够多样

目前主要是前面所讲的两种形式，还有很多形式没有开展，如老年暑期学校、老年专题讲座、老年夏令营、老年远程教育、低龄老年人技能培训等。

（五）发挥的作用不够充分

普通高校创办的老年大学在整个老年教育系统中应该起到示范、引领、辐射作用，主要体现在课程建设（课程设置、课程体系、教材编写），师资培养（特色教师、骨干教师），理论研究（老年教育学、老年心理学、老年教育

[①]　邵明、陈德光：《参与发展老年教育，高校大有作为——学习〈老年教育发展规划〉的心得体会》，载《老年教育（老年大学）》，2017(2)。

教学论），教学管理（教学模式、教学规范）诸多方面。然而，从目前的情况来看，普通高校及其创办的老年大学在上述方面的作用尚未得到应有的呈现。

三、中国普通高校参与老年教育的前景展望

普通高校的基本功能是人才培养、科学研究和服务社会。深入挖掘这三大功能在老年教育领域的运用，将会使普通高校更好地参与，甚至融合到蓬勃发展的中国老年教育事业之中。

1. 在人才培养方面，普通高校可以在以下三个方面进行有益的改革和探索。一是在普通高校设置老年教育本科专业，培养老年教育工作者专门人才；在研究生教育阶段，在教育学一级学科下设置老年教育学二级学科，或在教育学相关二级学科下设置老年教育学、老年教育管理、老年教育心理学等相关研究方向，或在教育硕士专业学位中设置老年教育专业方向，培养较高层次的老年教育理论研究者和专业人才。二是充分理解积极老龄化理念的社会价值，结合社会经济、社会发展的需要，开设一些适合低龄老年人的应用型专业，对低龄老年人进行二度人力资源开发，使他们能够以新的技术和能力参与社会经济发展。三是充分认识到文化传承和创新在人类社会发展中的重要作用，面向老年人开设相关的专业，培养老龄文化人才。

2. 在科学研究方面，普通高校要重视老年教育研究，可以通过设置高校老年教育研究机构、与老年教育机构建立联合研究机制等方式，加大对老年教育的研究力度，探索老年教育规律，为不断推进中国老年教育的科学化、现代化、国际化提供学术支撑。同时将老年大学办学过程中积累的好的经验进行凝练和提升，产生新的老年大学教育理论，丰富和发展老年教育科学理论。

3. 在服务社会方面，普通高校充分开发和利用学校自身的优势，积极地为老年教育提供服务。

（1）要自觉地、集体性地、有组织地而不是让高校教师自发地、个人性地、零散地集中高校师资力量，参与老年教育的各项发展（如学科教学、课程体系建设、老年大学管理、老年大学校园设计等)。

(2)借鉴普通高校的学制建构和管理模式,帮助老年大学实现有序办学、科学管理,提高老年大学的办学和管理水平。

(3)充分利用高校的教育设施、设备、场所等资源优势,发展实体和网络老年大学,为老年大学生提供更为充分的学习条件,满足他们继续发展的需求。

(4)举办老年教育专业的职前教育和教师在职培训,培养老年大学和老年教育事业需要的优秀人才,提高老年大学在职教师的专业素质。

(5)进一步面向老年教育开放学校,使高校优质的设备设施、优美的校园文化等,为老年人的学习提供便利。

(王卫东:广州大学教育学院教授)

努力打造我国第一部《老年教育词典》

尊敬的维拉斯主席,各位领导、专家、学者:

大家好!我今天的发言主要是"一句话"和"四个关键词"。"一句话"是"努力打造我国第一部《老年教育词典》"。第一个关键词是"背景",即为什么要编写《老年教育词典》。这是为了贯彻党的十九大精神,落实《老年教育发展规划》的需要,这是为了总结我国 35 年来老年教育实践经验的需要。我国自 1983 年创办第一所老年大学至今,已有 35 年。根据 2017 年统计,省、地县政府举办的老年大学合计 3819 所,在校学员 367 万人,还有数以千万计的社区老年教育,远程老年教育的学员。我国老年教育特点是规模大、发展快,现已进入世界老年教育大国行列。这些宝贵的办学经验,必须以"词条"的形式,加以总结提高。这是为了提升我国 25 年来老年教育理论研究成果的需要。我国自 1994 年出版第一部《老年教育学》至今,已有 25 年的学科历史。根据 2017 年的统计,我国已出版有关老年教育的专著、教材 70 多部,其中冠名《老年教育学》的 10 部,还有数以万计的学术论文、调查报告、经验总结、教学案例等。这些理论研究成果,必须以"辞书"的形式,加以梳理、提升。1973 年法国举办的第三年龄大学至今,已有 45 年的历史。这是为了吸收国际45年来老年教育先进经验的需要。它们积累了许多先进的办学经验，创造了丰富的研究成果。这对于我们都是有启发、有帮助的。这些先进理念、经验，也必须以"词条"的形式，加以消化、吸收。简言之，这是现实的需要，也是历史的必然。

第二个关键词是"价值"，即编写《老年教育词典》有何价值。研究价值：有一定的学术价值，有较强的应用价值，有一定的社会价值，有明显的收藏价值。

第三个关键词是"内容"。根据《词典》分类目录，全书分为四个版块，18个专题，3项附录，约1000条词条，约50万字。第一版块，老年教育基本原理篇。(1)导论；(2)老年教育性质论；(3)老年教育目的论；(4)老年教育功能论。第二版块，老年教育实施过程篇。(5)老年教育学习论；(6)老年教育课程论；(7)老年教育教学论；(8)老年教育校园文化论；(9)老年教育德育论；(10)老年教育美育论；(11)老年教育科学研究论。第三版块，老年教育队伍建设篇。(12)老年教育学员论；(13)老年教育教师论；(14)老年教育管理论。第四版块，老年教育科学发展篇。(15)老年教育大众化——社区老年教育；(16)老年教育信息化——远程老年教育；(17)老年教育国际化——外国老年教育；(18)老年教育现代化。附录如下：(1)《老年教育发展规划》；(2)老年教育相关书籍著作简介；(3)全国示范老年大学。

第四个关键词是"条件"。我们有进行研究的有利条件：(1)有高度重视的各级领导。有国际老年大学协会、中国老年大学协会、广东省老年大学协会的高度重视和有力指导；有潮州市委、市政府的领导和支持，特别是有潮州市老干部局、老干部大学主要领导为直接领导，担任编委会主任，亲力亲为。这是搞好课题研究的根本保证。(2)有高素质的研究队伍。本书直接参与编写人员12名，其中具有高级职称者10名。这是一支热爱老年教育事业、责任心强、业务能力高、团结合作的科研团队。这是搞好课题研究的决定性因素。(3)有丰富的科研资源。一方面，我们现已拥有近百部与本课题研究相关的著作及报纸、杂志等文本资源。另一方面，我们还可以充分利用网络资源，吸纳研究成果。这是搞好课题研究的重要保障。（4）有编写辞书的实践经验。在 12 名编写人员中有部分人员曾参与辞书编写工作，其中主编曾主持编写两部大型工具书，即《学习科学大辞典》《简明学习科学全书》，有一定的编写经验。这是搞好课题研究的重要条件。

最后，让我们在党的十九大精神指导下，为加快老年教育学科建设做件大事，为有效提高老年教育质量做件实事，为广大老年教育工作者做件好事，也为实现我们的学术梦了结一件心事。谢谢大家！

（叶瑞祥：潮州市老干部大学"编写《老年教育词典》课题组"组长、学校科研顾问、研究员）

努力办好人民满意的老年开放大学

广东开放大学就是原来的广东广播电视大学，2012 年更名。广东老年开放大学由省教育厅主办，依托广东开放大学（原广东广播电视大学）设立，目的是让广东开放大学统揽全省的老年教育、社区教育。

选择广东开放大学是基于广东开放大学的职能定位。《教育部关于同意广东广播电视大学更名为广东开放大学的函》明确指出："广东开放大学是以现代信息技术为支撑，面向成人开展远程开放教育的新型高等学校；要坚持非学历继续教育和学历继续教育并举。努力满足人民群众多样化、个性化的学习需要，为构建灵活开放的终身教育体系做出应有的贡献。"

我校在全省开展老年教育的优势：一是充分发挥广东开放大学远程开放教育的优势；二是以现代信息技术为支撑。

目前我们已开展的工作有以下几项。

一、配合省政府和职能部门制定相关的制度和标准

（一）为省政府起草《广东省人民政府办公厅关于大力推动老年教育发展的实施意见》（41 号文）

2016 年 10 月 5 日，国务院办公厅印发《老年教育发展规划（2016—2020 年）》，省政府需要出台规划的实施意见。省教育厅和我校联合在全省开展调研，形成《广东省老年教育办学情况实地调研报告》。最终成果是，省政府出

台粤府办［2017］41号文：《广东省人民政府办公厅关于大力推动老年教育发展的实施意见》（2017年6月9日）。

（二）为省政府制定相关标准

省府办印发了《广东省落实十九大精神任务分解表》，其中我校承担的任务是制定社区教育和老年教育的相关标准。标准包括：制定社区（老年）教育机构设置标准、社区（老年）课程体系建设标准，修订省社区教育实验区指标体系；建设一批省级老年教育示范点。

为此，我校已立项31项课题开展研究，同时也采用委托课题的形式，委托江门、东莞、中山、佛山、南海、广州、深圳等单位立项研究制定相关标准和规范。此项工作务必于2018年12月份完成。

二、在校本部建设老年教育示范点

为支持我校开展老年教育，省政府和教育厅划拨给我校一幢楼，让我们为探索建设全省老年教育示范点做尝试。我校已于2018年9月开始招生运作。

办学宗旨：增长知识，丰富生活，陶冶情操，提高素质、促进健康，服务社会。

培养目标：健康老人、快乐老人、时尚老人。

教学方式：采用传统教学模式与现代信息技术手段相结合。

办学愿景：通过广东开放大学及各市县开放大学体系进行办学，面向老年人和养老服务从业人员开展学历与非学历教育的新型老年大学。

8月中旬接受报名，报名非常火爆，不到10天时间就报完了名额。由此可见，老年教育的社会需求相当旺盛！

（广东老年开放大学）

第二章 西班牙巴塞罗那会议

第 102 届巴塞罗那国际会议综述

2018 年 6 月 28 日至 7 月 1 日，中国老年大学协会副会长、上海老年大学常务副校长熊仿杰，中国老年大学协会国际联络部主任、广州市老年干部大学副校长王友农，中国老年大学协会学术委员会委员、成都锦江区老年大学常务副校长张泽林和翻译陈若菲 4 人，参加了在西班牙巴塞罗那召开的国际老年大学协会第 102 届理事会会议及"老年大学和教育标准"国际学术研讨会。

6月28日下午，国际老年大学协会第102届理事会会议在西班牙拉曼努尔大学校长会议室召开。AIUTA主席维拉斯教授主持会议并做了《主席工作报告》，总结了近年来AIUTA在世界各地推进工作的情况；AIUTA秘书长玛利亚·切斯特教授做了关于2017年12月在哥伦比亚召开的101届理事会议纪要报告；中国老年大学协会国际联络部主任王友农教授按会议安排，使用PPT做了关于AIUTA教育科学执委会4月在中国上海开展国际交流活动以及中国的国际老年教育研究中心成立的情况通报。随后，熊仿杰、王友农、张泽林教授和翻译陈若非将复制了中国10所老年大学英文解说宣传片的60个U盘，逐一分送给参会的AIUTA理事和各国代表；熊仿杰还将上海老年大学学员绘制的绢纸扇送给AIUTA理事，会场气氛愉快热烈。

理事会的第二阶段议程是改选理事会 $\frac{1}{2}$ 的理事。中国老年大学协会副会长林元和续任当选为AIUTA理事和第一副主席，任期至2022年。原27名理事有了部分调整，保加利亚前教育部长和乌克兰老年大学协会会长新当选进入理事会。

6月29日上午，以"老年大学和教育标准"为主题的国际学术研讨会，在巴塞罗那中央大学心理学系报告厅举行。120多位来自世界各地的老年教育工作者参加了研讨会。中国的熊仿杰教授安排在大会的第二个发言。他以图文并茂的课件做了题为《中国老年大学的教育标准》的演讲，展示了中国老年大学探索教育标准的理论和实践成果，言简意赅，内涵深刻，赢得热烈掌声。随后，维拉斯主席安排播放了中国广州老年大学的英文视频《云山珠水绿映红》，受到与会代表的好评。研讨会的国际交流演讲一直持续到傍晚6点，各国代表围绕老年大学教育标准各抒己见，展示各自特色及优势，信息量大而很有启示。

6月30日，与会各国代表参观考察了巴塞罗那历史文化景点。高迪建筑设计的曲线风格和毕加索分析立体主义的油画作品给人以强烈的情感冲击和审美享受。

会议期间，维拉斯教授单独与中国代表做了两次关于国际合作的工作交流。他再次强调 AIUTA 关注和期望参与"一带一路"建设框架内的国际老年教育交流合作。

这次会议透露出的一个强烈信息就是，全世界的老年大学正以迅猛的发展速度在五大洲扩展和蔓延，国际老年大学协会在推动促进各国老年教育的发展方面发挥着越来越大的作用。各国老年大学之间的国际交流以及跨区域合作也越来越加强和实质性深化。各国老年大学在促进内涵式发展方面越来越学术化、科学化。国际老年大学协会关于建立老年教育国际体系的愿景也正在向现实迈进。

（中国老年大学协会国际联络部）

第一节　国际观点

AIUTA 主席报告

——2018 年 6 月巴塞罗那 AIUTA 全体大会上发言

作为国际老年大学协会的主席，我想介绍一下自 2016 年 6 月法国兰斯全体大会以来的各项活动：国际老年大学协会在全球范围内不断发展壮大。

在美洲，2017 年 5 月，AIUTA 代表完成了对加拿大魁北克省舍布鲁克老年大学的访问；AIUTA 在哥伦比亚首都波哥大举办了第 101 届理事会以及以"机构在老年大学发展中的作用"为主题的国际研讨会（2017 年 12 月）；在巴西的伊瓜苏，AIUTA 代表参加了关于老年大学的教育大会（2018 年 3 月）。

在非洲和中东地区，AIUTA 参加了于 2016 年 12 月在塞内加尔达喀尔举办的塞内加尔老年大学会议以及 2018 年 1 月在尼日利亚举办的尼日利亚老年大学协会会议。同时，AIUTA 大力推动了 2017 年 10 月突尼斯杰尔巴老年大学以及 2017 年 3 月黎巴嫩朱尼耶老年大学的成立。AIUTA 还参加了于 2017 年 12 月在马普托由莫桑比克终身大学举行的老年教育会议。

在亚太地区，AIUTA 主要是在中国展开了一系列活动：在济南举办了教育和科学委员会关于老年大学教学新挑战的国际会议（2017 年 4 月）；在上海举办了教育和科学委员会关于老年大学理论研究的会议，以及中国老年大学协会国际老年教育研究中心在上海的落成仪式。此外，在中国多家老年大学的组织下，AIUTA 于 2017 年还参观了广州、南宁、桂林和湖北老年大学、武汉老年大学；2018 年 4 月访问了浙江老年大学以及上虞老年大学。同时，AIUTA 参加了 2018 年 5 月在烟台举办的首届国际老年游学大会。AIUTA 理事会于 2016 年 10 月参加了由日本大阪老年大学举办的关于日本老年大学与亚太联盟合作的国际会议。AIUTA 于 2017 年 1 月对印度的新德里、班加罗尔和钦奈等地区的老年人协会和老年大学进行了工作访问。

在欧洲地区，2017 年 5 月，AIUTA 在斯洛伐克的布拉迪斯发老年大学举办了理事会会议以及关于"老年人平等的学习机会"的国际会议；2017 年 1 月，AIUTA 在葡萄牙法鲁老年大学召开了执行委员会会议；2018 年 1 月，AIUTA 在西班牙拉科鲁尼亚老年大学召开了国际老年大学协会执行委员会会议。同时，AIUTA 也参加了由西班牙马略卡岛的帕尔马老年大学于 2016 年 9 月及 2017 年 9 月举办的夏季老年大学教育活动。2017 年 10 月，图卢兹老年大学接待了马略卡岛老年大学校长的来访。2017 年 9 月和 2018 年 6 月 AIUTA 对乌克兰进行了工作访问，并于 2017 年 11 月在伦敦与英国老年大学信托基金会进行工作交流；2017 年 10 月在马德里与马德里老年大学、2017 年 3 月与希腊雅典老年大学分别进行了交流会议。

AIUTA 已组织了众多研讨会和工作会议，以展示老年大学在培训和教学领域的创新成果，特别是在终身教育领域关于教学的创新。同时，AIUTA 与联合国教科文组织在汉堡的终身教育研究所建立了联系，并在学习型社会研究项目中发挥着主导作用（2018 年 3 月）。

最后，国际老年大学协会继续贯彻《国际老年大学协会研究细则》的相关规定。《国际老年大学协会研究细则》在推动国际老年大学协会科学教育研究中起着至关重要的作用。

（弗朗索瓦·维拉斯：AIUTA 主席，法国图卢兹老年大学校长、教授）

AIUTA 秘书长报告
——第 102 届理事会会议

尊敬的各位同人：

首先，我要感谢我们的同事蒙特·拉穆尔（Muntt Lamua）为组织这次国际会议以及理事会和全体大会所付出的辛勤努力。一直以来，与她共事都十分愉快。

你们都已在我们的出席名单上签名，而那些未出席的人员也派来了他们的代表，所以我们应该按照规则进行。

2016 年 10 月，我们在大阪举行了最后一次全体大会，在此次大会上，选出了 2016－2020 年任期的一些理事会成员以及其他几位再次当选的成员，我就是其中之一。我们理事会的其他一些成员将在 2018 年结束任期（表 2-1）。其中一位是我们的前秘书长、现任副财长纳德斯达·哈拉科娃（Nadezda Hrapkova）。

表 2-1　在 2018 年结束任期的理事会成员

国家	姓	名	任期
智利	科恩费尔德·麦特（KORNFELD MATTE）	罗西塔（ROSITA）	2014—2018 年
中国	袁	新立	2014—2018 年
法国	德穆伊（DEMOUY）	帕特里克（PATRICK）	2014—2018 年
法国	维拉斯（VELLAS）	弗朗索瓦（FRANCOIS）	2014—2018 年
马提尼克岛	塞莉梅恩（CELIMENE）	弗雷德（FRED）	2014—2018 年
毛里求斯	帕苏拉曼（PARSURAMEN）	阿穆古姆（ARMOOGUM）	2014—2018 年
西班牙	布鲁隆达（BRU RONDA）	康塞普松（CONCEPCION）	2014—2018 年
西班牙	拉穆尔（LAMUA）	蒙特（MUNTT）	2014—2018 年

续表

国家	姓	名	任期
西班牙	阿莫罗斯（AMOROS）	梦塞（MONTSE）	2014—2018 年
斯洛伐克	哈拉科娃（HRAPKOVA）	纳德斯达（NADEZDA）	2014—2018 年
瑞典	卡尔森（CARLSON）	卡林（KARIN）	辞职

必须延长其任期的理事会成员名单如表 2-2 所示。

表 2-2　延长任期的理事会成员

国家	姓	名	任期
巴西	德普拉多（DO PRADO）	法比奥（FABIO）	2016—2020 年
加拿大	哈维（HARVEY）	莫尼克（MONIQUE）	2016—2020 年
哥伦比亚	罗德里格斯（RODRIGUEZ）	古斯塔沃（GUSTAVO）	2016—2020 年
希腊	米斯特里奥提斯（MISTRIOTIS）	尼科斯（NIKOS）	2016—2020 年
意大利	德尔·福诺（DEL FORNO）	奈莉（NELLY）	2016—2020 年
意大利	泽尔比尼（ZERBINI）	利维奥（LIVIO）	2016—2020 年
黎巴嫩	希安（HINAIN）	马塞尔（MARCEL）	2016—2020 年
尼日利亚	阿弗拉比（AFOLABI）	查尔斯（CHARLES）	2016—2020 年
波兰	斯坦诺斯卡（STANOWSKA）	马尔格萨塔（MALGORZATA）	2016—2020 年
葡萄牙	桑托斯（SANTOS）	卡洛斯（CARLOS）	2016—2020 年
塞内加尔	卡玛拉（CAMARA）	西迪（SIDI）	2016—2020 年
斯洛伐克	查拉德卡（CHLADECKA）	詹卡（JANKA）	2016—2020 年
英国	麦卡纳（MCCANNAH）	伊恩（IAN）	2016—2020 年
英国	切斯特（CHESTER）	玛丽亚（MARIA）	2016—2020 年

我们将向全体大会提交 2017 年 11 月在哥伦比亚波哥大举行的最后一次理事会会议上投票通过的 AIUTA 新成员名单，以获得大会批准。我们还必须审查并向全体大会成员提交 2017 年 5 月在布拉迪斯拉发获得理事会成员

批准的所有决定。

AIUTA 理事会在布拉迪斯拉发(2017 年 5 月 18 日)和波哥大(2017 年 11 月 29 日)对以下大学成为 AIUTA 成员的要求予以批准(表 2-3)。所有决定的通过人数均符合所需理事会法定人数的规定。

表 2-3　被批准为 ATUTA 成员的大学

大学	国家
托马斯巴塔第三年龄大学-罗曼·普罗科普(Roman Prokop)教授	兹林，捷克共和国
杰瑞卡第三年龄大学-梦赛·阿莫罗斯(Montse Amoros)	卡斯特伦-西班牙
马耳他第三年龄大学-马文·福摩萨(Marvin Formosa)	马耳他
德黑兰第三年龄大学-萨尔曼尼兹德(Salmannezhad)博士	伊朗
基辅第三年龄大学-霍波维伊(Horbovyy)博士	乌克兰

同样在布拉迪斯拉发，理事会接受了图卢兹第三年龄大学的丹尼尔·戴维(Danielle David)女士的单独申请。

在波哥大，我们推迟了对法国的布瑞恩·弗罗斯特-史密斯(Brian Frost-Smith)成员资格申请的批准。

推迟批准布瑞恩·弗罗斯特-史密斯成员资格申请的原因是他在南特大学工作，而该大学是前 AIUTA 成员，因此存在利益冲突。秘书长给他发了一封函件，要求他使用个人电子邮件地址发送申请，但未收到他的回复。

在波哥大，我们还批准了两份新的代理申请(表 2-4)。

表 2-4　代理申请

姓名	国家
奥里奥·埃恩利(AURIOL AINLEY)女士 ［替代伊丽莎白·波特(ELIZABETH PORTER)］	(TAT-第三年龄信托基金会)英国
蒙特塞拉特·巴拉特·马卡比希(BALLART MACABICH，MONTSERRAT) ［替代梦赛·阿莫罗斯(MONTSE AMOROS)］	(拉蒙尤以大学) 巴塞罗那-西班牙

弗雷德里克·佩恩（Frederic Payen），帕特里克·德穆伊的替代者即将退休。德穆伊教授的新替代者是法国兰斯大学的让-吕克·博德纳尔（Jean-luc Bodnar）。

自 2017 年 11 月以来，我们共收到刚果（金）的坦布韦·曼加拉·梅达德（Tambwe Mangala Medard）的一份申请。

帕维尔·贺兰（Pavel Helan）博士作为嘉宾出席了我们在波哥大的最后一次理事会会议。他热切期望布拉格大学能够加入 AIUTA。他的愿望实现了。朗达·韦斯顿（Rhonda Weston）女士多年来一直是个人成员的身份，但在她参加我们在中国举行的首届老年旅游大会后，决定要求她当地的图文巴第三年龄大学加入 AIUTA。她的愿望也得以实现！

在波哥大，理事会还批准了英国提交的一项提案，其中提道："AIUTA 理事会成员应允许英国国际小组委员会（IC）的一名成员就英国第三年龄大学和其国内类似组织之间的国际联系发展事宜直接与他们联系。"

波哥大的最后一项讨论内容是 AIUTA 网站。大家一致认为，应该将网站横幅广告上护士护理老年人的图片改为老年人正愉快地旅行、游泳、跳舞、打乒乓球、步行等的图片。AIUTA 希望传递老年人积极适应退休生活的信息。

我们希望在网站上看到"快乐健康的老年人"的图片，并决定由古斯塔沃·罗德里格斯教授创建一个新网站，但仅限于在 www. aiutacommunications. orq 域下。他提出了创建网站的提议，并同意随后将密码发送给所有理事会成员，以方便其更新网站上的新闻和照片。

理事会决定，玛丽亚·切斯特将继续对国际老年大学协会社交网站进行更新，并将与为图卢兹第三年龄大学工作的比拉尔（Bilal）合作更新官方网站。

一、拉科鲁尼亚－执行委员会会议

2018 年 1 月，像往常一样，AIUTA 执行委员会召开了一次会议来规划和组织未来一年的活动。会议地点是西班牙拉科鲁尼亚。弗朗索瓦·维拉斯教授、帕特里克·德穆伊教授、纳德斯达·哈拉科娃博士和玛丽亚·切斯特教授应邀出席了在拉科鲁尼亚的老年大学举行的会议。之后，我们在该大学与第三年龄学生们举行了一次有趣的会谈，先是简短的介绍，之后进行了一系列有意义的思想交流。我们建议在不久的将来组建一期英语暑期学校。

二、上海－AIUTA 研究和教育委员会会议

我们还于 2018 年 4 月 10 日在中国上海举行了一次富有成果的 AIUTA 研究和教育委员会会议。弗朗索瓦·维拉斯教授、帕特里克·德穆伊教授、利维奥·泽尔比尼博士、卡洛斯·桑托斯教授和玛利亚·切斯特教授参加了在上海老年大学举行的这次会议。中国与会者包括中国老年大学协会会长张晓林先生，AIUTA 第一副主席、中国老年大学协会副会长林元和先生，以及中国老年大学协会国际联络部主任王友农先生。结论和建议将由 AIUTA 主席弗朗索瓦·维拉斯教授介绍。

4 月 11 日，我们所有人参加了一场关于"中国老年教育"主题的国际学术交流会议。该场会议出席人数众多。上午的主题发言人有三位：第一位是林元和先生，介绍了中国的第三年龄大学模式；第二位是弗朗索瓦·维拉斯教授，对"法国的第三年龄大学模式"进行了阐述；第三位是玛丽亚·切斯特教授，解释了"英国的第三年龄大学模式"。下午，在非常愉快的午餐之后，我们举办了一场论坛，参加人员分为三组：高级成员、中国小组组长和第三年龄大学学生。

（玛丽亚·切斯特）

附件一

AIUTA 即将召开的理事会会议：

第 103 次 AIUTA 理事会会议，路易港（毛里求斯）——2018 年 11 月 22 日至 25 日；

第 104 次 AIUTA 理事会会议，雅典（希腊）——2019 年 5 月；

第 105 次 AIUTA 理事会会议及全体大会，北京（中国）——2019 年 9 月/11 月；

第 106 次 AIUTA 理事会会议，塞内加尔（非洲）——2020 年 3 月；

第 107 次 AIUTA 理事会会议，舍布鲁克（加拿大）——2020 年 10 月；

第 108 次 AIUTA 理事会会议及全体大会，英国（待定）——2021 年 5 月；

第 109 次 AIUTA 理事会会议，比布罗斯（黎巴嫩）——2021 年 10 月。

附件二

英国的提案

AIUTA 理事会成员应允许英国国际小组委员会的成员就英国第三年龄大学和其国内类似组织之间的国际联系发展事宜直接与他们联系。

一、描述

第三年龄信托基金会的国际小组委员会一直在鼓励英国的第三年龄大学与志同道合的组织建立国际联系（主要在欧洲），并就此开展了积极的谈判。因我们所具备的 AIUTA 成员资格而有可能促成这一成果的实现。在 AIUTA 会议上，英国代表已经与其他国家的代表进行了接触，并已经建立了一些联系，虽然联系人数量有限，但起到了很大的作用。该提案的通过，将使国际小组委员会与更多的国家接触，以便在我们的组织之间开展合作与对话。

目前，每当有英国的第三年龄大学要求提供有关与海外组织建立联系的信息时，由于数据保护法规定不允许向第三方公开已知联系人的个人信息，因而必须采取间接的联系方式。有时可以成功，但有时我怀疑我所掌握的联系方式已经过时。我希望能够得到 AIUTA 理事会成员的许可，改进联系流程，允许国际小组委员会与赞成该提案的理事会成员直接联系。

为促进此事，英国理事会成员（同时也是国际小组委员会成员）需要获得赞成该提案的理事会成员的电子邮件地址。

二、益处

英国第三年龄大学和 AIUTA 成员之间将加强合作、参与和对话；

英国第三年龄大学对海外组织信息的获取流程将得到改善；

将加深对 AIUTA 和英国第三年龄大学所做工作的了解程度。

（玛丽亚·切斯特：AIUTA 秘书长）

第 101 次 AIUTA 理事会会议纪要

拉坎德拉里亚市政厅－波哥大－哥伦比亚

第一部分开放会议，出席会议人员如下：

AIUTA 执行委员会成员：

弗朗索瓦·维拉斯、玛丽亚·切斯特、纳德斯达·哈拉科娃和卡洛斯·桑托斯。

AIUTA 理事会成员：

奈莉·德尔·福诺、詹卡·查拉德卡、古斯塔沃·罗德里格斯、梦赛·阿莫罗斯、中国的施祖美先生和王友农先生。

布拉格大学的帕维尔·贺兰教授也作为嘉宾出席。

第一场——开放会议

拉坎德拉里亚市长曼努埃尔·卡尔德隆（Manuel Calderon）先生宣布会议开始。他说，AIUTA 的使命对于以让老年人过上更高质量生活为追求目标的哥伦比亚而言非常重要。

尤尼拉提那大学校长内利·鲍蒂斯塔（Nelly Bautista）教授发言称，老年学生希望接受更多的优质教育。她说："一位快乐的老年学生便是一位健康的老年学生"。

美国迈阿密尤尼拉提那大学负责人莉迪亚·鲍蒂斯塔（Lydia Bautista）教授也对她关于终身教育的观点进行了阐述。

拉坎德拉里亚行政委员会主席胡安·卡洛斯·罗巴洛（Juan Carlos Roballo）欢迎 AIUTA 成员的到来。

之后，AIUTA 主席弗朗索瓦·维拉斯教授发表演讲（西班牙语）。

古斯塔沃·罗德里格斯教授在开放会议上最后发言，提醒说："年轻人未来将成为老年人，这便是 AIUTA 所考虑的问题。"

第 101 次理事会会议——闭门会议

AIUTA 主席弗朗索瓦·维拉斯教授首先在会议上发言，感谢古斯塔沃罗德里格斯教授和他的妻子玛格丽塔（Margarita）为组织这次会议所做的工作，并赠送给他们一只巴卡拉碗以表谢意。

古斯塔沃·罗德里格斯教授对弗朗索瓦·维拉斯教授和 AIUTA 成员前来参加会议表示感谢。

会议允许代表布拉格第三龄大学的帕维尔·贺兰教授作为观察员留任，宣读布拉迪斯拉发会议纪要并获得一致通过。随后，弗朗索瓦·维拉斯教授介绍了 AIUTA 在 2017 年第一学期开展的活动，其中包括：

1. 2017 年 1 月，AIUTA 副秘书长卡洛斯·桑托斯教授在葡萄牙埃尔法罗组织召开了执行委员会会议；

2. 马耳他和德黑兰第三年龄大学被吸收为新会员；

3. 弗朗索瓦·维拉斯教授出访乌克兰和黎巴嫩；

4. 卡洛斯·桑托斯教授和玛丽亚·切斯特教授参与巴利阿里大学第十期暑期学校的举办；

5. 我们于 5 月份在斯洛伐克布拉迪斯拉发举行第 100 次国际会议，所有与会者论文均得到发表；

6. 举办中国烟台/山东老年旅游项目；

7. 应中国老年大学协会的邀请，2017 年 4 月在中国济南召开了一次 AIUTA 理事会执委会会议；

8. 维拉斯教授要求参加波哥大国际会议的与会者将论文发送给他以便发表。

在介绍结束后，理事会所有成员一致认为，AIUTA 在该届任期期间表现活跃，组织了多次会议并吸收了来自新国家的新会员。然后，纳德斯达·哈拉科娃博士向我们出示了 2016/2017 年 AIUTA 的账目情况。

这次会议在场的 AIUTA 理事会成员 9 人。AIUTA 秘书长玛丽亚·切斯特教授随后确定法定人数为 18 人。

表 2-5　理事会成员及代理人

理事会成员	代理人
塞莉梅恩·弗雷德	弗朗索瓦·维拉斯
米斯特里奥提斯·尼柯斯（Mistriotis Nikos）	弗朗索瓦·维拉斯
哈维·莫尼克（Harvey Monique）	内利·德尔·福诺
帕特里克·德穆伊	詹卡·查拉德卡
阿弗拉比·查尔斯（Afolabi Charles）	詹卡·查拉德卡
蒙特·拉穆尔（Muntt Lamua）	纳德斯达·哈拉科娃
希安·马塞尔（Hinain Marcel）	纳德斯达·哈拉科娃
伊恩·麦卡纳（Ian McCannah）	玛丽亚·切斯特
帕苏拉曼·阿穆古姆（Parsuramen Armoogum）	玛丽亚·切斯特
斯塔诺斯卡·马尔加萨塔（Stanowska Malgorzata）	蒙特塞拉特·阿莫罗斯

维拉斯教授随后介绍以下两家被理事会吸收的新会员（如表 2-6）：理事会成员一致投票通过布拉格托马斯巴塔大学成为新会员；杰端卡第三年龄大学 17 票赞成，1 票弃权。（最初是全部为赞成票，但一名代理人在我们会议刚结束时即宣布弃权。投票过程中代理人电话关闭，因此未接收到消息。）

表 2-6　被理事会吸收的新会员

第三年龄大学	国家	联系人
托马斯巴塔（Tomas Bata）	兹林，捷克共和国	罗曼·普罗科普（Roman Prokop）教授
杰瑞卡（Jerica）	卡斯特伦－西班牙	梦赛·阿莫罗斯

在投票之后，玛丽亚·切斯特立即宣布了另一位新会员的申请（表 2-7），该名会员为个人会员。

表 2-7　新会员的申请

姓名	意见	结果
布瑞恩·弗罗斯特-史密斯（Brien Frost-Smith）	他在南特大学工作，而该大学是前 AIUTA 会员	推迟批准，等待他通过个人邮件地址发送申请

玛丽亚·切斯特要求秘书长致函布瑞恩·弗罗斯特-史密斯先生，对此情况做出解释。

随后，玛丽亚·切斯特介绍了两位理事会成员的新替代/替补人员（表2-8）。

表 2-8　理事会成员的新替代/替补人员

新代理人	被代理人	结果
蒙特塞拉特·巴拉特·马卡比希 （Montserrat Ballart Macabich）	蒙特·拉穆尔	通过
奥里奥·埃恩利 （Auriol Ainley）—英国	伊恩·麦卡纳 （Ian McCannah）	通过

英国代表伊恩·麦卡纳的代理人玛丽亚·切斯特向理事会成员解释了英国提交的一项提案，其中提道："AIUTA 理事会会员应允许英国国际小组委员会的一名会员就英国第三年龄大学和其国内类似组织之间的国际联系发展事宜直接与他们联系。"

经过简短讨论后，该提案获得一致通过。会议最后讨论的一点是我们的网站需要持续更新和刷新。巴西代表解释说，他们可以把密码交给我们的一位会员，以保持网站更新。会议最后决定，由 AIUTA 秘书长与为图卢兹第三年龄大学工作的比拉尔合作完成此项工作。

古斯塔沃·罗德里格斯教授建议保留他为此次第 101 次 AIUTA 大会创建的网站，即 www.aiuta.co。

AIUTA 理事会成员进行了讨论，并同意保留，但仅限于 www.aiutacommunications.ora，并且古斯塔沃·罗德里格斯教授只向理事会成员提供密码，以便其能够插入评论、照片和最新活动信息。

最后，经过讨论，会议确定即将召开的国际会议日期和地点如下：

第 102 次 AIUTA 理事会会议和年度大会，巴塞罗那（西班牙）——2018 年 6 月 28 日至 29 日；

第 103 次 AIUTA 理事会会议，路易港（毛里求斯）——2018 年 11 月 22 日至 23 日；

第 104 次 AIUTA 理事会会议和年度大会，雅典（希腊）——2019 年 5 月；

第 105 次 AIUTA 理事会会议，北京（中国）——2019 年 9 月/11 月；

第 106 次 AIUTA 理事会会议和年度大会，塞内加尔（非洲）——2020 年 3 月；

第 107 次 AIUTA 理事会会议，舍布鲁克（加拿大）——2020 年 10 月；

第 108 次 AIUTA 理事会会议和年度大会，英国（待定）——2021 年 5 月；

第 109 次 AIUTA 理事会会议，比布罗斯（黎巴嫩）——2021 年 10 月；

4：30 pm，弗朗索瓦·维拉斯主席宣布会议正式结束，向会议代表发放装有纪念品的提包作为会议礼物。

品质　兴趣
——英国老年大学教育的质量

英国老年教育有一个重要的特质，那就是全英国有超过 1000 所老年大学。学生入学便利，无文凭要求，有机会参加月度会议，在学习活动上能获得他人帮助；老年大学有新生欢迎仪式，鼓励学生尝试加入不同的学习小组，来确定最适合自己的学习组；如果新科目能获得足够支持，则有可能设立新的兴趣小组。这就是国际老年教育中的我们所创立的"英国模式"。英国老年大学有乐于学习、参与的学生，能提供一个安全、有充足资源和设备的环境，授课内容贴近学生，追求以人为中心、缩减差距的学习过程，获得知识、技能及乐于助人的态度所带来的满足感，以及其他的成就。

一、第三年龄大学的原则

1. 开放。老年大学向所有处于第三年龄的人士开放，第三年龄并不是由一个特定的年龄决定的，而是说，在人生这段时期，全职工作已然终结。

2. 有益。成员践行终身学习的价值观念，宣传老年大学的益处。

3. 主动。成员当尽一己之力，确保想要入学的人士都能如愿自助学习。

二、第三年龄大学的特点

1. 自我促进。成员自愿组成涵盖各类话题、活动的兴趣/学习小组。

2. 趣味性。不追求文凭、不颁发证书，学以致乐。

3. 平等性。学生和老师/小组干部之间不做区别，同属于老年大学成员。

三、互助原则

1. 独立。每所老年大学都是一个互助组织，独立运作但属于第三年龄信托的成员，需要遵守老年大学活动的规则。

2. 志愿。老年大学成员为学校服务，学校不提供报酬。

3. 低成本。每所学校经费自理，成员所缴费用、运营成本尽可能压低。

4. 经济独立。唯有在不损害老年大学运作的前提下，才可以寻求外部的经费资助。

5. 环境。安静的场地，如教堂、村公所，有些小组在成员的家里开展活动。

四、学习方式和学习过程

老年大学为学员提供学习、使用科技产品的机会，会在学习日、夏校等特别活动的时间段为成员的亲友提供公开会议，可参加学校活动，通过全国性的活动，学术观点可以在社会里进一步传播。

所学内容无教学大纲，无课程表，成员们决定在什么时间、地点，以何种方式按自己的兴趣、技能和能力开展学习，随着组员的变动以及技能、知识的增加，学习内容逐渐转变，不聘用固定教师。

学习资源来自小组成员，以技术为依托，且受全国总部的支持，共同学习、分享专长（尤其是利用技术的技能），是成员们安乐的基石；通过发掘、鼓励每人所能做的独特贡献，珍视每个成员或大或小的付出；小组协调员可从当地老年大学团体处获得支持；学科顾问、临近院校、特别学习日项目和全国总部可提供额外支持。

五、合作伙伴

高校、博物馆、图书馆、美术馆、团体，如国民信托、国际老年大学协会。

六、取得的成就

1. 听、说技能获得提升；

2. 科研能力有所提高；

3. 对新技术的利用增多；

4. 获得新知识与技能；

5. 生活得以丰富；

6. 成员获得鼓励，参与所在社区生活更为广泛。

（梅拉尼·纳什：英国南莱斯特郡老年大学）

老年大学活动方案的使命、标准和指导方针

一、老年大学的使命

老年大学(UTA)隶属于舍布鲁克大学教育学院，是一个不计学分的继续教育部门，以向 50 岁及以上的人员提供教育服务为己任。这一群体往往渴求新的知识，其多样的兴趣促使各部门的规划委员会提出各种课题和方法，以满足年长者在学术和文化活动方面的需求。

老年大学必须制定标准和指导方针，以便在尊重学术框架和满足主要利益相关者(那些以继续学习为乐的学员)兴趣的同时继续这一使命。

二、质量和学术水准

老年大学重视其规划内提供的活动的质量。老年大学的培训不计学分，在提供的培训活动具有一定灵活性同时，与这些活动计划相关的学术框架要求确定明确的指导方针，以及遵循通常有有效学术水准的质量标准，不需要任何先决条件，也不进行任何考试。

《老年大学学习守则》明确规定"在继续教育活动的背景下"(序言)，"大学教授的所有内容和学科都可以作为拟议活动的主题"(第 4 条)。因此，所提供的教育活动旨在达到大学标准。为此，老年大学制定了有关工作质量和公众保护的指导方针。

老年大学活动的质量基于与内容、资源人员(译者注：教学人员)相关的

标准和指导方针以及客户的兴趣。

三、活动内容

老年大学提供的学术性活动依托于一定基础之上,即理论,有坚实的理论基础。

老年大学提议的活动必须附有体现内容的简短描述才能被接受,进而准备更详细的教学计划。该计划需明确将要讨论的内容和活动的结构。

老年大学活动所涵盖的领域根据活动类型而分为两类,即学术性活动和文化活动。

学术性活动:老年大学的学术活动计划涵盖了学术界公认的领域。这些领域包括:历史、政治、语言、文学、健康、哲学、宗教、心理学、(纯)理论科学和自然科学、社会科学、地理学、技术和艺术。

文化活动:这部分的活动与文化有关,如旅行、表达、针对年长者的服务或资源。

请注意,某些活动计划中包含了体育活动。这些活动必须满足强度、频率的需要,且适应不同体质年长者的健康情况。对活动进行事后评估以进行质量控制。该评估可能以各种形式进行,包括:意见调查、班级代表的主观评价、教学委员会的区域会议、电子评估、书面评估、书面总体意见等。评估将与志愿者、老年大学管理层和教育顾问合作完成。

资源人员:通过简历确认资源人员的资格。对于学术活动,需要受过与活动相关的公认的大学水平的培训。新的资源人员和心理学、哲学领域的人员需要提供学历证明。这些要求将适用于在老年大学任教的所有资源人员。

具有教学经验或曾根据目标客户需要以不同教学方法传播知识的人员优先考虑。

学员的兴趣:根据学员表现的兴趣对拟议的活动进行选择。学校将通过各种方式了解兴趣,包括兴趣调查、学员正式提出的要求、向志愿者提出的课题建议,以及其他与之相关的主题。

学员对某些活动(如讲座)或某些领域(如历史)的参与和忠诚度也是衡量

活动与目标客户需求间契合度的指标。

学员权益保护：为了保护老年大学学员权益，除与老年大学直接相关且经管理层明确授权外，不得以任何形式向学员提出任何请求。活动计划不得包含有观点灌输、治疗或销售专业服务意图的活动。相关的负面清单详见附录。

老年大学希望在满足学员的需求、遵循学术框架的同时进一步开发和整合其活动安排。这些活动的可及性和质量将仍是老年大学实现其教育使命的重要原则。

附录

课程负面清单

个人理财：如投资、退休收入、财产等。

疗法(治疗方面)和个人成长：沟通分析、艺术治疗、辅导、催眠、自我暗示、形态心理学、神经语言规划、放松疗法、白日梦、舞台疗法、放松疗法、自体训练等。

替代、柔和、自然、整体、平行等医学(疗法)，如总生物学、草药疗法、针灸疗法、按摩疗法、顺势疗法、植物(药)疗法，芳香疗法，整骨疗法等。

手工活动：如细木活儿、针织、手工艺、高级家具制作、雕刻、陶艺、制瓷、园艺、肥皂制造等。

烹饪课程：烹调、厨艺等。

(莫尼克·哈维：博士，加拿大舍布鲁克大学老年大学校长)

老年教育学的美好前景

——确保老年人学习的质量标准

马耳他是一个位于南欧的共和制的微型国家，是一个位于地中海中心的岛国，有"地中海心脏""欧洲的乡村"之称。1964 年 9 月，马耳他宣布独立，现为英联邦成员国，1974 年成立马耳他共和国，2004 年加入欧盟。欧盟是马耳他最重要的贸易伙伴。另外，马耳他社会保障体系较为完备，实行免费教育，免费医疗及退休保险制。马耳他位于西西里岛以南 93 千米，突尼斯以北 290 千米，人口 410 000 人，面积 316 平方千米，首都是瓦莱塔，货币为欧元，官方语言为马耳他语和英语。气候在冬季为 10℃～18℃，夏季为 22℃～33℃。

一、终身学习

终身学习通常定义为贯穿生命的学习活动，目的在于围绕四个方面增加知识、技能与竞争力，即自我实现、市政参与、社会包容与求职就业。

此前，已出台一系列文件：《终身学习备忘录（2000）》《建设欧盟终身学习区（2001）》，联合国经合组织的《激发学生终身学习的积极性（2000）》；世界银行的《全球知识经济中的终身学习（2003）》，联合国教科文组织的世界报告《迈向知识社会（2006）》等。

关于阶层与教育的关联，卡尔顿与索尔斯比指出"工人阶级的老年人最有可能因他们以前在教育体系的经历而有被疏远的感觉，对自己回归学习的能力或机会最不自信"。对此，我们成立了学习俱乐部，特别是自助团体，也充当中产阶级的政治组织，因为它们所竭力营造的学习体验只可能吸引到收入和教育水平良好的老年人。

（一）第三年龄状况

作为脆弱的被赡养者，老年人通过学习机会实现个人发展的事情大都被忽略了。他们的个性和潜能得不到认可。尽管很多机构声称经费方面是赡养老人的一大障碍，但很多人都认为，比起扩充资源，更需要在态度上做出转变。

（二）性别不平衡

老年人的学习通常是由女性组织的，却是以男性的方式规划的。由女性组织学习活动表明男性的学习兴趣大都被忽略了，而以男性的方式进行规划表明老年女性的独特学习模式被忽视了。

（三）"赤字"模式的教/学

自上而下的教学法，以老师为知识的来源，往往会这样：

压制学生的声音，限制他们的社会归属感，为忠实和相互帮助划定界限，将参与社区工作排除在外。导致学生觉察不到自身所处的社会经济"世界"。

（四）年龄与空间均被隔离

老年人没有花费功夫与年轻或年龄更大的人做学习和教育经验上的交流，与外地的同龄人也少有这方面的沟通。

（五）参与方面的融入

老年人的学习事业必须化解障碍。因为中产白人城居者（女性）之外的老年人被它们排除在外，障碍具体有：态度障碍、组织障碍、制度障碍。

（六）第四年龄学习

脆弱的老年人（尤其是身体上需要照顾以及在养老场所居住的老者），其教育需求务必要摆在工作中心位置。终身学习确实应该是终身性的，所以，即便是思维混乱或痴呆的老年人，也可以通过回忆等特别的策略来照顾他们的需求。

（七）性别方面的调整

在老年女性学习方面，必须认识到有变老的双重标准。

女性毕生的劣势积累，使女性之间并不存在一个通用而单一的年龄身份，因而要强调"年龄差异"。各年龄段老年女性都具有独特的学习及情感需求，需要为老年女性增添动力，共同而有区别的动力。

（八）性别方面的微调

老年男性通常对学习反应冷淡。提到学习很多男性会联想到上学，于是压力、害怕失败等心理随之而来。老年教育机构是女性主导的场合，它们的运作也主要依靠女性。在这里，女性及其生活现实构成了主要的目标群组，这一点从所提供的课题和课程列表上就能看出。成功的教育，必须也要包含现实中男性的语境和需求，在提供烹饪、运动旅行、户外远足等课程的同时，要解决"克服压力"等问题。

（九）跨代学习

老年人的学习生活要搭配各个年龄层的学习者，可组织一些与儿童、青少年、壮年人，甚至是年龄更大的老人的联谊活动。

（十）在线学习

供应商须在学习策略中植入互联网 2.0 革命的成果，即各种用户友好型应用软件。

二、学习方式

老年教育学是指有必要对老年人学习的教学指导方式做微调，以辅助他们的学习过程。同学互教是一种以学生为中心的活动，因为他们相互规划并辅助对方的学习。而规划、辅导的过程，本身也是一个学习的过程。同学互教是一种罕见的且具有激发性的教育模式。也许有人上午给他的同龄人上课，而到了下午，其中一位"学生"又做了她的"老师"。

按惯例来说，老年人感兴趣的学习对象主要在表现性事物上，因而，艺术、技艺、人文学课程占据了他们学习生活的主流也就不足为怪了。保健养生、信息技术的课程也比较受欢迎。科学课程仅局限于环境、园艺和动物学方面，数学、物理及其应用课程却几乎无人问津。

三、教学质量

学习质量：成功的晚年学习取决于在学习过程中互相体谅并达成共识，这就涉及协商、推动、干预、提升，有时候也要将就。

教学质量：老师应当调动学生们的人生经历，让他们在课堂上分享自己以往的经历作为例子，并引导他们思考这些实例和课堂内容的关系。

课程质量：老年大学引介新的学习领域，或将有效吸引非传统型学生前来就读。例如，园艺、玩具制模、天文学课程可吸引男性；武术、折纸、太极课可吸引少数族裔。此外，也可以开设跨代际课程。

（马文·福摩萨：马耳他老年大学校长、老年学系主任、教授）

老年教育

——条件　方法　趋势

在过去的四十年里，波兰建立了 600 多所第三年龄大学。这是个好消息！但大多数新建"大学"其实只是会议中心、融合中心和文化生活中心（当然这也非常有必要）。因此，在第三年龄大学工作多年之后，我认为有必要使第三年龄大学回归其初衷，即老年人终身学习的场所，并在第三年龄大学中对老龄化和老年教育开展研究。我将在下文中详细介绍老年教育的理念，以及创建以老龄化和老年为主题的大学研究中心（MCBS）的构想。

一、老年教育

人们步入老年后，会面临诸多挑战，要安享晚年生活并达到使自己感到满意的状态，便必须参加活动并找到相应的替代方法，以保持其步入老年人行列前的地位和相关角色。

老年教育便是应对这些挑战的一种解决方案。

1. 针对老年的教育，是指使社会做好准备，以便为老年人创造一个友好环境的过程（如在护理和医务人员、公共空间设计师、技术设备设计师、家居用品、老年病学家、营养师、培训师等方面）。

2. 面向老年的教育（整个社会），这是一个有意识地使我们对身体自然衰老过程中所经历的变化做好准备，并接受这些变化所带来挑战的过程。其目标是让人们为老年期和退休做好准备。

3. 在老年阶段的教育（老年人）。2012 年在欧盟（EPSCO）理事会关于欧洲积极老龄化和代际团结年的宣言文件中称：积极老龄化的指导原则和代际团结是一个前进方向。EPSCO 于 2012 年 12 月 6 日通过了《理事会宣言》。该宣言载有由社会保护委员会和就业委员会共同商定的积极老龄化和代际团结的指导原则。定义终身学习为：为老年人提供学习机会，特别是在信息和通信技术（ICT）、自我保健和个人理财等领域，使他们能够积极参与社会并掌控自己的生活。

二、面向老年的教育

提高人们对后半生存在价值的认识，对于整个社会而言都具有必要性。这种宣传必须面向一般公众，因为这对于促进第三年龄价值观念的改变，以及唤起整个社会对于终身学习所带来的积极老龄化益处的意识来说至关重要。

老龄化过程与日常生活中的显著变化有关，在各种活动领域都有所体现，因此至关重要。其面临的主要挑战是人失去对这些变化的控制，并由此影响生活质量。特别是当我们对其毫无准备时，它会迫使我们通过改变目前的生活方式来适应所出现的问题。尽管如此，我们仍然可以对这些变化进行预测，并为其做好准备。在为老年阶段进行准备时，主要问题是改变关于老年期时间的观念，强化对未来的预期、突出老龄化个人和群体在未来所面临的问题。

在制定和实施专门为退休做准备的课程/培训的过程中，必须采用具有激励效果的方法，激励参与者持续参加教育活动。提高退休人员生活质量的关键是：

对自我长期发展加以思考；

专注于对知识的不断获取；

设定新的标准并提高对于限制和障碍的认识；

回顾所采取的行动；

规划未来的解决方案。

三、针对老年的教育

波兰第三年龄大学的领导层对于做好人员储备，使其可与老年人合作并为老年人提供服务这一问题非常重视。但大学却未设置关于如何教育老年人的课程。由于第三年龄大学中教学的特殊性，导致人员服务需求不断增长，提供足够的合格人员储备的确十分必要。

下一个十年的挑战可分为以下几类：

1. 由于信息、技术、城市、建筑和通信障碍的消失，必须储备好有能力塑造对老年人友好的公共空间的专业人员；

2. 以提高在公共场所开展活动的决策者和投资者的意识为目的开展教育，使其所开展的活动有利于使公共空间和基础设施适应各种残疾人的需求；

3. 向人力资源提供必要的知识和技能，以改善公共机构与老年人的沟通方式，并且不仅限于此；

4. 丰富来自各个领域的老龄化过程相关问题的教育服务，如促进公共网站和电子服务的使用，以及改善面向老年用户的设计；

5. 做好人员准备，迎接快速发展的银发经济带来的挑战；

6. 发展健康老龄化和老年相关疾病领域的科学研究，扩大教育服务范围，以开发新的研究领域和其他的老年人教育形式。

四、在老年阶段的教育

通过分析课程，可以看出波兰第三年龄大学的多样性。第三年龄大学的课程分为以下几类：

学术—教学，强调知识、教学质量、科学、研究，通常与高等院校密切合作；

休闲—教育，专注于与实践技能相关的活动，与院校的合作更加随意，合作伙伴众多；

教育—融合，选择将社群感、群体创造和学生融合作为其最重要的目标；

艺术—教育，鼓励学生对其创造力加以表达。近年来，具有艺术特色的大学已经开始出现，如舞蹈或摄影第三年龄大学。

老年人教育的另一个方面是为新技术解决方案的开发并非不会对社会（越来越多地被称为网络社会）文明规范的变化产生影响这一问题找到答案。在不久的将来，使用新技术、具有特定技术能力以及理解并使用特定虚拟媒介社交网络的能力将成为重要的社交能力。

五、以老龄化和老年为主题的大学间研究中心

为了应对所面临的全部挑战并针对即将到来的人口变化制定一套整体性的方案，有必要建立一个以老龄化和老年为主题的大学间研究中心。它们将成为对于老年教育理念的一种响应以及一种真正的实现形式。该研究中心的研究对象（老年人）本身往往就是最好的研究者，这种情况独一无二，并具有特殊性。在 MCBS 中，老年人不仅是知识的获得者，同时也是知识的来源和共同创造者。在代际联系正在消失，各个年龄组各自孤立，因而对其他世代的需求和能力缺乏了解的情况下，这一点显得尤其重要。

MCBS 将成为一个老龄化思想和观点的交流场所——一方面是不同年龄段的代表之间的交流；另一方面是各领域代表之间的交流。MCBS 的构想是根据老年教育的概念，通过纳入关于老龄化和老年的研究来发展第三年龄大学的理念。MCBS 的目标是将针对老龄化和老年领域科学研究补充性方法的活动联系起来，对其成果加以推广，并在行动领域传播知识和社会意识。MCBS 的构成如下：

第三年龄大学（老年人的教育和个人发展）。

研究中心（关于老龄化、老年和相关社会过程的研究）。

培训和信息中心（银发经济领域人员的课程和认证、成果的推广和传播、出版社）。

波兰目前尚未建立这样的中心。现在与人口变化相关的老龄化和变化以及社会挑战的研究是在各个孤立的中心中开展的。这些中心日常也会处理其他问题，相互之间也没有合作。因此我认为建立这样一个新平台，进行关于老龄化和老年的知识和信息的交流具有紧迫性和必要性。未来进行这样一项投资，有助于人们过上更长寿、更健康的生活，也是响应世界卫生组织为 2020—2030 新十年（即健康老龄化的十年）做好准备的建议。

六、结论

老年人关注未来对于其自我发展和行动的积极性而言极为重要。老年人（处于我们所称的第三年龄阶段的人）教育正在成为日益重要的老年人活动。首先最重要的一点是，老年人教育可以赋予老年人以能力，其次可以缓解他们受到社会排斥的感受。

我在工作中对第三年龄大学学生多年的观察结果表明，对于养老金领取者，特别是有风险的老年人，参加可负担得起且易于获得的公共终身学习项目具有重要作用。我建议进一步开展定量研究来衡量学习对于健康和晚年生活质量的影响。随着老年人口的增加，成人教育领域需要做出相应的响应。老年人保持身体、精神和社交方面的活动能力，部分取决于对于学习和教育的持续参与。

从总体上看，在波兰，65 岁以上的人参加正规成人教育的人数不具有代表性。我们需要重新考虑我们对老年人的看法，并对老年和老年人的积极作用加以强调。职业教育，特别是针对老年人从事服务于他人和帮助他人的工作开展培训，被认为是一种合理可行的概念。它有助于诸多老年人"退休后到其他岗位"而不是单纯只是"从某个岗位上退休"，并帮助他们对自己、同龄人和其他人提供帮助。

老年人教育活动可以打破人们对老年人依赖、体弱、社交孤立和自我孤立的刻板形象。它可以使人获得社会融入感，并可以对抗老年人因社会疏离感而容易罹患的抑郁症。

（马尔格萨塔·斯坦诺斯卡：AIUTA 第二副主席，波兰卢布林老年大学负责人）

用技术激发老年学生学习第二语言的积极性

阿利坎特大学老年大学有一个科学、文化和社会的项目，目标是促进代际关系的和谐发展，融合老年人，提升老年一代的生活品质，促进他们积极参与社会及社区活动。目前，该校有 1390 名学生入读"老年学历"课程，有 129 名教师、166 个科目，面向的目标学生是 50 岁以上的成人（年龄最大的学生 94 岁），无须正式资质，主要是提升其社会文化地位。学生的基本情况如图 2-1 和图 2-2 所示。

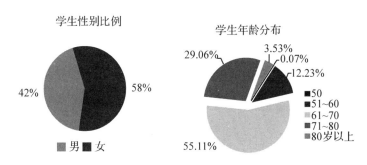

图 2-1　学生性别比例　　图 2-2　学生年龄分布

有个新名词"数字移民"。他们是网络技术的适应者，更喜欢当面交谈，学习依靠逻辑思维；他们一次只做一件事，喜欢和一两个人互动，而不是一群人，获取信息依赖于传统的新闻网站。与之对应的是"数字原住民"。他们出生于数字时代，始终在线，离不开手机或其他设备，学习依靠直觉，同时忙几件事、切换迅速，痴迷社交，热爱多媒体。

为了激发老年学生学习第二语言的积极性，学校开设了英语交际工作坊，设立了初、中、高级3个层次；每节课3小时，一共14节课；每小组大概20个学生，主要培养听说技能。为了提高学习效果，学校利用技术手段，采用移动辅助语言学习技术（MALL）促进自主学习和课室内外的社交互动，即时社交群，充分应用互联网程序。比如，在学前测试（英语分级考试和数字素养）及学后测试（词汇量及自我满意度）都收到较好效果。为激发学生的学习兴趣，学校还通过对不同层次的学生设定特定主题，如家人与亲属、动物与自然、食品与就餐、旅行与交通。还对"固有成见、传统、书籍、音乐、电影、节日庆典、新闻，电视、教育、人权、发明、品质生活、技术"这些主题进行了学习和讨论。采用合作式学习的方式，利用闪卡、思维导图进行记忆练习，并制定了参与规则，即在交流时间内只使用英语，目标分为两层，学术层面为：

1. 增加学习动力；

2. 通过高频率的使用，扩大词汇量；

3. 促进特定话题的辩论；

4. 提升流畅度、交际能力；

5. 增加面对面互动；

6. 学习网络、信息通信技术资源（自主及终身学习）。

在个人层面的目标为：

1. 增加课堂外的接触频率；

2. 加强同学（朋友）之间的亲密度；

3. 分享学习、个人经验 。

对利用信息通信技术和学习第二语言的老年大学学生的益处是：

1. 课堂内外接触更多、使用英语更频繁的进行社交；

2. 对自己的技能更加自信（减少了面对面交谈的焦虑感），进行合作式学习；

3. 自主和终身学习；

4. 增进了代与代之间的交流。

挑战是：

1. 需要时间的投入 ；

2. 要有执行力（规则，监控）；

3. 通过信息通信技术、需要即时通信准备材料，保持与当前课程同步 。

（康查·康赛普辛，何塞·贝尔达-马蒂那：西班牙阿利坎特大学老年大学博士）

捷克共和国老年教育的质量和多元性

一、捷克共和国茨林托马斯巴塔大学

茨林的高等教育自 1964 年开始，1969 年技术学院成为托马斯巴塔大学一部分，托马斯巴塔大学（独立的）成立于 2001 年，而老年大学建立于 2002 年。2018 年托马斯巴塔大学有 6 个学院，近 9000 名学生，1000 名职工，500 名教学人员。托马斯巴塔大学老年大学采用可授予学位的课程。课程主要针对退休的老年人；课程为两年制，学员每两周上一次课，课程形式为 2 或 3 小时的讲座或讨论或应用型课程（如电脑课、视觉艺术课）。每学期末，老年大学学员需选定主题写一篇论文或进行测试，或完成一项实践项目。

课程开始有入学仪式，课程结束有毕业典礼，同时学员会收到"茨林托马斯巴塔大学老年大学课程结业证书"。

茨林托马斯巴塔大学老年大学的课程概览（过去的和现在的）和系列讲座：

A——技术和经济

B——社会科学

C——视觉艺术/艺术史

E——媒体和通讯

F——天文学

G——民法和医药法概论

H——健康和心理

I——文学和音乐

J——健康星球

K——考古学和人类学

Kx——人类历史文化

M——人与社会

N——国家和法律理论概况

O——茨林现象

P——人类健康的精神发展

U——数字图像与动画

S——实用电脑操作

Z——一年制的"老年大学基础"课程（精选托马斯巴塔大学普通教育的热门话题）

R——茨林地区

茨林托马斯巴塔大学老年大学的现状：除以上课程（小组形势的讨论或实践课）外，以下课程为 2017/2018 学年提供的课程。

基础课程：第一年着重于通识教育，人类学、医学、心理学、化妆品和食品技术、文化历史、系谱学、人类、国家和法律、巴塔现象、医学基础、数字图像和动画绘画和模型制作。

茨林托马斯巴塔大学老年大学除课堂讲授外，还有以下活动：短途旅行、参观博物馆、观画廊展览。

其他成功活动的范例有：学员成果展示、绘画作品集、期末专题汇报——时尚与鞋品的系谱与历史。

二、捷克共和国的老年大学

茨林有近 75 000 人口，始于 1894 年的巴塔公司。捷克共和国成立于 1993 年 1 月 1 日（捷克斯洛伐克分裂之后）。人口有 10 269 726 人，人口密度为 131（每平方千米）。

捷克共和国的人口趋势：60 岁以上人口群体将发生重大变化。人口结构的百分比将发生变化，在 21 世纪中期，每 20 位居民中就有 1 人在 85 岁或以上，在此年龄段的居民人数或将比现在增加超 5 倍。

预计的人口年龄结构变化趋势如表 2-9 所示（译者注：数值为 60 岁以上群体中各年龄层占比）。

表 2-9　预计的人口年龄结构变化趋势

年龄	2002	2005	2010	2015	2020	2025	2030	2035	2040	2045	2050
65～74	57.8%	55.9%	57.9%	62.5%	61.0%	53.8%	49.3%	49.0%	51.4%	53.1%	47.9%
75～84	35.3%	37.4%	33.0%	28.2%	30.0%	36.8%	38.8%	35.3%	31.8%	30.9%	35.3%
85+	6.9%	6.7%	9.1%	9.3%	9.0%	9.4%	11.9%	15.7%	16.8%	16.0%	16.8%

三、老年大学的历史

1980 年后，捷克共和国专注于人文学科的大学有奥洛莫乌茨的帕拉斯基大学、布拉格的查尔斯大学、捷克布杰约维采的南波希米亚大学。

在 20 世纪 90 年代，大学逐渐开始着手老年教育学历项目的事务，捷克共和国的老年大学协会（AU3A）自 2016 年正式注册成立，这些非营利性的协会机构向捷克共和国拿养老金的老年人提供大学水平的教育，有 40 个正式会员（高等教育机构，学院），近 25 000 名学员。协会由大会每 3 年选举产生的主席团管理。主席团设 1 名主席，8 名成员，1 名秘书。

主席：彼得·瓦夫林教授（2004—2012）；

主席：帕维尔·马哈尔博士（2013—2016）；

主席：罗曼·普罗科普教授（2016—　　）。

2016 年以前，协会主席办公处设立在布尔诺科技大学，如今位于茨林的托马斯巴塔大学。在国际组织中，老年大学协会就代表捷克共和国的老年大学。

四、积极应对老龄化的国家应对示例

一是支持老年大学及其他为老年人开展的教育活动的发展。

二是支持地方性的教育活动，包括注重掌握 IT 和通信技术的活动。

三是保障针对老年人的教育活动信息的可获得性。

五、多渠道来源的老年大学资金

学员学费、发展项目（至 2011 年）、由 MEYS 提供的补贴（自 2012 年）、大学自身的资源、赞助者的补贴、捐赠。

高：15%

低：1%

总之，老年大学资金来源有多个渠道：公共资源（MEYS，通过 F 指标——自 2012 年）、学员的学费、当地公立高等教育机构（HEI）的贡献、其他（城镇、区域、投资者……）。

六、项目活动

老年大学资金的划拨需由相关公立高等教育机构提出申请，申请需包含以下信息：

课程清单（含简要注释）；

前一学年冬季/夏季学期，每门课程学员人数；

每门课程有效课时数，即直接课程；

每门课程学费必须确定这些资金来源不仅仅用于老年大学的运行，也可用于新项目，教学辅助项目的发展等。

老年大学的资金用于以下方面。

一个专业课程项目，是学员可参加的教学活动最小单位，完成后将可获得"非认证学位课程终身学习课程结业证书"。

一门课程是老年大学教学活动的最小单位（不可再分）。一门课通常持续一个学期。课程也可组合起来而形成长期的系列课程，如课程单元、专业、周期、方向等。若在一门课程中，学员人数是变化的，则有必要提供指定人数学员接收的课程时长。

七、应用于老年大学绩效量化的系数和学费设定

分配给老年大学的资金是由第三段中相关部门划拨的，金额是根据某一时期内，某大学开展老年大学项目/课程的量化绩效决定的。它的计算是基于学时数乘以指定课程的出席学员数（以下由"有效学习的课时数乘老年大学人数"指代）。目前，给老年大学经营划拨一定量的资金也会考虑源于教育类型和使用的教学设施的教育本质，以及某一时期内某老年大学的上课学员数量。以上提到的教学特征由系数（K1，K2）指代，这两个系数在后面内容将做解释。

绩效 ＝ 有效学习的课时×老年大学学员数×K1×K2×(1＋K3＋K4)

表现老年大学绩效量的系数有以下几种。

1. 教育类型的系数（K1），其数值：

"0.1"表示教学以虚拟形式完成；

"0.8"表示教学以授课形式进行；

"1.0"表示教学注重于信息技术并在电脑实验室完成或以其他户外形式（如短途旅行、摄影、绘画）完成；

"1.2"表示教学在专用教室完成（如化学/生物实验室，其他类型有专业设备的实验室等）；

2. 学员群体规模系数（K2），其数值：

"0.6"表示该教学活动有超 130 名参与者；

"0.8"表示该教学活动有 81～130 名参与者；

"1.0"表示该教学活动有 31～80 名参与者；

"1.2"表示该教学活动有不足 31 名参与者；

3. 教学质量和有学习材料支持的教学系数（K3），其数值：

"0.05"表示有打印材料或 PPT 的教学活动；

"0.1"表示有教学文本、课本、网络技术支持的教学活动；

4. 学习成果质量系数(K4)，其数值：

"0.05"表示教学以测试、资格考试/口试形式检测的教学；

"0.1"表示以期末论文形式检测的教学。

（罗曼·普罗科普：捷克茨林托马斯巴塔大学教授）

老年大学课程标准及其对不同大学组织行为者的影响
——PIAM(哥斯达黎加大学成人及老年人课程)的经验

自20世纪中叶以来，哥斯达黎加经历了其人口老龄化的加速过程。对此，国家人口部门通过调查研究，认识到接受培训是每个人的责任，所以有必要在大学课程中做出规划，以满足老年人日益增长的需求与多样性。

终身学习是当今社会的一项要求，是不同社会平台的组成部分，它崇尚人们终身接受教育，以此作为避免与社会脱节的一种机制。社会角色变化是阶段最重要变革的一部分。

退休、失去和悲痛改变了人们的某些特性。

大学给老年人设计了不同的教育课程，受到很多人的认可，而接触这些课程的学生都是超过50岁的老人，没有任何其他先决条件，他们选择从大学获得知识。从这个角度来讲，优先考虑老年人的潜力，可以继续学习、教育、创造和传播经验。

21世纪的老年人面临双重调整，因为他们必须认识并承认自己的转变，而另一方面，又要适应社会带来的加速变化。他们面临一个重要选择：要么接受变化并适应它，要么沉迷过去，然后慢慢变老。

一、教育课程和生活质量

当前提供的教育课程多种多样，有些学生选择学习科目，如历史、文学、音乐、艺术、计算机和语言；有些学生则选择创作科目，如绘画、制图、戏剧、合唱、手工艺、舞蹈和某些体力运动课程。

因此，坚持促进老年人学习知识、接受教育和培训，使老年人拥有积极生活，丰富人生不可或缺的基础。鉴于上述理由，可以说，老年人是未来的"赌注"。

总而言之，关键是要认识到老年生活质量是人们在生命历程中拥有的条件、机会和选择之间相互作用的结果，是老人们生命中此刻的可能性结果，以及他们活在当下能够编织未来愿望和信念的结果。

课程评估对于了解其运作和有效性至关重要。不应被视为与其他活动隔离的部分，而是与发展相关，因为它提供了价值信息。

关于确定教育质量，以及为改善终身教育和学习允许制定关键性策略方面，存在大量研究。

目前，鉴于学习过程复杂，还没有针对质量问题的专门解决方案，也没有任何有关其决定因素的通用理论。然而，有几个维度是必不可少的，具体如下：

培训推动人员；

学习风格；

成年人和老年人学习特点；

奉献；

使用方法；

资源；

评估系统。

在实践中，成年人和老年人整体培训空间超越了课程目标，推动参与者丰富个人发展，教育课程与参与者动机、需求和兴趣对应。参与研究的成年人和老年人在婚姻状态、职业和正规教育水平方面呈现出不同的社会教育特征，学生谋求建立社会关系，转变为支持网络。

教学方法与终身教育和永久性教育及课程原理对应。老师的教学方式，以及所用教学材料均受到学生们的高度重视。

因为与参与者提出的培训兴趣和疑问对应，所以，学生们对开发的课程表示高度满意。经调查和对各方参与者提供结论的分析，我们能够针对老年人对培训课程做出改进。

值得注意的是，大多数学生对课程结果表示满意，但也提供了在未来需要改进的一些兴趣点，从而优化研究结果。

（马里索尔·拉普索：哥斯达黎加大学教授）

代际教育与社会参与：挑战和未来机遇

随着全球老龄化日益加剧，老年人的继续教育问题得到了普遍的关注。在西班牙老年教育开展得较早，下面主要谈一下看法。

一、积极老龄化概念框架下的社会参与和教育

如何积极老龄化的争论由来已久，即指如何使老年人类型理想化。争论最集中的问题是：为何很多老年人不重视教育？其实这种指责是最被动的。那么教育在积极老龄化中扮演什么角色？（如图 2-3）

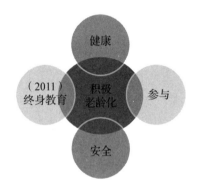

图 2-3　积极老龄化

二、参与的挑战和机遇

（一）机遇

西班牙的老年公民也积极参与社会活动和志愿服务。同时，国家政策也同样做出这样的要求。那么老年人的参与价值是否得到认可？在这方面老年大学承担了培训公民参与社会的推动者角色。对于是否需要培训，我们的答案是肯定的，特别是老年人在照顾护理孙辈等未成年时更需要代际培训的机会。老年大学把推动护理人员之间的教育，作为必要方式。

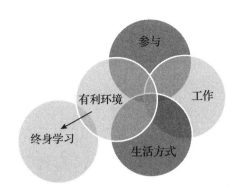

图 2-4　积极老龄化指数 AAI 中教育体现在哪里

然而，教育确定积极老龄化的还有其他三个支柱水平。

健康：管理健康问题、降低发病率和增加知识储备；

参与：更好地接触新的参与方式，如志愿服务；

安全：防止虐待，特别是经济方面。

通过调查问卷我们发现：

您认为通过参与，能学习到某些重要事情吗？

90.1％的人认为：是。

您能向我们解释一下都学到了什么？

回答：认识自己

自我认知

器乐技能

认识其他

人际交往能力

社会认知

（二）挑战

1. 自我老年歧视。

作为新老年人，他们在寻找什么样的教育类型？

他们有什么需求？动机为何？

如何消除自我老年歧视，这也是我们关注的重点。

2. 老年人群分布。

自我老年歧视的人群主要有：移民老人、LGBTI（同性恋）老人、残疾老人、生活在机构中的老人。

3. 老年教育和参与，对社会的影响。

对此，有人持负面看法：巴塞罗那老年人协会的安东尼奥认为："所有这些参与都是谎言……老年人虽然参与，但行政管理部门并不关注……当产生结果时，参与才有意义。而现在这只是一场演出，浪费时间……我们是在走向一个真正参与式民主吗？或者每四年进行一次投票，我们是否在失去这种民主？而后，去做他们想做的事？"。

（蒙特塞拉特·塞尔德兰：巴塞罗那大学教授）

国际老年大学协会理事名单

AIUTA 秘书处

在兰斯会议当选，任期 2016—2020 年（14 人）

查尔斯·阿弗拉比，尼日利亚，u3anigeria@yahoo.com

希迪·卡麦拉，塞内加尔：sidihcamara1945@vahoo.fr

奈莉·德尔弗·诺，意大利：nellydelforno@gmail.corn, nellydelforno@libero.it

莫尼克·哈维，加拿大舍布鲁克：monique.harvey@usherbrooke.ca

玛利亚·切斯特，英国：marialiciachester@gmail.com

伊恩·麦卡纳，英国：ijmccannah@aol.com

助手：詹妮·卡利：carleviennv@gmail.com

扬卡·赫拉德卡，斯洛伐克布拉迪斯拉发：Janka.Chladecka@gmail.com

助手：娜迪亚·赫拉普科娃，斯洛伐克

法比奥·德普拉多，巴西伊瓜苏河口大学：fabio@udc.edu.br

玛丽索尔·拉普索，哥斯达黎加：piam.vas@ucr.ac.cr

古斯塔沃·罗德里格斯，哥伦比亚：gustavohrodriguez@yahoo.com

卡洛斯·桑托斯，葡萄牙亚速尔群岛：csantosort@gmail. com

马尔格萨塔·斯坦诺斯卡，波兰：stanowska. malgorzata@gmail. com

助手：伊莎贝拉·卡托，波兰

利维奥·泽尔比尼，意大利：livio. zerbini@unife. it

米斯特里奥提斯·尼柯斯，希腊：mist@nyc. gr

常任嘉宾：斯坦利·米勒，英国：s. miller41@virginmedia. com

在巴塞罗那会议当选，任期 2018—2022 年（13 人）

梦赛·阿莫罗斯；西班牙：montseamoros@hotmail. com

康赛普辛·布鲁，西班牙：concha. bru@ua. es

助手：维克托·皮纳，西班牙

弗莱德·希利门，法国马提尼克，Fred. Celimene@martinique. univ-ag. fr

助手：赫克托·伊丽莎白，法国马提尼克

帕特里克·德穆伊，法国：patrick. demouy@laposte. Net

助手：弗莱德里克·巴彦，法国：iutl@univ-reims. fr

蒙特·拉穆尔：a12. estudis@gmail. com

阿穆古姆·帕苏拉曼：毛里求斯大学：aparsu@gmail. com

罗西塔·康菲尔德，智利：rkornfeld@senama. gov. cI

助手：玛卡莱纳·罗哈斯，智利：mroiasu@uc. cI

弗朗索瓦·维拉斯，法国：fvellas@mail. com

林元和，中国老年大学协会：caua99@163. com

阿瑟·赫博维，乌克兰基辅

纳德斯达·哈拉科娃，斯洛伐克布拉迪斯拉发：Nadezda. Hrapkova@gmail. com

杜多尔·特内夫，保加利亚索菲亚

马赛尔·希安，黎巴嫩哈拉特

（继兰斯、巴塞罗那理事会之后，共计 27 人）

日本大阪全体大会会议纪要

（2018 年 6 月 28 日巴塞罗那通报）

2016 年 10 月，日本大阪第 99 届理事会决定：2016—2020 年任期 13 名理事会成员和 2016—2018 年任期 1 名理事会成员的选举提议获得一致通过。14 名当选成员中，有 7 名成员为再次当选，4 名已经通过之前的增选得到确认，3 名成员为理事会新成员。

弗朗索瓦·维拉斯提出了 AIUTA 执行委员会新组成成员提议：

玛丽亚·切斯特（英国）——秘书长

卡洛斯·桑托斯（葡萄牙）——副秘书长

帕特里克·德穆伊（法国）——财务主管

纳德斯达·哈拉科娃（斯洛伐克）——副财务主管

备注：

阿穆古姆·帕苏拉曼博士（毛里求斯）对该提议表示赞成。对所提议候选人加以考虑并单独选举。投票结果如表 2-10 表示。

表 2-10　投票结果

成员	赞成	反对	弃权
玛丽亚·切斯特（MARIA CHESTER）	17	0	0
帕特里克·德穆伊（PATRICK DEMOUY）	16	0	1
纳德斯达·哈拉科娃（NADIA HRAPKOVA）	16	0	1
卡洛斯·桑托斯（CARLOS SANTOS）	16	0	1

对马塞尔·希安（Marcel Hinain）提出成为 AIUTA 理事会成员的申请进行投票表决，投票结果：18（19）票赞成、0 票反对、0 票弃权。

大会做出决定如下：马塞尔·希安当选 AIUTA 理事会新成员。

AIUTA 全体大会　大阪　日本

2016 年 10 月 10 日

第二节　国内观点

老年大学教育标准

——从上海老年大学说起

众所周知，中国是一个人口大国。2018 年 2 月公布的《中华人民共和国 2017 年国民经济和社会发展统计公报》显示，2017 年年末中国大陆人口为 13.9 亿，其中 60 周岁以上人口达 2.4 亿，占比 17.3%。预计到 2035 年，60 周岁以上人口将增加到 4.18 亿，占比将达 29%。可见，中国已经是老龄化国家，并进入了急速老龄化的阶段。急速老龄化的社会背景迫切要求和促进着中国老年教育的崛起。

纵观全球，中国老年教育起步相对较晚，但发展速度很快。目前，中国已有 7 万多所老年大学，在校老年学员达 800 余万人，是办学规模最大的国家之一。老年大学作为老年教育最重要的传统形式，为老年人活出潇洒、活出价值、活出尊严提供了理想的场所。

在中国，老年教育是理性的差异化教育。各所老年大学的制度规定不尽相同，差异大，但教育性质一致，都是休闲文化教育。休闲即趣味性、娱乐性；文化即先进性、多元性；教育即启迪性、规范性。中国老年教育的性质决定了中国老年大学教育的本质目的：通过办老年人满意的老年教育，增加和提升老年人的获得感、幸福感，提高老年人的生命和生活质量，培育风范长者，促进老年人积极老龄化，做家庭和谐的引领者、社会文明的建设者、优秀传统文化的传播者。

20 世纪 80 年代，在中国各地率先诞生了一批老年大学，上海老年大学就是其一。成立于 1985 年的上海老年大学，经过 33 年的发展，已经从最初仅有 2 个班级、58 名学员发展到设有书画、英语、钢琴、计算机、文史、保健、家政、文艺、器乐、游学 10 个系，179 门课程，2018 年春季学期，学校学员达 11 945 人，18 754 人次的规模。

上海老年大学招生不限地域，女士年满 50 周岁、男士年满 60 周岁即可入学。在出具家属知情同意书的情况下，80 周岁以上人士也可就读。现在在校读书的学员最年长的 94 岁。如今，符合年龄要求、来自五湖四海、有着就读意愿的老年人越来越多，学校学员人次以每年 7%～10% 的速度在增长。学员人数在资源有限的校园内不断增加，将大大影响学员的学习体验和学习效果。

为了更好地满足广大老年人的学习需求，改善"一座难求"的局面，上海老年大学凝练可复制、可推广的老年大学教学与管理模式，协同各方力量，将模式输送、指导并服务出去，逐步在全市设立了 5 所区级、9 所高校和 7 所企事业单位共 21 所分校，扩大了老年教育资源共享和经验推广的范围，做实做强了"上海老年大学教育联盟"，推动全市老年教育均衡化发展。目前，联盟校已遍布上海各处。联盟内开设课程的总数达 1161 门，本学期学员达 61 064 人，83 487 人次。

除了课堂教学，上海老年大学还积极探索，不断发展远程教育。上海老年大学与上海开放大学、上海市老龄事业发展中心合作，成立上海远程老年大学，通过线上建设"上海老年人学习网"的网络平台，线下积极发展"学习收视点"的方式，进一步提高老年教育的普惠面。到 2017 年年底，上海市的学习收视点达 5811 个，参加远程学习人数达到 59.2 万人。远程教育，其灵活多样的上课形式为进一步普及老年教育提供了有效途径，成为上海乃至中国老年教育的又一重要形式。

中国明代哲学家王阳明强调以知促行，以行促知的知行合一的理论与实践的关系。上海老年大学在发展老年教育实践的过程中，也注重老年教育理论的研究。学校内设研究室，负责老年教育重点、难点、热点课题研究，通过校、报校刊的形式将研究成果与社会共享。不仅如此，上海市老年教育理论研究中心、上海老年教育研究院以及中国老年大学协会国际老年教育研究中心也先后落户于上海老年大学。这些机构的目的在于在上海、国内甚至全球范围内，汇聚理论研究的力量，共享理论研究的资源，促进理论研究的发展，从老年教育中的实践中总结理论，通过理论指导老年教育实践。

从全国看，目前，省级老年大学有 74 所，在读人数 31 万；地市级老年大学有 460 所，在读人数 135 万；县级老年大学 2255 所，在读人数 160 万；乡村（区级）老年大学数万所，在读人数 400 多万。它们共同构成了中国老年教育的四级网络体系。老年教育四级网络体系与政府行政管理体系相呼应，即省级老年大学网络下，为地市级老年大学；地市级老年大学网络下，为县级老年学校；县级老年学校网络下，为乡村（区级）老年大学。上一级网络的学校对下一级网络的学校起到示范、引领的作用。四级网络体系细化了老年教育的资源配送，使老年教育资源能相对平衡和精准地投放全国各地区。

为了衡量国内老年大学发展的水平，围绕着"办人民满意的老年教育，办公平而有质量的老年教育"的目标，中国老年大学协会（下称"协会"）经过几个阶段的探索，形成了全国示范校的评判标准。阶段一，2006—2008 年，协会学术委员会规范化课题组研究了中国老年大学规范化问题，提出了规范化项目的标准；阶段二，2009—2012 年，协会学术委员会现代化课题组研究了中国老年大学现代化问题，提出了现代化项目的考核标准；阶段三，2013—2015 年，协会学术委员会现代化指标课题组研究了中国老年大学现代化指标体系设计问题，提出中国老年大学现代化指标体系；阶段四，2016 年，在前三个阶段的成果和吸收各省开展示范校评判 20 年经验的基础上，协会最终形成了全国示范校的评判标准。并据此标准，协会开展了"全国示范老年大学"评定，授予 176 所老年大学"全国示范老年大学"称号。

"全国示范老年大学"遍及中国 31 个省、市、自治区，涵盖了中国大部分地区。上海老年大学也是协会推广的"全国示范老年大学"之一。该评判标准的内容涵盖了办学条件、办学规模、学校管理、教学水平、学术理论研究、远程教育以及社会影响力七个方面，强调了学校的教育现代化、规范化和影响力水平，从宏观指导的角度界定了"示范"，是学校外在建设的衡量标准，是各地老年大学发展的目标。

在该评判标准的基础上，上海老年大学关注学校的内涵建设，为衡量学校内涵建设拟定七条教育标准（或者七个维度）：（1）知娱合璧：注重娱乐性课程和知识性课程并重，提高老年教育的美誉度；（2）古今通幽：强调既要有传统文化课程，也要有现代化的课程，沉积老年教育的厚重度；（3）中外兼赏：开设中国文化课程的同时，也要学习西方文化，彰显老年教育的包容度；（4）长短并蓄：设计合理的学制阶梯，使学习程度相近的老年学员能集中受教，完善老年教育的规范度；（5）教学相长：鼓励师生双方，在教学中相互沟通、启发、补充，增强老年教育的互动度；（6）校网并用：拓展课堂学习，发展网络教学，提高老年教育的受众度；（7）分层办学：实行分层办学，因材施教，深化老年教育的适用度。

中国老年教育经过了30余年的发展，虽尚是一项新兴教育类型，但已确立了是终身教育重要组成部分的地位，也取得了一定的成绩。老年大学现今是老年学员的梦想热土，是老年学员谱写人生新篇章、获得自我实现新高度的契机。但中国老年教育还存在资源供给不足，城乡、区域间发展不平衡等问题。

作为中国众多老年大学中的一分子，我们坚持老年教育的公益性，让非特定的老年群体平等地接受全纳教育；我们确保老年教育的安全性，让老年学员在适宜的校园环境里生活、学习；我们落实老年教育的前瞻性，让老年学员掌握相关知识，游刃有余于现代生活；我们注重老年教育的人文性，让老年学员按照自己的需求、愿望和能力去参与社会，享受高质量的生活品质；我们提倡老年教育的国际性，愿与各国老年教育从业者互师互友，为全人类老年人群的福祉而共同努力。

最后，我们相信经过不懈努力，老年教育将进一步化解人口老龄化日益严峻的形势，让更多老年人乐享生活！

（熊仿杰：上海老年大学常务副校长、教授）

国际议题"老年大学和教育标准"研讨会发言摘要

中国老年大学协会国际联络部

2018 年 4 月 12 日,由中国老年大学协会国际联络部和中国老年大学协会国际老年教育研究中心联合举办的"国际议题:老年大学和教育标准"专题研讨会在上海老年大学召开。这是为中国老年大学协会代表团参加 6 月 28 日在西班牙巴塞罗那举行的国际学术研讨会演讲做理论准备。中国老年大学协会国际联络部根据录音将与会专家发言内容整理如下。

王友农教授(中国老年大学协会国际联络部主任、广州市老年干部大学副校长):

各位专家学者,感谢大家参与国际联络部和国际老年教育研究中心主办的国际议题研讨会。2017 年 12 月初,在哥伦比亚波哥大举行的国际老年大学协会第 101 届理事会上,我和施祖美教授一起,与该协会主席维拉斯教授谈到巴塞罗那学术研讨会的主题,维拉斯主席先用法文写了会议主题"老年大学与评判标准",之后又用英文补充了下面几个问题:一是老年大学需不需要标准?二是如果需要,应是什么样的标准?三是有无国际共同认可的标准?接下来的几次活动中,我们又同维拉斯主席反复商讨这个问题。最近 AIUTA 秘书处来函,正式将巴塞罗那国际研讨会的主题确定为"老年大学与教育标准",强调教育的标准,而不是一般的判别标准。

在 AIUTA 教育与科学委员会执委会上,维拉斯主席在学术小结中专门谈到,巴塞罗那国际学术研讨会是 AIUTA 今年一个比较重要的会议,希望形成一个老年大学的国际准则,并通过互联网平台进行宣传和推广。林元和第一副主席提出一个设想,即在全球信息化背景下,所有的老年大学学生都应该掌握计算机和互联网的基本技能。老年大学可以由此形成一种共识标准。执委们对这个提议很感兴趣,希望我们能总结研究这一做法,到巴塞罗那会议上发表意见。

AIUTA 执委会还给予我们另一个课题:"'一带一路'与老年教育",并提出 2019 年在中国召开国际研讨会,专门围绕这一主题开展研究。中国提出的"一带一路"倡议，老年大学能够在这方面起什么作用？AIUTA 希望我们在今年提出一个可行的研究工作方案。中国老年大学协会国际联络部和国际研究中心正在做这项工作。

林元和(AIUTA 第一副主席、中国老年大学协会副会长)：

经过昨天的会议，我感觉国际业界的理念跟我们有很大差别，而理念互相印证和融合，有利于我们开阔视野。

讨论标准问题，首先要明确办学目标，标准是为目标服务的。对于国际上的《老年大学宪章》，我们是有共识的。我认为老年大学无论开设什么课程，除了满足需求，还要注意引导。我所在的广州市老年干部大学，就是实行需求与引导相结合的原则。比如，计算机课程，我们认为在全球信息科技高速发展的背景下，老年人要共享社会文明进步的成果，就必须掌握使用计算机和互联网的基本技能。因此，我们学校每学期都对所有新生在这方面进行免费的"扫盲"，从最基础的开机、关机教起，再到简单的上网、复制、搜索等。他们通过了"扫盲"，才开始学习各种专业课程(不及格的要补课)。我认为，可以由此引申成为一个老年大学的通用的标准或基本要求。但这个标准不宜过严。再进一步，甚至可以统一这方面的教材。是否可行，大家可以讨论。

对于"要不要标准"一说，我认为 AIUTA 是主张有一个标准(门槛)的，否则不会提出这个题目。但我们首先要厘清一个概念，全球有多种老年教育模式。就拿我国来讲，6 万多所老年大学，办学层级、理念等也不完全一样。所以标准不能太多，也不能定得太高，否则将难以统一执行。在国际会议上，我认为可阐述几个观点：一是标准应该分层级设立，不宜一刀切；二是要寻找共通性，设立的标准适用于全球大部分地区(比如，我刚才提到的计算机课程，是现代人必须掌握的技能，是很有必要的)。

卢彩晨博士(中国教育研究院终生学习研究室主任)：

我的观点有三个方面：第一需不需要标准？第二需要什么标准？第三有无公认的评价？

我认为第一个问题可以反过来想，没有标准会怎样？老年大学和普通大学有什么本质区别？是不是本质上相通，都是教育？如果是，就需要标准。目前，国内外业界都普遍认为老年教育具有教育属性，因此，这个标准从理论上来说是需要的，但从实际上来说，要看各个国家的具体情况，不同国家的情况不一样。

第二个问题：需要什么标准？目前，我们国家的老年大学大都还没有严格、科学的教学标准。但从发展的需要来看，随着老龄化的不断深化，老年人口基数不断增加，可能就需要有两个标准：一是门槛的标准。既然是传播知识的机构，就要有一个基本的门槛的标准；二是质量标准。对于办学历史比较长的老年大学，必须有一个教学质量标准，老年人通过在这里学习，学到了什么？是否令生活更幸福、更快乐，甚至是否能够发挥余热，为社会做出更多的贡献？而对于新近建立的老年大学，这个标准又不一样，可以体现为办学许可审核标准。两种老年大学要分类评价。

第三个问题，有无公认的评价？如果老年大学的定位是知识传播机构，我认为还是有世界通用的标准。比如，课程标准，全世界知识都是一样的，本质上是相通的，不管哪个国家，计算机知识都是相通的，外语知识都是相通的。从专业设置、课程设置这个角度衡量，全世界是相通的。至于设置标准，可能各个国家不一样。比如，我们国家和非洲国家就不一样，跟欧美发达国家也不一样。但是在设置的过程当中肯定有一些基本的东西，如必要的场地、师资等。

我认为老年教育的公认标准还是有的，但需要深入研究。我认为，将来我们提出的标准应尽量简单一点，不要过于繁杂，就像人类发展指数一样，仅有三个指标，但能得到全世界公认。指标越少越能衡量全世界。这是我的一点想法，供大家参考。

张丽华教授(哈尔滨老年人大学校长)：

现在制定老年大学的教育标准，不是最合适的时候。

我参加了两次国际会议，分别是在西班牙举行的第96届和在斯洛伐克举行的第 100 届国际会议。通过把我国老年教育的情况与世界上占主流的"英国模式"和"法国模式"进行对比,我认为,首先,现阶段不太可能制定国际评判标准;其次,就算标准被勉强制定出来,也缺乏可操作性。这主要有以下几点原因。

第一,中西方的老年教育模式和受众情况差异较大。英国 8 个以上老年人在一起学习就承认具有老年大学资质;法国大多依托高校办学;我国的大部分老年大学由政府支持、主办。办学主体、办学模式的明显差异导致现阶段很难有一个全球通用的教育标准。再看受众情况。欧洲老年人的受教育水平比较平均,但在我国的老年大学里,受教育程度的差异特别大,学员有初中毕业的、高中毕业的,也有硕士、博士。这种差异还体现在教学上,同样是声乐课、舞蹈课,各地方讲的都不一样。不说学校之间、地区之间的差异,就说我所在的哈尔滨老年人大学,光声乐专业就有 120 个班级,想统一教学进度,想统一课程课标都很难。因此,现阶段研究评估标准,不易操作。我很欣赏上海等地区现在正在推进的统一课程、统一教材的举措,这也许是一个大趋势。

第二,研究教育标准必然涉及入学门槛的问题。有一部分学员是零起点,有一部分是其他层级起点,如能分出档次,然后才能谈教育的标准问题。教育的标准不是横向比较,而是在纵向上评价老年人通过接受老年大学教育,能达到怎样的提升。比如,一个老年人原本是高职学历,通过老年教育,能否达到一个更高的层次。但现在我们的老年教育和义务教育、高等教育都不一样,老年大学入学没有门槛,只要想学就可以来。如果定出标准,就必然会涉及准入、选拔等问题,这在一定程度上就违背了老年教育的普惠性。

第三,还有一个就是学制问题。如果要执行教育标准,一定得跟学制挂钩。现在的老年大学没有学制。我所在的哈尔滨老年大学正在试行学制。但老年人学习情况变数太大,没办法去衡量。目前学制只能在某些长线专业试行,将来能否推广都是未知数。所以,我个人的观点:标准还不适宜统一。

首先是国与国之间的老年教育体制、办学模式都截然不同；其次是我国老年大学的情况千差万别，各个地区、各个层级的学校都有各自的实际情况和特色。中国的老年教育仍然处于初级阶段，还在扩大受众层面、实现普惠等各方面努力。等新型的老年学生出现（比如，"60后"的老人，他们具有相近的受教育程度），才是考虑制定教育标准的最佳时机。

施祖美教授（福建老年大学副校长）：

张校长分析得很透彻。现在提老年教育标准确实为时过早。中国的高校也是兴办多年后才有标准（如"985"高校有"985"的标准、"211"高校有"211"的标准）。我现在是教育部大数据评审专家组成员，参与过不少高校的有关标准制定的工作，对此深有体会。

从老年教育角度看，我赞成张校长的意见。老年大学五花八门，层次复杂。从准入方面来讲，学员从文盲到博士生都有，没办法制定准入标准；从结果来讲也没有标准，因为没有结业制度。但没有标准对老年大学的发展未必有好处。目前我们国家的老年教育其实也有一些标准，主要侧重于办学和管理方面。比如，"全国示范老年大学""现代化指标体系"等，对老年大学办学起到了明显的促进作用。我认为这些经验可以介绍到国际上，供业界参考借鉴。

刚才王校长还讲到下一次的课题是"'一带一路'与老年教育"。我们一切研究都应该围绕国家利益，可以考虑把标准研究和"一带一路与老年教育"研究结合起来。对于"一带一路"倡议，部分西方国家还有疑虑，我们或可借此次契机，通过教育融合，让当地有识之士、人民接受"一带一路"。我觉得，无论什么模式的老年教育，目的都是给老百姓带来好处，我们应以此为桥梁，老年教育也是国际交流的一部分。

万年春（湖北省老年大学校长）：

听了两位的发言我很受启发。结合湖北省的情况和本人工作实践，我有三方面的认识：研究老年大学教育标准，应该做到三个充分体现。

第一，标准要充分体现工作定位和科学站位。无论是我省还是全国的老年大学，应该说是蓬勃发展了几十年，各类老年大学从省级城市到地级再到基层，已经基本形成了对各层级覆盖。如果能有标准，将更有助于老年教育事业的规范化和现代化发展。否则，长期以自发、粗犷的形式发展，对老年教育事业的生命力肯定会有负面影响。我认为，研究老年大学老年教育标准问题，很有意义。我们省（湖北）早就在进行之中。比如，我们省一直在搞由省老干局和协会主持的示范老年大学的评选。"全国的示范老年大学"实际也是标准化的研究。这个事情有基础有必要。另外，就是科学站位的问题，研究标准应充分考虑时代性，与国家发展进入新时代的基调相符合，尤其是要与国务院颁布的《老年教育发展规划（2016—2020年）》相一致。这个发展规划凝聚了全国各个方面的实践经验，有很强的科学性和代表性。

第二，要充分体现中国的特色。习近平主席大力倡导提升中国的影响力。我们要宣传中国老年大学的办学经验和特色，通过参加国际交流活动，与外国同行交流探讨。我感觉我们中国老年教育的很多做法在国际上都具有先进性。我们要勇于把中国实践、中国成果在国际业界宣传推广。

在昨天的分组讨论中，我听了许多外国专家的发言。我感觉到，虽然国情不同，但是在文化养老、老年教育方面，中外也存在一些共性规律。中国老年教育包括政府主导、财政支持等的做法值得国际业界借鉴。有些西欧经济发达国家对老年教育的重视程度也很高。前几年，我到芬兰考察，了解到他们的老龄教育事业由议会负责，并专门设立了管理办公室，配有专项基金。如果哪个政党不重视这一块，选票会有问题。很多老年大学建在社区里，学校非常现代化。老人既上课，又参加研讨会。他们的做法和我们有相似性，在标准相同点方面有充分体现。

第三，充分体现国际经验和共性规定。我感觉这次上海国际论坛办得非常好。大会提出的六字主题——"参与·实现·共享"有一种国际的共性。研讨的过程，其实也是一种对标准的思考。我认为有没有可能把标准搞得更实在，可以形成老年大学教育的最低标准、最高标准，分层分类，这是初步的思考。

蒋海鹰(广东省老干部大学常务副校长)：

我比较赞同万校长的观点。首先，AIUTA 邀请中国参与这个命题，是对中国老年教育的一种认同，我们要大胆地接过来。从国际上看，我们完全有条件做标准的制定。对我们来讲，这是掌握话语权的重要方式和渠道，是应该要做的事情。从国内看，国内的老年教育发展了 30 多年，从粗犷式发展逐渐走到规范化、精细化的办学道路，亟须顶层设计。现在教育部门还没有完全接手，我们老年大学协会可以先来做，这是一个很好的事情，很有必要性。

实际上各地已经在积极探索有关的标准。比如，上海有高水平老年大学标准；中国老年大学协会去年评定了一批全国示范老年大学，实际上这都是标准。今年我们广东省老干大学也接受了省老干局的调研任务，要把广东省的示范老年大学标准建立起来。广东省一直是老干局在抓硬件建设，结合中央 3 号文的精神，明确规定县以上的老年大学的办学面积、地市级老年大学的办学面积等，都有一套标准。软件的标准其实就是教育标准。我们学校也已经在探索。首先我们试行了学制制度，原来以为非常困难，但是做下来的这几年非常顺利，说明老年人完全能接受。去年秋季学期，我们实行了研修班的考试入学，1000 多人考试，也是非常有序。我们先后推出了 9 本教材，这实际上也是规范了教师的教学。教师必须按照教育大纲和教材做。这实际上也是教学标准的问题，不能完全由着老年人的喜好来施教。

结合到《老年教育发展规划(2016—2020)》的落实，应该更多向基层倾斜，越是高层次的老年大学，应该入学门槛更高。我个人有个大胆的想法，以后省一级的学校只招研修班或者师资班，出来的人能当老年大学的教师或者助教，再分散到各个社区去教学。初级班就在社区办，方便老年人就近入学。这样标准就好制定，也只有这样做，才能真正完成《老年教育发展规划(2016—2020)》中 25％的入学率的指标。

范庆生教授(湖南衡阳老干部大学校长)：

我在湖南党校工作时间比较长，参与过地级、县级党校评估检查。国民教育都有标准,大学、中学都可以评示范性学校。我认为现在可以有一个老年大学办学标准。至于标准如何界定,省、市、县的标准肯定不同,老年大学的标准要求比我们办党校要求还要高。

从国际议题来讲,制定一个国际统一的标准很难,但可以制定一个中国人比较认可的标准。我赞成林元和校长的观点,从办学目的开始制定,老年大学就是要提高生命、生活质量。比如,在我们学校的层面,就是要在五年内达到《中国老年大学教育现代化指标体系》规定的标准,成为地市一级的现代化学校。在社会层面,是通过老年人素质提升,促进家庭和谐、社会和谐。另外,老年大学要讲政治,特别是老干部大学,通过办学把党对老百姓的关怀传递下去,这个也是我们真正的目标。最根本的目标是老年人的生命和生活质量的提高,其他是附属的目标,按照这些目标,可以制定标准。

施祖美教授(福建老年大学副校长):

听了大家刚才的发言,我很受启发。老年大学跟一般的大学不一样,所以不能有统一要求。正因如此,所以评价形式就不一样,标准不能太过于量化。比如,我们可以从老年人通过学习在哪些方面有进步作为一个指标,学习以后身体好了也可以作为一个指标。有些标准只能够从定性方面衡量,我更倾向于还是要有个标准,从习近平主席提出的构建人类命运的共同体大战略出发提出标准。我们中国人几次参加国际会议的目的,就是讲中国故事,发出中国声音。

学校教育更多侧重在教学过程。从教学的方式、内容看,我们国内的老年大学,政治课可以融入课程里面,实质就是让老年人融入社会。如果连什么是习近平新时代中国特色社会主义思想都不知道,那这样的老年人就是与社会脱节。老年大学应该让老年人跟社会保持接触,这样才能不断提高其生活质量和生命质量。

熊仿杰教授(上海老年大学常务副校长):

国际老年大学协会是个国际组织,要制定的东西是战略性的还是战术性的?假如是战略性的,在大战略目标层面,全球早已达成了共识:老年教育目的是提高老年人的生命生活品质。国务院文件都提到，要提高老年人的生命质量。这个战略目标我们中国认可，国际上也认可。从战术性的角度说，中国老年大学协会评了几次示范性老年大学，规范化老年大学，我觉得这个是战术性的。

更细化的具体的战术性标准还有：课堂教学质量评估，这是战术性中的战术问题，说明战术性的东西都有，大家都在探索。西方有没有战术性的东西，我们没看到，可能也有。我个人认为，制定标准，要在战略性和战术性中间找平衡，让它能够包容全球的老年大学、老年教育，容易形成共识。如果光讲中国的标准，把我们的规范拿到西方去，可能很多人接受不了。他们的观念和我们不一样，办学历史比我们长。

我有一个初步想法，可否先从目标开始。比如，我们提出十大教育目标，这些目标提出来之后要有引导性，有利于全球的老年学校向前发展，那这个标准就是旗帜性的。

第一是公益性目标。老年大学不以营利为目的。上海规定，老年大学禁止推销保险、药品、保健品、房产、旅游。国外虽不像我们那样一刀切，但也是以公益为主的。我觉得我们第一条先提公益，国外也能接受。

第二是公平性。比如，现在有些学校是老干部系统的，需要干部身份的才可以入学。这不合适，普通老百姓知道了也会有意见。上海的老年大学是教委办的，是全部开放的，不限户籍、性别、职业、身份，有身份证即可。公平性原则还有一个，不能年龄歧视。现在我们学校有规定，招生上限到80岁。80岁以上家属要签同意书。因为个体间差异很大，有的90岁身体还很好，有的80岁就不能动了。（王友农插话：昨天晚上看了几所老年大学宣传视频，浙江老年大学有个老人说我现在103岁了还在读书。）此外，残疾人包括我们学校的工作人员，都可以来上学，他们都有权利上学。

第三是安全性。很多学校"谈老色变"。上海有9所高校办老年大学。规模最小的上海财经大学，到现在为止做了好多工作，才办了20多个班。有人认为，不能办老年大学，老年人碰不得，万一死了人谁负责？不少学校就象征性地办几个班应付一下。安全性当然重要，校园安全是需要下大力气去创造的。像我们这么小的学校都有医务室，每一个厕所都有紧急按钮。紧急按钮一按，就在医生的面前显示。还有公共设施要人性化，包括楼梯高度要小，4楼以上装电梯，走廊改造装扶手等。

第四是知识性。应该给学员哪些知识？生命教育一直是禁区，有些教师一提到死字，老年学员就很反感。忌讳死亡实际上带来的隐患很多。没有遗言、遗书，为了财产子女吵架。老人死了，亲情断了。西方对这个问题的处理就比我们做得好，因为都有提前立遗嘱的习惯。现在我们的老年大学也应该开生命教育课，让老年人清楚生命的起源、生命的过程、生命的终结。林校长刚才讲到现代信息技术、电脑、智能终端的教学，这也很重要。我一个月前去科大讯飞上海总部参观，看到很多信息技术应用的案例，晚上起来摸不到灯，"叮当"一响灯开了。看电视时说"我要看几频道"，就能自动调出来。智能化最终目的是简单方便，这对老年人、残疾人最有帮助。另外就是宣讲"一带一路"等我国政治经济形势下的重大问题，学校要传播这些时事知识。

还有其他方面，也可以提出具体的办学目标。每个目标都应该有具体诠释，有具体内容，小标题要很明确。至于具体什么学校要求多少面积以及办学面积、经费、人数这些标准，反而容易机械化。我建议先制定这十大目标，在国际会议上宣讲。

林元和（国际老年大学协会第一副主席、广州市老年干部大学校长）

我补充两句，大家都发表了很好的意见，都有可取的地方。

今天我们研究老年教育标准这个议题，非常有意义。标准可以引领世界，所有事物都有标准。比如，5G出来后，中国通信领导世界，这就是中国标准。我赞同熊校长的意见。标准制定要注重原则性、纲领性和思想性。题目可以叫探索，先讲中国国内的情况。因为中国老年大学6万多所，但严格来讲，真正称得上"大学"的不多。为什么搞全国示范校？实际上就是想做标准，让大家参照。我也很赞同蒋海鹰校长的设想。他们学校作为省校，多搞一点研修层次的班，其他的课程放到基层去，这是一个方向。还有一种办法，学校也可以同时开办研究班、普通班，分几个层次，像清华、北大研究生容量增大，相应的本科层次就减少了，这也是一种启发。

说到门槛问题，研究型班级应该要考试，没有门槛进来也跟不上，这也是对学员的不负责。而一般的初级班不要设门槛。学生入学时也可以适当进行测试，按水平分为初级、中级、高级，水平高的可以直接去中级班、高级班。长此以往，这样慢慢就会形成一个标准。各个学校有不同的标准，每个学校都有自主权，目前全国统一是不可能的。每个国家发言的时间都有限制，我们在国际会议上不用讲得太多，主要讲得纲领性强一点、讲好观点就好。

张丽华教授(哈尔滨老年人大学校长):

熊校长刚讲的问题启发了我。老年大学和教育标准命题很有前瞻性，也很有深度。中国可能在办学的总量和规模上占了多数，但 AIUTA 考虑的问题并没有站在大多数国家，站在中国的角度。如果提老年大学教育标准化，我觉得是定性的东西。标准一定成标，不能模棱两可。

另外，中国老年教育的矛盾到底是什么？是不是政府的支持力度不够，赶不上老年人的需求？目前上海、广东、湖北这些地区都搞得好。可是在很多地方，政府的主导作用发挥得还很不充分。在办学硬件上，有的地方可以一次投几个亿，但存在"贫富不均""层级不均"的现象。我觉得还是要在供给方面、政府统筹力度上下大力气，满足尤其是边远地区的基层的老年人，应该追求扩大覆盖面。

王友农教授(中国老年大学协会国际联络部主任、广州市老年干部大学副校长):

我提几点看法。

第一，科学界定什么是"教育标准"。国际研讨会议题是不能改的。关键是我们必须十分准确、科学地界定什么是"标准"和"教育标准"。维拉斯在波哥大说的是老年大学的"判别标准"，后来秘书处发来的函中明确指出是"教育标准"。实际上是强调从教育角度讨论标准问题，不是判别一所学校场地好与坏，设备好与坏，而是从教育的角度判别一所学校。

第二，中国老年大学的教育标准已经有非常科学的理论指导，有必要告诉世界。我国关于教育的基本政策、战略标准是"办人民满意的老年教育"。人民满不满意就是标准，这个非常清楚，在理论上奠定了标准的科学的指导思想。比如，党的十九大提出的要为人民提供"公平的有质量的教育"。这个提法也奠定了制定标准的理论基础。另外，我们在实践中也形成了许多经验和理论，可以为我们制定标准提供指引。比如，熊校长刚才提到的十个目标等，在某种程度上也为我们讨论标准问题提供了基本轮廓。

第三，中国老年教育有丰厚的标准实践基础，我们在二十年前已经开始追求规范化。最早搞规范化研究的是哈尔滨老年人大学，当时它提出了八个标准项目。接着我们课题组又进行了《中国老年大学教育现代化指标体系的设计》的研究，专门出版了专著。全国协会和各省市都搞过示范校建设评估，各项指标都设计得很细致。去年全国评出176所全国示范校，评选办法就参照了刚刚提到的《中国老年大学教育现代化指标体系》。刚才范校长也提这个指标体系，其本身就是一个阶段性的标准体系。因此，我们说中国有丰富的实践经验，我们讨论标准，甚至我们提出一个中国标准一点都不过分。我们既有理论又有实践。

第四，我非常赞成从课程规范上找突破口，提出一个大家比较认可的标准模式，也就是制定公共课程规则。只要是老年大学，在课程上就应该有规划性，不能像台湾的老年大学那样开设星相、算命这些课程。从课程规范开始取得制定标准的突破口，提出一个中国范本，我们只是建议，力争国际认同。

第五，这一次是讨论标准，并不是马上制定一个标准，我们的目的是让全世界老年大学都觉得，办学应该有个标准的概念。我们中国从实践和理论等各方面都具备了研究和讨论标准的条件，因此要从国际视角的角度形成中国特色的标准。

现在从国际视角回过头看，包括中国老年大学协会评示范校都有比较重的形而上学的色彩，所以导致标准有点不公正。我们过多强调硬件、规模、办学时间，但忽略了最本质的一点，就是教学质量。但是教学质量应该如何判别呢？各有各的说法，包括专家学者的意见也不统一。这导致有些学校对评比结果不服气，他们觉得一所省级学校要求有多少平方米、一所市级学校要多少平方米，本质上变成财力竞争。这不是国际思维，是中国式的思维。所以我们在接下来关于标准的研究中要用国际的眼光审视中国走过的路。我们有深刻的体会，我们既有经验教训，也有值得反思的地方。

最后一点，这一次可以从课程规范角度提出一些供世界参考的标准，但不应过于细化、过于数量化，也需要强调一些规则、原则。

刚才熊校长从办学目标的角度提出标准，这个思路非常好。林校长提醒我们这些办学目标在《老年大学宪章》都有体现，所以我们在研究标准问题时必须遵循这些原则，因为这些早已是国际共识。熊校长讲得最精彩的一点宪章没有讲，就是学校安全性。我认为这也是我们在评示范校、谈制定标准的时候没有重点考虑的，其实任何老年大学的首要原则都应该是安全，安全指数完全可以量化、规范化，这些就是制定标准的亮点。

我们要拿出的标准体系，就是刚才每个人都讲到的，老年大学要分层次分级办学。我们建议按照国情来分类。比如，从课程方面讲，为了应对网络社会，计算机可以作为全球大部分老年大学的必修课。但在一些经济相对落后的地区就未必有这个迫切需要。所以分层次很重要。

这次会议非常重要。中国老年大学协会国际联络部经过研究，已经确认委托上海的熊仿杰校长在巴塞罗那代表中国演讲。我们会根据今天各位发言整理成学术综述，以上海的学者为主，形成有内涵的演讲材料，并附带一个中国建议的标准附件。我非常赞同大家把这个问题和"一带一路"联系起来，面对全球老年教育如火如荼的发展格局，我们交出一份答卷，它是中国老年大学的反思。

（根据会议录音整理）

从实际出发，努力满足老年人学习需求

——也谈老年大学的办学标准

根据党的十九大对我国社会主要矛盾新变化的判断，老年教育同样存在"人民日益增长的美好生活需要和不平衡不充分的发展之间的矛盾"。要做到满足老年人群的学习需要，就要清楚认识老年教育性质和现状，加强老年大学规范化建设。

以老年大学为主导的学校老年教育，对象都是退出工作岗位处于休闲期的老年群体。作为社会成员，他们需要继续社会化；作为人生最成熟的阶段，他们追求着人生的完善。从这个意义上讲，老年教育——尤其是老年的学校教育，是一种完善性的素质教育。

一、老年教育的性质与特点

（一）再赘述老年教育性质

教育的目的是促进人的不断社会化、不断地提高各方面素质。人的发展和素质提高是一个不间断的过程，贯穿于人的一生，并表现出多样形式、多元内容、多种层次，随着人的年龄段不同，教育的性质、内容以及形式都会有所不同。从教育的角度看，幼儿时期素质初步形成，属社会化的初始，是一种养成教育；青少年教育的提高素质是形成世界观、价值观，并立足于开发智力、培养能力；高等教育、成人教育侧重于专业教育和技能培训，以更好地适应国家建设和各自工作的需要。老年人则表现为继续地社会化，实现社会角色的转换，以新的姿态开始并适应新的生活；属于完善性的素质教育。

（二）老年大学与普通学校和活动中心的区别

关于中国现代意义上的学校，《教育学浅说》认为，"学校教育是根据生产力发展需要，有目的、有计划、有组织地培养人才的活动，对学生进行系统教育和训练"。老年大学与普通学校的相同点是依一定目的、以课堂为重要形式、按班级进行教学和活动，都是人的社会化过程，是提高人的素质的过程。其不同点却多得多。因此，教育特性、老年特点、中国特色，都是我

们需要注重的。

普通教育有统一的培养目标，老年教育无统一的培养目标，而表现出多样性和多层次；普通教育需要严格规范，老年教育则是相对规范，老年的学校管理是非定型的；普通教育多规定动作，老年教育则多自选动作；学以致用也有很大区别，普通教育是学而备用，老年教育多为即学即用；普通教育重结果，老年教育重过程，学习者的非功利性明显；普通教育靠各层级的考试来检验，老年教育则靠展示学习成果来显示……

还有一个老年大学和老年活动中心的区别——老年活动中心是以老年人活动为主业，老年大学则是以教学为中心，以课程建设为主线，以教学质量为重点，并要不断加大课程教学的文化含量，需要克服教学中的娱乐化倾向。

二、提高认识，认真制定老年大学的规范化标准

所谓标准，是衡量人或事物的依据或准则，还有一个是榜样、规范的含义。

自 2001 年中组部等五部委发出《关于做好老年教育的通知》，强调要"培育一批条件较好、质量较高、制度较全、颇具规模的规范化老年人大学示范校"，全国各地纷纷行动。回顾历史可以看出，老年大学在教学和管理方面的灵活性比较明显，针对性比较强，所以事业发展很快，但由于缺乏顶层设计，没有规定性的制度保障，包含了更多的人治因素，所以其发展的稳定性比较差，不利于持续发展。多地创建内容没有特别突出教育、教学为主，显示出创建内容的空心化。

规范化建设，是我国老年学校教育发展的方向和基本要求，是提高办学水平、推动老年教育事业发展的具体举措；创建规范校、示范校，是推动规范化建设的重要形式和方法，是规范化建设的重要内容。

这个规范化的标准，应该是符合本地区经济、社会、文化实际的。

（一）办学方面的要求

1. 办学理念的系统化：认识理念的作用，建立理念的体系。

2. 学校治理的法治化：完善学校规章制度，依法、依规、遵章办学，努力克服人治。规范化更多的是体现在学校的管理上，用制度管人、管事，一切依章依规，克服人治中依领导意志肆意而为的弊端。

3. 队伍结构的合理化：应该包括办学队伍专职化、专业化（尽量多一些专业特别是教育方面的专业人员参与其中）、低龄化（特别是主要领导须有最高年龄限制，废除可能存在的终身制）。

4. 教学服务便捷化：各级老年大学机构比较简单，层级都不多，大多数指挥靠前、服务在先，要发挥这一优良传统，对学员和教学的服务更加便捷。

5. 细节设计人性化：学校教学安排、学员活动、后勤服务等涉及很多细节，因为都是为学员服务的，所以要求细节设计尽量地人性化。人性化的细节最能够体现老年大学为老年人服务的宗旨，体现出学校全部工作人员都是为学员服务的。

（二）校园设施方面要求

1. 教学必需的基本设施必须满足：合理的校园、校舍面积，及时更新服务教学的现代化手段，便利学员的人性化服务设施，数字化的校园建设。

2. 硬件设施差别化要求：经验证明硬件设施不需要统一要求，主要还是根据当地特点和课程设置的需求配置，适应学员需要、适合教学需要即可，以该校的特色吸引学员。特别是同一地区的相同配置可能加剧同质的无序竞争，导致投入的效益大打折扣。

（彭克敏：武汉市老年教育研究中心主任 ）

AIUTA 执委会 2018 年 4 月在中国考察、会议情况

中国老年大学协会国际联络部

王友农于 AIUTA 巴塞罗那理事会会议报告

2018 年 6 月 28 日

一、4 月 7 日，AIUTA 执委会成员参观考察浙江老年大学，维拉斯主席做了学术报告《世界老年大学的现状和未来》。

4 月 8 日，AIUTA 执委会成员考察浙江上虞老年大学。

二、4月10日在上海老年大学召开AIUTA教育科学委员会会议，维拉斯主席主持会议。会议简要总结回顾了2017年的工作，讨论了下一步工作安排。

1. 根据泽尔比尼教授的建议，AIUTA要建立一个依托网络的交流平台。

2. AIUTA重点推广英国老年大学经验。

3. 开展老年旅游的研究，一是揭示老年人旅游的意愿，二是研究高科技与老年旅游的结合，可以与泽尔比尼教授提出的建立以网络为依托的平台结合在一起。

4. 关于老年大学的标准，采取林元和的建议，可以先就计算机做出简单标准，希望中国先提出一个标准的初稿。

5. 最重要的是，"一带一路"与老年教育的结合研究，我们可以共同创造出果实。请中国老年大学协会制定一个关于研究这个项目的方案，在2019年前提交AIUTA理事会和国际大会探讨。

三、4月11日，老年教育国际学术交流活动在上海科学大会堂举行，聚焦法、中、英三国老年教育模式，开展特色交流。维拉斯演讲法国模式，林元和演讲中国模式，玛利亚演讲英国模式。

各国在老年教育的发展路径与管理方式上呈现出不同的模式。法国是紧密依托高校举办老年大学，并组建法国老年大学协会进行协调；英国鼓励各行各业独立办学、自主办学，并组建信托公司进行管理；中国是由政府为社会提供公共服务，党政职能部门成为老年大学办学主体。

四、中国老年大学协会国际老年教育研究中心在上海成立。为此举行了聘任仪式。中国老年大学协会张晓林会长向AIUTA专家颁发聘书，聘请维拉斯为高级顾问，玛利亚·切斯特女士、帕特里克·德穆伊先生、卡洛斯·桑托斯先生和泽尔比尼先生4人为特聘教授。

上海老年大学向国际老年大学协会主席维拉斯赠送了本校老年学员集体创作的《看上海爱上海画上海》长轴书画作品。

五、AIUTA与会人员考察了上海老年大学。

第三章　毛里求斯会议

第 103 届毛里求斯国际会议综述

国际老年大学协会第 103 届理事会暨"老年大学与多元文化融合"国际研讨会于 11 月 22 日至 24 日在毛里求斯路易港举行。由中国老年大学协会组织的中国代表团一行 8 人，在中国老年大学协会副会长、广州老年大学校长林元和的带领下参加了会议。

中国代表团抵达后，受到国际老年大学协会主席、毛里求斯老年大学校长、毛里求斯华人联合会代表以及 16 个先期抵达参会国代表 300 多人的热烈欢迎。欢迎队伍以中国喜闻乐见的锣鼓舞狮迎接。会务方安排了中国太极剑和《最炫民族风》《越来越好》等音乐舞蹈的表演，完全是中国元素。

会议第一阶段：举行 103 届国际老年大学协会理事会。会议在路易港市政厅会议室举行。路易港市长致欢迎词。会议通过了关于 2019 年上半年在中国武汉召开"'一带一路'与老年教育"国际研讨会的方案，决定将"一带一路"倡导的政策沟通、民心相通、文化相融列入国际老年大学协会研讨的课题，侧重研究"一带一路"理念、原则对老年大学事业的影响力和作用力，按照"一带一路"提出的共商、共建、共享原则，将国际老年大学协会建立老年教育国际体系的愿景、构想和安排与"一带一路"框架相对接。

会议第二阶段：举行国际老年教育学术研讨会。会议在毛里求斯大学报告厅举行。

毛里求斯总统比亚普利宣布国际研讨会开幕，国际老年大学协会主席维拉斯致开幕词。会议围绕"老年大学与多元文化"进行了研讨。中国、毛里求斯、英国、法国、澳大利亚、西班牙、尼日利亚、斯洛伐克、塞内加尔、哥斯达黎加等国家的代表交流了对主题的理论见解和本国老年大学的经验。

中国成都市锦江区老年大学常务副校长张泽林演讲《中国老年大学的多元文化融合》，图文并茂，理念清晰，实践丰富，受到国际老年大学协会主席维拉斯和与会各国专家的高度评价。

其他国家的代表在发言中都围绕"老年文化多样性"问题做了较深入讨论，尤其是法国、英国、毛里求斯、斯洛伐克、西班牙和澳大利亚等国代表的发言比较深入。他们讨论的问题主要集中在理论研究层面，概括起来主要有如下看法：

1. 指出多元文化的客观存在。当今世界要找到一个单一文化环境是不可能的，世界是多元文化的，这是经济、科技全球化带来的必然结果。

2. 提出多元文化主义概念。强调多元文化是生活的一部分，而多元文化主义则是要促进不同文化的宽容共存，以此来创造一个更广泛的文化理解。

3. 提出终身学习的目的之一就是促进多元文化融合。要增加人们的"文化宽容"和"文化认同"。这也应是第三年龄教育的重要内容。尊重自己的文化和对他元文化的认同感是跨文化工作和理解文化多样性的前提。

4. 提出老年大学多元文化教育的意义和多元文化的对话途径，如开设外国文化、外国历史、外语等多元文化和跨文化交流的学习课程。开展跨文化的参观、交流、旅游等活动，提高多元文化对话的机会。

会议期间，与会代表参观了毛里求斯博物馆、路易港密特朗音乐学院博物馆等，观看了毛里求斯老年大学与音乐学院联合演出的文艺节目。

这次国际会议是首次在非洲国家召开 AIUTA 会议，说明老年教育理念已经扩展到五大洲，多元文化融合的主题思想深入人心。

（张泽林：成都市锦江区老年大学常务副校长；王颖淮：淮安市淮安区老年大学常务副校长）

第一节　国际观点

澳大利亚老年大学的多元文化

澳大利亚是一个移民国家。在 2016 年，49％的澳大利亚人出生在国外或者父母中至少有一位出生在国外。因此，澳大利亚是多族裔的融合（图 3-1）。可以说，澳大利亚有着全世界最为成功的多元文化，是一个融合又团结的民族，拥有 300 多支血统，既是一家人，却也是很多个体。我们来自地球上每一片陆地，我们将共享一个梦，唱出一个声音："我是、你是、我们都是澳大利亚人。"在这一信念支持下，我们发展了基础设施，为我们的社区注入活力，丰富了我们的文化体验，增加了我们的机会，扩展了我们与全世界的联系。

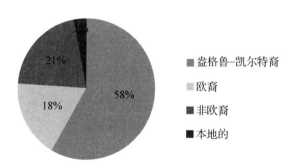

图 3-1　澳大利亚人口组成图

作为一项政策，多元文化主义首现于 70 年代。在澳大利亚，接纳移民为一项国家建设工程。在这项国家方略中，老年大学处于什么位置？澳大利亚的老年大学具有非政治性、非政府性、自治性。图文巴市为拥有这些而骄傲：111 种语言、150 种文化、80 个宗教。

澳大利亚老年大学的成员主要是英国—爱尔兰族裔。85％的移民年龄在 40 岁以下。基于多民族的特点，语言成为成员之间交流的障碍。目前的进展是开设了英语作为第二语言(ESL)课程，设立跨文化班级，开设外国语言课程，设立国际活动班，开发国际互动交流。

我们的挑战是创建一种更宽泛的文化认识。

成果虽多，但需要做的也多！

(朗达·韦斯顿：澳大利亚图文巴老年大学校长)(根据作者 PPT 翻译)

多元文化主义在阿拉伯联合酋长国的重要性与老年人的状况

阿拉伯联合酋长国人口约 930 万(表 3-1)，外籍人口占 88.5％，是一个多元文化融合的国家。

表 3-1　2016 年人口统计

总数	男性	女性
9 121 167	6 298 294	2 822 873

南亚人，包括来自印度、孟加拉国、巴基斯坦和其他南亚国家的人，占人口总数的 59.48％。

其余人口包括 4.23％的埃及人和 17.94％的其他人。外籍人士及移民占人口的 88.52％。阿联酋人占剩余人口的 11.48％(图 3-2)。阿拉伯联合酋长国老年人人口占比如表 3-2 所示。根据阿布扎比酋长国人口年总变化率(表 3-3)，阿联酋政府的人口战略设想：到 2021 年，阿联酋人成为多数社群，或至少增至总人口的 40％。

表 3-2　老年人各年龄段人数占比

年龄段 (2005 年)	男性	占人口百分比(男性)	女性	占人口百分比(女性)	总数	％
50～54	107 339	3.82	31 539	2.42	138 878	3.38
55～59	51 303	1.82	15 804	1.22	67 107	1.63

续表

年龄段 （2005 年）	男性	占人口百分比（男性）	女性	占人口百分比（女性）	总数	％
60～64	18 820	0.67	8 527	0.66	27 347	0.67
65～69	9 172	0.33	5 285	0.41	14 457	0.35
70～74	5 391	0.19	4 013	0.31	9 404	0.23
75～79	2 440	0.08	1 837	0.14	4 277	0.10
80＋	4 469	0.16	4 326	0.33	8 795	0.21
总数	2 806 141	7.07	1 300 286	5.49	4 106 427	6.57

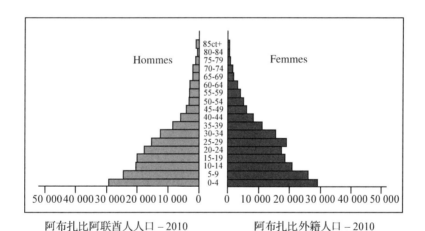

阿布扎比阿联酋人人口－2010　　　阿布扎比外籍人口－2010

图 3-2　各类人口数量

来源：2011 年统计年鉴，阿布扎比医疗局

　　阿拉伯酋长国是一个多元文化融合的国家，因此，宗教信仰也多元化。阿拉伯联合酋长国曾颁布总统令，惩处任何助长宗教仇恨的行为；禁止"基于宗教、种姓、信仰、教义、种族、肤色或民族出身"的歧视；被控拥护"塔克菲里主义"（宣称其他穆斯林不忠）或逊尼派极端主义者，将面临十年监禁甚至死刑；设有宽容部；

　　阿联酋副总统兼迪拜酋长国酋长谢赫·穆罕默德·本·拉希德表示，法律"保障个人免受宗教不宽容影响的自由……并作为阿联酋包容政策的基础"。

表3-3　阿布扎比酋长国人口年总变化率(％)

	1975—1985	1985—1995	1995—2005	2005—2010 *
阿联酋人	9.5	5.1	4.6	4.8
外籍人士＊＊	(14.5) 10.6	(5.3) 5.3	(5.1) 3.8	(4.9) 8.7
总量	10.4	5.2	4.0	7.7

＊根据人口普查的初步结果估算

＊＊括号中是女性占比

来源：2011年阿布扎比统计年鉴，阿布扎比统计中心

(希尔维亚·卡斯蒂略：阿布扎比索邦大学教授)(根据作者PPT翻译)

国际老年人协会联合会老年人的娱乐福利

毛里求斯岛的老龄化"积极且健康"。2017年，有20.5万名60岁以上的老年人，139位百岁老人。预计到2025年，60岁以上老人将占总人口的20％，到2030年，60岁以上老龄人口将多于15～24岁年龄段的人口。现在我们的退休年龄为60～65岁。

国际老年人协会联合会毛里求斯协会是2005年注册的非政府组织，2018年，拥有毛里求斯岛、罗德里格斯岛和留尼汪岛的个人、养老院、机构和老年公民理事会俱乐部会员，是代表印度洋地区的理事会成员，也是国际老年人协会联合会的41个会员之一，遍及区域包括欧洲、亚洲、非洲、拉丁美洲、印度洋，是具有联合国咨询地位的非政府国际组织，具有非政府国际组织会议参与资格，可为会员提供下列活动：瑜伽、合唱、太极拳、按摩治疗、室内游戏、卡拉OK、排舞活动、节庆、缝纫和烹饪。协会还邀请各方面的专业人士举办讲座，与其他老年俱乐部开展丰富多彩的交流活动，经常组织出游和野餐，在养老院也开展各种有益身心的活动。曾组织的善行活动有：为退休做准备、促成定期会议、促进自主、走向成功的晚年、促进代际联系、支持志愿服务、发展区域交流。协会曾在2017年组织毛里求斯阿

尔茨海默病协会进行记忆健走活动，受到欢迎。

我们协会致力的目标是：培训、知识传播、推动老年学发展。我们提供的培训主要是面向新退休人员，分别在娱乐中心、在老年公民理事会俱乐部及在老年人国际日期间、医学大会和讨论会期间进行。

在 FMC 框架内，我们还进行 MOBIQUAL（提高专业实务质量）培训（图3-3）。

2012—2018 年，我们主要进行 MOBIQUAL 培训、老年医学文化的传播。2011 年在法语国家范围内成立的一所培训学院，所进行的 MOBIQUAL培训为老年医学模块，包括：进食、抑郁、善待、临终关怀、慢性创伤、传染性风险、阿尔茨海默病、疼痛管理，参与总人数达 125 人。

MOBIQUAL（提高专业实务质量）培训相关数字

培训年度	养老院负责人	护士	医务辅助人员	护理人员	个人/非正式护理人员
2013	7	4			
2014	4	16		6	2
2015	2	18		17	2
2016		4	3	10	1
2017		2	5	15	2
总数	13	44	8	48	7

图 3-3   参与证明

与我们保持合作关系的有：法国老年医学与老年学学会、阿尔茨海默氏病协会、国际老年人协会联合会法国部、毛里求斯岛老年大学。

留尼汪大学医疗中心（老年医学），留尼汪老年人信息提供和陪护组织，居家护理公司与留尼汪、马约特岛、罗德里格斯岛、法国、西班牙的联系，参与 2017 年老年学研讨会，2017 年 10 月参加罗德里格斯岛公众座谈。

（帕斯卡莱·迪南：国际老年人协会联合会毛里求斯协会主席、博士、老年病科医生，法国老年病学及老年病学会会员、欧洲老龄医学研究院成员）

布拉迪斯拉发经济大学老年大学（布经大学 U3A）

斯洛伐克布经大学是公立研究型大学。其历史传统悠久，经验丰富，按经济学及商务学科研质量（大学、学院、院系、研究人员层面）的排名，布经大学在斯洛伐克排名第一。而布经大学老年大学则是一所年轻的院校，面向有志于学习的老年人，希望同斯洛伐克、欧洲乃至全世界的老年大学建立伙伴关系。学校成为 AIUTA 会员是巨大的挑战，与老年学生合作、为之服务也是巨大的职责。布经大学老年大学的经验有：多元文化教育及对话。

老年大学正在筹备多元文化及跨文化沟通课程。多元文化主义作为正式的高校课程，被纳入布经大学的全日制学生的学习项目中。而这次毛里求斯 AIUTA 会议把我们的想法向前推进一步。我们对老年学生做了问卷调查，想查明他们对多元文化教育的了解，对这个概念的内涵，他们是否体验过另一种文化，以及他们是否对老年大学多元文化研究及跨文化交际课程感兴趣。我们在多元文化空间及包容的基础上挑选了 10 个简单问题。我们联系了 200 名受访者，有的是我们老年大学过去或现在的学员，有的将来可能到我校就读。我们共收到 189 份完整的问卷。具体结果见图 3-4。

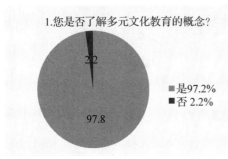

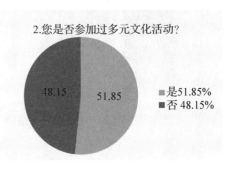

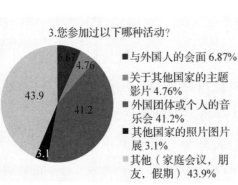

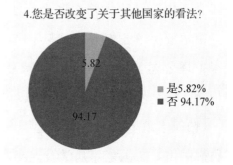

5.您是否开始对其他国家、文化有兴趣了？

是 39.68%
否 60.31%

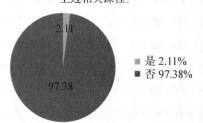

6.关于各种文化，您是否受过相关教育或上过相关课程？

是 2.11%
否 97.38%

7.您经常与来自其他文化背景的人见面吗？

是 9%
否 91%

图 3-4　问卷调查结果

由此可见，世界是多元文化的，全球化是其标志。终身教育的一个目标在于，必须大力促进与包容多元文化。

多元文化是生活的一部分，目的在于推动不同文化包容共处。以兴趣为基础的教育纳入老年学生，为加强包容与多元文化对话提供了机会。我们聚焦他国人民、其他民族与文化，得到了有趣的材料。我们可以充分假设：

我们假设老年学生经历了多元文化教育，但不一定认识到多元文化教育；

我们假设老年学生与其他民族、其他文化的关系是中立的，但如果具有直接关联，情况或许就不同了；

我们假设了解、爱好另一种文化，以及参与各种多元文化活动，将增强对其他文化的包容程度。

我们还尝试请参与者写出你在另一种文化中的经历。

应答者的回答多集中在负面的经历或想法上。"我过去有一次在突尼斯度假的时候，不能理解阿拉伯人的文化和行为。""我曾在布拉迪斯拉发坐公交车，当时车上有很多深色皮肤的学生，可是没人给我让座。""我不喜欢匈牙利菜，非常辣。""我害怕那些移民，有些人居然从另一个民族里找到了伴侣，我搞不懂。""在以前我眼中的外国人并不是负面的形象，直到有一天，我儿子带一个从泰国来的朋友回家，我失去了耐心。""我孙女找了个非裔美国人做男朋友，真是疯了。"

试想，如果我们连自己国家的人都无法容忍，那还怎么去包容其他的文化呢？

为何不这样想？

这是个很好的想法。

我想了解其他文化的信息。

我想与其他文化背景的年轻人交流讨论。

我很好奇，其他文化的圣诞节习俗是怎样的？

我寻找类似这样的老年大学课程已经 5 年了。

我对其他人一直有兴趣。

我对世界各地的菜肴有兴趣。

我想参加不同文化的舞会。

可以说，我们的 3 个假设都得到了证实。多元文化教育是必需的，并且很重要。老年学生对多元文化、多元文化教育有所认识，并试图提升自身的包容度。他们的操作更多在理论上而非实际上。他们知道如何包容，他们可以做到包容。但他们要是和当事人有了个人联系，就不再包容。我们务必要把这个话题加入老年大学的课程里。

布经大学老年大学已经迈出了第一步。我们准备了"多元文化研究"和"多元文化沟通"课程，外国学生将会参与其中。例如，第二课是讲中国文化的，由布经大学的中国留学生来上课。有趣的是，在圣诞节的时候，有三位老年学生分别把来自中国、泰国和美国的学生带回家过节。除了课程，我们还准备了其他活动。在 9 月，我们参加了一场斯洛伐克、匈牙利、奥地利三国老年人的会议，名为"老年之乐"。有位瑞典籍学生，由于语言障碍，没能参加课程，但报名参加了金尊巴舞活动，用舞姿代替语言。舞蹈、音乐、艺术、文化、教育，拉近了人们与不同文化的距离。

12月，我们将和一位民族学家和一位职业外交家会面，讨论欧盟各国的圣诞习俗。如今，已难以找到一个单一文化的环境。我们被差异所包围。

对于老年学生，对于所有人，这都是一个重要的观点。

（扬卡·赫拉德卡：夸美纽斯大学继续教育中心主任）

欧洲老年大学里多元文化的儒化

尽管处在全球化时代，每个国家却都在设法保存一代代人所维持至今的民族特性及文化。每个社会都有其典型的文化，正是这些文化才构成他们独特的文化身份。从事跨文化工作及理解文化多样性的前提是，要对自己所属的文化及身份意识有足够尊重。

1. 文化的多样性。文化多样性并非坏事，它为交流对话、相互合作增添了风采和机会。文化的多种多样，为人们创造出在各种领域找到新形式工作的机会，也为老年事业增添了可能性。儒化发生在老年人的日常生活中。儒化与社会化相关，又体现在老年大学丰富多样的活动中。

2. 究竟什么是跨文化工作？在过去，出国的机会并不常见，跨文化工作或跨文化交际也不普遍。如今，我们每天谈到、见到外国人，谈到各种形式的信息交换，也不会感觉奇怪。

3. 怎么在老年人的世界里开展跨文化工作？与老年人相关的跨文化工作包含：跨文化学习，文化创意活动及展示，跨文化交换、参观、团队及个人层面的跨文化联络，多代人之间的跨文化工作。

4. 多瑙河老年人项目。该项目由德国协调员及沿岸国家的合作伙伴所组织，属于多瑙河交流网项目的一部分。"欧洲之夜"是一项跨文化活动，参与者被选定来扮演重要的历史、文化或经济人物。所扮演人物来自不同时代、国家、文化背景，是所在国家的代表人物，其生平与行为与欧洲也有关联。

图 3-5 是老年学生参与的跨文化活动。

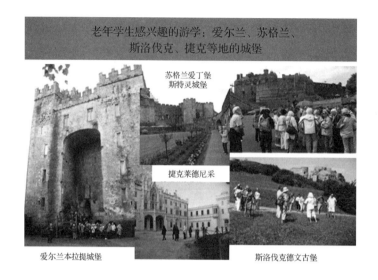

图 3-5　老年学生参与的跨文化活动

结　论

欧洲的多元文化是一个重要现象，各种文化及其活动为老年人的生活开创了空间与可能性。学习、分享文化经历对于老年大学和学生也是一项挑战。跨文化技能可以帮助他们与其他文化背景的朋友进行有效、适宜的交流。

（娜迪亚·赫拉普科娃：欧洲老年学生联合会（EFOS）主席、夸美纽斯大学博士）

拉科鲁尼亚老年大学的二元文化与多元文化

拉科鲁尼亚老年大学是年轻的公立大学，创建于 1989 年。拉科鲁尼亚大学（UDC）有 18 000 名学生、1500 名教师及 800 名行政人员，有两个校区，相距 50 千米，分别是拉科鲁尼亚校区和费罗尔校区。拉科鲁尼亚大学开设老年大学项目，老年学生的性别和年龄比例如图 3-6 所示。

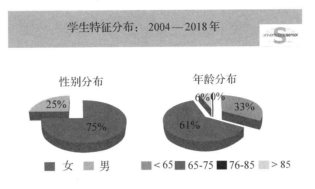

图 3-6　老年学生的性别和年龄比例

欧洲是老龄化最严重的大洲，人口老龄化使加利西亚成为欧洲的一个脆弱地带。欧盟委员会 2013 年提出"积极老龄化、健康老龄化突出地区"的目标，具体的知识普及项目：面向 50 岁以上农村地区的老人开设特别课程"分享经验与知识"。课程分为 3 个专业：人文学、社会科学、科学技术，健康科学，必修 2 门课，选修 1 门课。老年学生毕业后，由拉科鲁尼亚大学颁发学位证书。

（玛蒂达·加西亚·桑切兹，南希·巴斯克斯·韦加：拉科鲁尼亚老年大学教授）（根据作者 PPT 翻译）

多元复合文化与老年大学

我们听说过文化间、跨文化、多元文化、多元复合文化，分析这些资料，就会发现多元文化和多元复合文化，多元文化主义和多元复合文化主义之间有什么区别。

一、多元文化和多元复合文化

多元复合文化就是反映了人口群体永久关联中对跨文化和内文化关系的理解。多元复合文化不是说这些群体拼凑在一起，而是说它在很大程度上有助于消除隔阂和文化开放，这些定义和语言文化教学中所用的定义是兼容的。多元文化对应于对同一社会个体间存在的多种不同文化的简单观察，多元复合文化则假定这些文化在个人、群体及整个社会层面存在动态关系。前缀"pluri"表示一个统一的因素，它表明在一个独特统一的整体中存在一个包含多种不同但相互联结或相像的因素的综合实体。多元复合文化主义符合人口群体的永久关联性。"multi"侧重"集合"，"pluri"侧重"聚合"。集合只是人们在一起度过一段时间，但是聚合则意味着人们可以做出决定并付诸行动。比如，协会的全体大会。当人们行动或与来自其他文化的人共同行动时，彼此的文化将不可避免地直面彼此，为了使这一集体行动得以继续并取得成功，我们必须考虑采取协调的行动。

当重复共同行动是因为我们必须长期与他人一起行动，就像那些不仅文化多元，而且希望文化复合的社会一样，也就是说，在相互依赖和团结中组织起来的，必然会形成一种共同的行动文化，一种共同文化。

二、一起行动

这不仅是一个共生（共存或共居）的问题，而是一起共事（共同行动）的问题，我们再也不能满足于仅接受我们的差异，我们必须在一起创造相似性。

1. 多元性和多样性。多元性和多样性是并行不悖的。多样性是多元复合文化主义的基础，并证明了在构成它的所有要素间存在多变的但同时又牢不可破的联系。多元性是多样性的基础，是一个包含和混合多个单元的整体的性质。民族、人民、社会团体的代表均属此范围。这些不是根据身份认同的社会心理学流动性构建的，它们是从对共同利益的认识或者除了个人和集体差异之外的共同幸福的目的而阐述的。

2. 文化。文化被认为是一个持续不断的社会建构过程，并在人权的个人主义理论的框架内来理解。文化主义使文化作为一个稳定不变的、确定个人从属于一个群体的依据。

第一种观念认为文化是一种抵制变革的社会化领域。文化基本上封闭在群体中，如果与其他群体或文化没有任何关系，它就依然会被困在群体的根部。第二种方法排除了个人所拥有的权利间的脱节：公民权利和政治权利、经济和社会权利以及文化权利构成了不可分割的整体。这种文化认知导致以保护每个人免受依赖和服从现象影响为目的的基本自由的扩大。

3. 我们正发展为一个多元复合文化社会。在多元文化社会中，文化群体被理解为本身构成一个整体，其属性可以变化：对宗教潮流的依恋，对传统生活方式的考虑……

在一个多元复合文化的国家中，群体被解释为一个整合进一个全球社会整体中的单元。多元文化主义关注（非）歧视的逻辑性，而多元复合文化主义仍然适合平等原则。

4. 多种语言的使用。多种语言观点强调，随着个人语言经验从家庭语言扩至社会群体语言，然后延至其他群体语言，个人不会把这些语言和文化截然区分开，而是构建一种这些语言相互关联和相互作用的沟通能力。从这个角度来看，语言教学的目的发生了深刻的变化。它不再仅仅是掌握一种、两种甚至三种语言的问题，而是开发一种语言库，其中所有语言能力都有自己的位置。

三、老年大学

在一个多元复合文化社会中，人们必须了解才能理解和相互理解。对话教育就成了基础教育。我们老年大学不同国籍的学生上课、听讲座并通过对话使我们了解他们的身份和环境，这就是经验交流！

（利尼亚诺：澳大利亚萨比亚多罗老年大学教师）

老年大学：多元文化的推动力

多元文化主义是应对自身和他人的一种方略，我们作为复杂而丰富的生命个体，行动、反应源自多种身份的角度。

在英国建立的 1033 所老年大学里，我们能找到一个复杂的多元文化视角。我们的组织自诞生之日起，就同时考虑着大城市和乡村、半乡村的问题。

我们的办学理念：分享技能与经验；师生互教互学；没有考核；学以致乐、氛围融洽；经费自给；老师没有薪酬；会员所治、会员所享；非政治性、非宗教性。

1982 年开办第三年龄大学的要求：对所有第三年龄者开放；拥有教育功能；包含社交、娱乐活动；以民主方式运作。

多元文化主义一直是许多时事讨论组的讨论话题。

按照英国模式办学的哈韦阿第三年龄大学（西班牙）曾讨论过这些问题：多元文化的益处在哪里？它会改变一个国家的特征吗？来自别样文化背景的老年人，遭遇社交孤立的概率往往更大。被孤立源于一系列因素，包括语言不通、文化差异、行动受限、健康状况糟糕、信心及资讯缺乏。（《维多利亚老年大学系统学报》，2018 年 5 月）

英联邦拥有 53 个成员国：19 个在非洲，7 个在亚洲；13 个在加勒比和加拿大；3 个在英国，11 个在太平洋地区。毛里求斯于 1968 年加入英联邦。澳大利亚开发了一套线上课程，我们也能分享使用。由于 AIUTA 的努力，许多英联邦国家对它们自己的老年大学增加了认识，有些学校参照法国模式办学，有些则参照英国模式。

在经费上我们不依靠政府，自给自足；因而拿养老金最少的老年人都能够享受老年大学所带来的种种益处。英国的老年大学是全纳性的，成员来自社会各界，有贫有富，从四十八九岁到百岁老人，并且具有不同国籍。成员中有的是学者，有的没什么文化，但一心想学新东西、交志趣相近的朋友。

我们跨越所有的界限，不管是国家间的，还是文化、社会上的界限，后者随着时间推进将会越发微弱。我们希望，随着老年大学运动的认知度增加，这种差距最终将会缩小。

结论

在英国，老年大学取得了巨大成功。在其推动下，40 多万成员相汇聚，不论身份、政见、宗教信仰。

2017 年，英国人口中 5％为 65 岁以上的独居老人。先前的调研报告显示，10％ 的人口一直或者大部分时间都有孤独感（维克多，2011：《学习不孤单》；第三年龄大学，2018）。为了更深入的了解，第三年龄大学编制了一份报告，题为"学习不孤单"（第三年龄大学，2018）。

为了解决多元文化领域的这一问题，我们需要做更多研究。

（玛丽亚·切斯特：国际老年大学协会秘书长、教授）

瓦伦西亚理工大学老年大学老年教育学历

由于以下因素引起了社会变革：技术革命、信息型社会的出现、社会价值观的变化、多元文化……教育应该适应频繁改变的社会环境，因此老年教育的出现，在以下方面得到了改善：机会的公平性、教育的民主性。

由于人口结构的改变以及提早退休现象的增加，越来越多具有中高等教育的人们退休后希望继续学习，尽管我们的教室里有不同年龄、不同社会经济背景、不同生活经历、不同教育层次的人们，但是西班牙社会的多元文化维度尚未在教室中得到体现。因此，这并不是在学员层面上能够解决的问题。不过，我们教学的重要一课就是让大家在团结友好、尊重差异的氛围中相处。

成人教育在公平和民主的前提下帮助实现了当今社会的多元文化。因此，我们的成人教育兼收并蓄，蕴含了多种文化。鼓励人们的终身发展，倡导促进男女平等，文化多元和人权维护的战略。

一、老年大学的创办和培训

2018—2019 年度，瓦伦西亚理工大学老年大学学术课程由教员、学员、课程组成，可以由学术机构老年教育发放学历证书，老年学员的特点是志愿性质的。合作项目有：

瓦伦西亚理工大学－UV：享受你所在的环境；瓦伦西亚理工大学－UdC：学术交流 。

并入瓦伦西亚理工大学社会责任与合作学院副院长办公室，负责并管理大学的老年学员培训项目。

在瓦伦西亚理工大学有三个校区：维拉校区（瓦伦西亚）20 年、阿尔科伊校区 18 年、刚迪亚校区 2 年。

瓦伦西亚老年大学提供的教育有：专题课程和老年课程。

老年课程的目标是为年满 55 周岁，有兴趣和意愿继续接收教育的人员提供大学生活的机会，创造一个交换经验和动机的交汇点，使得他们能够与他人分享自己的期望。

专题课程的目标是每一位学员都可以根据自己的兴趣、资质、时间等来自定义自己的课程设计。此类课程具有不同时长(10 小时/110 小时),是老年课程的一种延续,使得学员们能保持与瓦伦西亚理工大学的联系。课程主题为:人文、影视制作、艺术史、心理学、文学、建筑学、造型艺术、语言、健康/营养、酿酒学、景观学、信息和通信技术。每学年专题课程数量都有所增长(如图 3-7)。

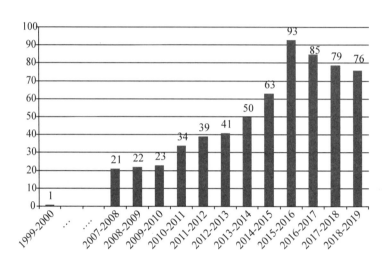

图 3-7　每学年专题课程数

二、老年教育学历证书、特点

老年大学课程学制三年,课程涵盖各个领域,艺术与人文、健康科学、科学、工程与建筑、社会科学、法律。每门课程注册:学员 90/100 人;课时 120 小时/年;讲座 9/10 课"老年人与运动"。

课程具有多样性,主要包括 3 类。

1 类课程:音乐、电影、环境、艺术、营养与健康、园艺、建筑、化学、酿造学。

2 类课程:天文学、室内设计、植物药疗、广告学、人类进化学、景观学。

3 类课程:古典神话、天体物理学、科学技术、化学、体育。

一个课程体系是为一学年而设计的,明确了课程目标、教学计划、教学总结、教师、主题、日程等。

三、瓦伦西亚理工大学老年教育学历证书

我们进行的"当今专业状况与教育程度"调查结果为，女性学员占 59％，退休人员占 88％，尚在工作占 12％，西班牙籍占 99％；大学学历占 72.5％（博士：3％），中学学历占 21.5％，小学学历占 3％。

发现（译者注：实践）：

在学校开放日，学生可以到大学学习，了解教师卡、校园卡的要求和操作、可获得教学材料的网络 Poliformat 工具；通过校园参观，发现学校的各种课程以及上课和重要活动的场所设施。

学校有开学典礼和期末盛典，有学位授予仪式。

瓦伦西亚理工大学志愿者委员会，由 RSC 副院长创立于 2013 年，后扩展至老年学员、普通大学生、教师、管理人员、服务人员共同参与，互相分享经验，发展一个联合的跨代项目。该委员会开展了一系列活动："享受你所处的环境"（瓦伦西亚理工大学与瓦伦西亚大学的合作项目）；"发现你所在城市的历史遗迹"活动（瓦伦西亚理工大学与科鲁纳大学的老年学员进行学术交流）；"访问并听取老年学员课程，探寻具有象征意义的地方"活动等。

在 2018 年，老年大学因实现了公民宪章和加入了瓦伦西亚理工大学的珀加索斯质量项目（一个旨在提高老年大学管理与服务的项目）而获得 AENOR（译者注：西班牙标准和认证协会）证书。

瓦伦西亚理工大学老年大学还参与协会、委员会和网络活动。例如，Xarxa Vives 老年项目工作组、瓦伦西亚的公立大学为老年人提供的大学项目网络、瓦伦西亚政府教育文化体育部、瓦伦西亚市政厅、国际老年大学协会、国家老年大学协会（AEPUM）。

协会的宗旨和本质是在成员大学和相关工作组的合作下实施完成我们的任务和方案。目标是推进相关的新式老年教育、教学和文化结构，倡导协会参与到大学的各类活动中去，包括科学、学术、文化本质等各类活动，并进行合作。在 PUPMs 框架（译者注：一种系统管理）下，促进大学、公共管理部门和私营部门之间的对话、交流和合作，为对终身教育感兴趣的人们创造

一个参考点和会合地，从而确认和巩固 PUPMs。

结　语

瓦伦西亚理工大学老年大学创办的主要宗旨之一就是支持老年学员成为独立的社会成员，拥有高品质的生活，实现积极健康的年龄增长。为了创建一个对各年龄层次都开放的社会，鼓励社会包容度和参与度，瓦伦西亚理工大学老年大学及老年教育学历项目对瓦伦西亚社会全面开放。在不远的将来，多元文化将在教室中得以实现。因此，我们需要空间来反思并教授增进我们的开放性和理解度的课程，提高人们对文化多元性价值的认知，以建立一个更加公正的社会。为实现这一目标，必须根据新情况打造新式的教育活动和教育策略。未来我们考虑的重点方面是包容、平等、创造机遇的教育。

附

瓦伦西亚理工大学老年教育学历项目 1 类课程：纪录片——叙述，美学和视角；"古典"音乐——起源和演化；污染和环境——问题与解决方案；意大利文艺复兴艺术——15—16 世纪意大利历史、文化、艺术遗产；饮食，营养和健康；地中海饮食基础；酿酒学；园艺学与景观植物；瓦伦西亚的建筑（中世纪）。

瓦伦西亚理工大学老年教育学历项目 2 类课程：装饰建筑——19 世纪室内设计和装饰；天文学和天体物理学入门；当代景观学，设计与挑战；营养，传统食物，农业生态学；植物疗法和智能电源；人类进化；广告创意——策略与资源；瓦伦西亚的建筑（自文艺复兴时期至现代）。

瓦伦西亚理工大学老年学历项目 3 类课程：现代天体物理学、21 世纪光与化学的交互、数学史介绍、艺术历史的古典神话、鱼类和水产品的质量和益处、未来的科技——如何使我们的生活更便捷、可持续的食物系统、19 世纪油画的女性人物、活跃的人们——健康体育锻炼的益处和建议、以环境学家视角看我们的世界。

（罗萨·普查德斯：西班牙瓦伦西亚理工大学社会责任与合作学院副院长；阿纳·穆尼奥斯：瓦伦西亚理工大学老年大学校长）

第二节　国内观点

中国老年大学的多元文化融合

我是四川省成都市锦江区老年大学校长张泽林。成都是中国的历史文化名城，是国宝大熊猫的故乡。

我们学校成立于 1986 年。学校有 5 名管理人员，68 名教师，现已开设 37 门教学课程，268 个教学班，注册学员 11 896 人。

中国历史悠久，人口众多，灿烂的多元文化在历史融合的基础推动了文明进步和社会发展。如何将老年大学教育与多元文化融合结合起来，推动社会进步，是中国老年大学不断探索、研究、实践的重要课题。

一、中国文化多元性是中国老年大学教育面对的历史性课题

充分认识、正确对待中国文化的多元性，是老年大学教育促进多元文化融合的基本前提。

1. 民族多样性。中国有 56 个民族，汉族是中国的第一大族群，约占全国总人口的 92 ％。其他 55 个少数民族人口约占 8 ％。我的老年大学学生就分属 13 个民族。

2. 语言多样性。中国的语言主要是汉语，使用人数超过 12 亿。在 55 个少数民族中，有 53 个民族都有自己的语言。

3. 宗教多样性。中国是一个有着多种宗教的国家，主要有佛教、道教、伊斯兰教、天主教、基督新教。

4. 艺术多样性。中国戏曲经过长期发展，逐步形成了以京剧、越剧、黄梅戏、评剧、豫剧五大戏曲剧种为核心的中华戏剧百花园。其他比较有名的戏剧种类还有：昆曲、粤剧、淮剧、秦腔、沪剧、晋剧、汉剧、湘剧等。中国民间舞蹈的艺术特征丰富多彩，影响较大的民间舞蹈主要有东北秧歌、藏

族舞、蒙古舞、朝鲜舞、傣族舞、阿拉伯舞等。民歌是我国民族民间音乐体裁的一种,各地区各民族的民歌都各具风格和地方特色。

5. 民俗多样性。包括饮食风俗、服饰风俗、建筑居住风俗、礼仪风俗、交际风俗等。中国饮食的八大菜系有川菜、鲁菜、粤菜、苏菜、闽菜、浙菜、湘菜、徽菜。中国的传统建筑有宫殿、坛庙、寺观、佛塔、民居和园林建筑等。

二、中国老年大学使老年人参与、享受、促进多元文化融合

中国老年大学教育重视引导老年人在参与和享受学习的过程中促进多元文化的融合,注重学习交流、成果展示、文化建设和服务社会等文化融合工作,并取得成果和经验。

(一)以课堂教学促进多元文化融合。

1. 改进专业设置,完善课程体系。2016 年,中国老年大学协会教学工作委员会发布的《老年大学课程建设推荐目录》,含 15 个大类、61 个专业、198 门课程。2017 年,上海老年大学编写的《老年大学课程建设要略》,提供了课程建设的样本与指南。

2. 各地老年大学开设特色课程。中国各地的老年大学都有其办学自主权,会根据当地的传统文化和民族民俗特色开办一些特色课程,传承优秀传统文化,如北方的剪纸文化,南方的插花文化,各地的饮食文化,各民族的音乐和舞蹈等。

3. 开设国际性课程。包括历史、文学、艺术、人文地理等课程。

(二)以平台建设促进多元文化融合。

1. 搭建协会交流平台。中国老年大学协会(CAUA)内设办公室、事业发展部、社会活动部、国际联络部、国际老年教育研究中心和游学部,还设立了老年教育学术委员会、教学工作委员会、宣传出版工作委员会、远程教育工作委员会、企业老年大学工作委员会和高校老年大学工作委员会 6 个分支机构。协会充分发挥桥梁纽带和凝聚作用,广泛联系各地老年大学和老年学校,开展了大量活动。

2. 搭建校际交流平台。许多老年大学之间建立了友好学校、合作伙伴等关系，有省、市区域内的，也有跨省、市的。友好学校之间定期或不定期举行各种形式的交流学习活动，有力促进了学校工作。

3. 搭建社会交流平台。老年大学与社会团体、各类学校、传媒机构、企事业单位、老年服务机构等建立多种合作交流渠道，为老年学员学习社会、服务社会、回归社会创造条件。

（三）以活动开展促进多元文化融合

1. 教学成果展演。老年大学内部举办的教学成果展演是学科间、学生间、教师间互相学习与借鉴的优质交流平台。

2. 社会实践活动。组织学员实践社会各类文化活动，如各类文艺体育赛事，各类庆典活动，学校、企业、军队、养老院等的慰问演出活动和联欢活动等。

3. 校际交流活动。自主在学校间开展教学观摩、工作交流、考察学习、主题联谊等活动。

4. 游学活动。采取走出去和请进来等方式，与国内外各类文化团体开展多种形式的文化交流活动。

5. 代际交流。学员自觉把日常生活的点滴言行视为代际文化传播的体现，努力做风范长者，彰显长者风范。

6. 理论研讨活动。积极参加各级老年大学协会组织的课题研究和理论研讨会，跟踪、学习、把握国内外老年教育理论研究新成果。

三、通过广泛的国际文化交流合作，使老年人参与、享受、促进多元文化融合

（一）积极认真对接国际老年大学协会理论研究工作

中国老年大学协会提出了"1＋1"研讨模式，即采取"一题一议"的方式，把每一次的国际议题与国内研究相对接，努力取得切实成果。

（二）广泛持续开展与国外老年大学的文化交流活动

中国老年大学国际文化交流活动的主要形式是参观互访，考察办学情况，包括办学场地、教学设施、课程设置、教学活动、办学经费和教师使用机制等问题。

老年学员参加的国际文化交流活动主要是教学成果展，包括文艺表演、摄影书画作品和手工艺作品展示。

（三）积极主动参与国际老年游学项目

中国老年大学的游学活动受到普遍重视。山东老年大学、上海老年大学、哈尔滨老年大学等一大批学校已经对银发旅游和老年游学活动做了多年的实践和研究。

目前，中国老年大学组织的游学活动还没有形成跨国共同组织的国际旅游态势，需要 AIUTA 框架下的老年大学的主动参与和积极配合，谋求共同认识，策划共同行动，为多元文化融合做出新贡献。

（张泽林：成都市锦江区老年大学常务副校长）

关于研究"'一带一路'与老年教育"的公告

亲爱的 AIUTA 的朋友们：

根据维拉斯主席的建议，AIUTA 教育和科学执委会于 2018 年 4 月 10 日在中国上海召开执委会议。会议决定 2019 年 5 月 21 日至 22 日在中国武汉召开关于讨论"'一带一路'与老年教育"的国际研讨会。

"一带一路"是借用古丝绸之路的历史符号，融入了新的时代内涵。它是要维护开放型的世界经济体系，同各国人民一道，共同开辟人类更加繁荣、更加安宁、更加幸福的美好未来。

中国老年大学协会国际联络部建议：研究"一带一路"与老年教育问题，最主要的是聚焦"一带一路"所倡议的共商、共建、共享的原则，围绕"一带一路"倡议的政策沟通、文化融通和民心相通这三个方面进行深入研究。

政策沟通是"一带一路"建设的重要保障，同时也是促进 AIUTA 各国会员交流的重要内容。目前世界上有各种办学模式相互并存，相互共荣，相互借鉴，各国之间在发展老年教育的相关政策上进行沟通交流尤为重要。

文化融通是"一带一路"的灵魂。"一带一路"倡议不同文化、不同宗教、不同文明相互共存，相互尊重，共同发展。国际老年大学事业的发展，是一种多元文化的融合与发展。我们可以在 AIUTA 这样一个重要平台，推进各国老年大学的文化融通，在课程设置创新、理论研究合作、校园文化发展、跨国老年游学等方面展开大量合作。世界老年大学可以作为一个各种文化相融的试验田。

民心相通是"一带一路"建设的基础。老年大学的学生都有民心相通的愿望，希望建立一个友好信任、大家相亲相爱的人类命运共同体。老年大学可以通过教学和文化活动让老年人了解其他国家，了解其他民族，做到互相尊重，情感交融，建立良好友谊。

"一带一路"倡导共商、共建、共享。按照这一理念，我们在 AIUTA 的框架下建立终身教育的国际体系，可与"一带一路"的理念进行对接。面对一个全球老龄化的世界，"一带一路"的推进需要全世界的老年人了解关注，也需要大家共同来商讨问题，共同建设老年教育的体系，然后共享这个体系所带来的应对全球老龄化的成就。中国老年大学协会高度赞赏 AIUTA 把"一带一路"引入 AIUTA 的研究事业。非常欢迎 AIUTA 各国的朋友们关注和参与"一带一路"的政策沟通、文化融通和民心相通。'一带一路'与老年教育有很多深层次的理论问题需要我们去认真思考和研究。

欢迎全世界的老年大学朋友们对"一带一路"的理念与推进老年教育事业发展的关系做出深入的研究。

欢迎朋友们到中国湖北参加"'一带一路'与老年教育"国际研讨会。美丽的中国武汉等着你的到来。

谢谢大家。

（此公告于 AIUTA 第 103 届理事会会议通过，2018 年 12 月 12 日，AIUTA 秘书处用英、法、西班牙文通告全球）

"'一带一路'与老年教育"国际研讨方案

根据 AIUTA 主席维拉斯教授的建议，2018 年 4 月 10 日，AIUTA 教育和科学执委会在中国上海老年大学召开执委会议，会议决定 2019 年上半年在中国召开关于"'一带一路'与老年教育"的国际研讨活动。据此,中国老年大学协会国际联络部提出以下建议。

第一,理论探讨聚焦在"一带一路"理念与世界老年大学教育事业发展的关系;侧重研究"一带一路"理念、原则对老年大学事业的影响力和作用力究竟在哪些方面。

第二,将"一带一路"倡导的政策沟通、民心相通、文化相融,列入AIUTA国际研讨的研究范围,进行理论上的探索,并开展现有的办学、科研和校园文化的交流活动。

第三,按照"一带一路"提出共商、共建、共享原则,将AIUTA建立老年教育国际体系的愿景、构想和安排与"一带一路"框架如何对接,在哪些具体项目上可以实现对接,作为国际研讨的重点之一。

我们提议在中国武汉召开的AIUTA第104次理事会议暨"一带一路"国际研讨会可以进行一个AIUTA框架内老年大学的全面交流和展示活动。

交流资料包括:

各国老年大学出版的老年教育理论成果书籍;

各学校出版老年教育刊物、报纸;

教学大纲、教材等;

学校管理规章制度的印刷刊物;

老年大学音像资料等。

这些资料作为AIUTA以及中国老年大学协会在上海建立的国际老年教育研究中心的资料保存下来,将来由中国做翻译推介。

这些资料可以在参加会议时带来,也可以提前邮寄过来,邮寄地址:中国广东省广州市晓园路123号广州老年大学研究室,邮政编码:510000。

参与"'一带一路'与老年教育"研究的论文和文章请提前发至 gzlngbdx@163.com。

(此方案系受AIUTA执委会委托起草。AIUTA第103届理事会会议通过,2018年12月12日,AIUTA秘书处用英、法、西班牙文通告全球)

中国老年大学人是"一带一路"多元文化融合的践行者和推进者

起于西汉张骞的陆上丝绸之路与成于汉武帝时期的海上丝绸之路，让古代中国人民终于"推开窗子看到了外面多彩的世界"。从一开始的贩运丝绸、瓷器、茶叶的商贸交易活动，逐渐演变为古代东西方所有政治、经济、宗教、教育、文学、艺术乃至人员、技术、医术、武术、杂耍、舞蹈……形形色色的交流活动，并向文化、精神层面的交流延伸。这种多元的文化互鉴、互惠与交流所产生的积极而又深远的影响，推动着人类文明不断向前，并因此而改变了世界。

其实世界的文化从来就是多元的。正如伟大寓言《通天塔的坍塌》所隐喻的：人类要"通天"，而上帝不让。于是上帝"变乱"（通天塔又名巴别塔，"巴别"是"变乱"的意思）了建造者的口音，使他们的语言彼此不通，无法继续合作施工，通天塔唯有半途而废，最终坍塌。语言不通，想法各异，人类文明只好走向"多元"。

德国大哲学家雅斯贝尔斯在《历史的起源与目标》中告诉我们，在北纬25～35度（即古今"丝绸之路"所处纬度），公元前8世纪—公元2世纪，是谓人类文明的"轴心时代"。这段时期，是人类精神文明爆发同时取得大突破的时期。在轴心时代里，几大文明均出现了伟大的思想导师，古希腊有苏格拉底、柏拉图、亚里士多德，以色列有犹太教的先知亚伯拉罕，印度有释迦牟尼，中国有孔子、老子、墨子和韩非子等，他们各领风骚，提出的思想塑造了不同的文化传统。比如，古希腊的人与自然秩序，印度的人与超验世界，中国的人与人的关系……

就这样，世界历史便在其发展过程中自然形成了不同国家、不同民族、不同地区的古代文明。这些文明一代又一代延续下来，又形成了各自多元的、具有深刻积淀的特有文化底蕴。这些多元文化内涵至今仍深刻影响着不同国家、不同民族、不同地区人们的思想、意识和行为。

自20世纪80年代以来，随着经济全球化的不断发展，文化多元化已成为历史的发展趋势。在文化多元化的过程中，处在同一时代、同一文化体系中的多元文化拥有各自鲜明的民族特色，而彼此之间却也在时刻不停地进行相互交流和相互作用的融合。这种融合是"你中有我，我中有你"。在相互融合的过程中，每一种文化都按照自己的价值观念和标准进行自主选择——吸纳异质文化精华来不断丰富和发展自己。因此，文化在任何时候都是一个动态的、开放的、不断变化着的系统，也一直影响着人类的思想、行为和生活，甚至互相间产生出诸多矛盾与对抗。据联合国有关部门统计，在全世界的主要冲突中，有 $\frac{3}{4}$ 的冲突文化层面的差异有关。其实，不同文明凝聚着不同民族的智慧和贡献，其间不分高低优劣，不应该成为世界冲突的根源。因而，弥合不同文化间的异质与差距，这对于和平、稳定与发展至关重要。

要达到多元文化融合，首先是承认、尊重世界文化的多样性。因为"文化多样性乃是人类文明进步的动力"。为此，2001 年，联合国教科文组织通过了《世界文化多样性宣言》。2002 年 12 月，联合国大会在其通过的第 57/249 号决议中宣布，将 5 月 21 日设立为"世界文化多样性促进对话和发展日"。

《世界文化多样性宣言》指出："文化多样性是交流、革新和创作的源泉，对人类来讲就像生物多样性对维持生物平衡那样必不可少。从这个意义上讲，文化多样性是人类的共同遗产，应当从当代人和子孙后代的利益考虑予以承认和肯定。"

其次是"接触"。再次是"撞击"和"筛选"。最后是"融合"与"整合"——从原来的两个文化体系中优选多种优质元素，经过调适整合融为一体而形成一种新的文化体系——吸收借鉴其他文化的有益成分，使自身文化得以更新和发展，乃至走向繁荣。

对于经过 30 多年的播种、耕耘、收获，把一件关系到千家万户的夕阳工程做成了朝阳事业的中国老年教育而言，"加强国际交流合作，积极参与有关国际教育组织的活动，加强与国外老年教育机构的交流与合作，借鉴国外老年教育先进理念和做法，宣传推广我国发展老年教育的经验与成果，扩大我国老年教育的国际影响力"，于今就显得尤其必要。张晓林会长就深有感触："毋庸讳言，对比国外先进的理念和运作模式，我们还有很多的不足。一是从整体上来说，办学内涵特别是教育的学术层次较低；二是理论研究的整体性和系统性（特别是基础理论和办学理念方面）欠缺，甚至是严重不足；三是普及度很低，中国老年人口基数太大，所以毛入学率非常低；四是发展不平衡，东南地区老年教育蓬勃发展，而西部有的地方老年教育薄弱甚至空白。因此，加强国际交流，学习借鉴国际老年教育的优秀经验和做法，引入国外先进理念和经验，输出中国特色的老年教育理论研究的成果和实践做法，对正在转型发展期的中国老年教育意义重大。"

其实，开展老年大学的国际合作，是国际老年大学协会从一开始就在章程里设定了的目标和主要任务。据了解，全世界的老年大学现在都在祈盼和高度重视国际化合作。通过老年大学来进行国际合作，正是一个非常有效的平台。老年大学通过国际合作就能够在文化相融、政策相通等方面对国际社会产生积极影响和正面效应，也能起到相互借鉴、相互促进、相互提高的作用。同时，它还能很大程度地激发老年大学教师和学员的积极性，并为教与学注入新的活力，以具传统文化特色的项目作为交流活动的主要内容，无疑还能起到有利于宣传和推广各国文化的巨大作用。

一、"三个文明超越"对老年教育国际化的意义

人类文明多元多样，彼此间如何和谐、融洽相处——既消弭"文明隔阂"、战胜"文明冲突"，又能够克服某些人群的"文明优越感"，这就需要国际社会大家庭的人们贡献出大智慧。因此这"三个超越"，不仅对于"文明之路"的建设具有历史意义，而且对于全人类的发展也具有深刻的历史意义。

"文明交流超越文明隔阂。"经验表明，"在世界历史条件下，任何民族、国家和地区的文明与发展，都不可能在离开其他民族、国家和地区的文明与发展影响的情况下得到实现。如果一个民族、国家和地区只把自己看作文明的，只承认自己的文明的历史意义，从而把自己同世界，同其他民族、国家和地区的发展隔绝开来，它就是没有前途的。实行对外开放和融入世界历史进程，既以坚持民族、国家的独立为前提，又以承认和吸收其他民族和国家

的文明为前提，这才是正确的选择。"(见梁树发《试论文明多样性的历史进步意义》，北京行政学院学报，2003 年第 1 期)请注意这一句，"文明隔绝，是没有前途的，不管是哪个民族，哪个国家和地区。"

"文明互鉴超越文明冲突。""世界是丰富多彩的。各国文明的多样性，是人类社会的基本特征，也是人类文明进步的动力，应尊重各国的历史文化、社会制度和发展模式，承认世界多样性的现实。世界各种文明和社会制度，应长期共存，在竞争比较中取长补短，在求同存异中共同发展。"(见 2001 年 7 月 1 日江泽民在庆祝中国共产党成立 80 周年大会上的讲话)不同文明之间互学互鉴是人间正道，文明冲突则违背了历史的必然规律。真正的文明只有互相学习、互相借鉴，才会变得更加优秀，更加伟大。

"文明共存超越文明优越。"如果一个民族、国家和地区只把自己看作文明的，只承认自己的文明的历史意义，处处显露出自身的"优越"，也是没有前途的。其实，人类每一种的文明，自诞生之日起其形态都是平等的，不分孰好孰坏、孰优孰劣，只有互相理解、互相尊重、求同存异、美美与共。这里正好用得上著名社会学家费孝通先生所总结出来的处理不同文化关系的十六字"箴言"："各美其美，美人之美，美美与共，天下大同。"(见 1990 年 12 月费孝通就《人的研究在中国——个人的经历》主题所进行的演讲)就这样，大家和谐地在这个地球上幸福生存，健康发展，以达到全人类的共同进步、共同繁荣。

当然，共同体是人类的一个社会现象。从人的生命和生活过程看，它是与人类应对当前环境、发展与自己的基本生存方式相适应的人的存在形式。在最一般的意义上，共同体是以共同利益追求为基础、并不断调整具体主体关系的社会组织形式。因而，它往往会以一定的功能为其组织基础，更有一定的结构和不同的层次，像国际老年大学协会、中国老年大学协会、中国各省市自治区的老年大学协会就是一个有关老年教育的"人类命运共同体"。

作为秉持"人类命运共同体"理念的中国老年大学教育，应该充分认识自己的"历史使命"——教育乃至老年大学教育，是为国家富强、民族繁荣、人民幸福之本，在共建"一带一路"中具有基础性和先导性的作用。

物质和商业贸易交流和科技文化的交流相伴而生，但是在交流过程中，思想交流的力量更加强大，当僵硬的商业或者外交利益在国与国的交往中变得扑朔迷离时，人文与教育交流犹如春风化雨，是一道亮丽的风景。教育交流是科技、人文、思想交流的重要载体，可以影响国与国、人与人交往中的身心交流和社会实践。

实践证明，文化教育的交流与合作是商业、建设、政策、金融等交流的基础和先行者，是打破壁垒和消除障碍的一把利器，是体现中华民族软实力的有效载体。"丝绸之路经济带"和"21世纪海上丝绸之路"，依旧连接着这个星球上人口最多的民族和最密集的国家及地区，而起连接作用的是多元的文化和教育体系。

老年教育的国际交流将为沿线各国"民心相通"架设桥梁，也尽可能地为沿线各国的"政策沟通""设施联通""贸易畅通"和"资金融通"提供有力的支持。让沿线各国老年大学人同呼吸、共命运，一起携手发展老年教育，合力推进共建老年教育的"一带一路"，造福沿线各国老年人群。对此，中国老年大学人愿意在力所能及的范围内承担更多的责任和义务，为世界老年教育的大交流、大融合、大繁荣和大发展做出更大的贡献。

二、中国老年大学人是多元文化融合的践行者、推进者

中国提出建设"一带一路"倡议，这既为中国谋也为世界谋——2013年5月的国际老年大学协会广州会议开始了中国老年大学国际交流的新篇章。自2013年11月中国老年大学协会国际联络部设立在广州市老年干部大学后，即开始致力于广泛开展国际交流活动，特别是加强与国际老年大学协会的合作，每年参加两次主题明确的国际研讨会，借鉴国外老年教育的先进理念和经验，促进我国老年教育与国际对接，宣传推广我国发展老年教育的经验与成果，扩大我国老年教育的国际影响力，工作取得了很大的成绩，也梳理出了一些国际化合作理念。比如，它为沿线各国老年大学在办学模式、办学理念、教学方法、课程设置等一系列深层次的课题上提供交流研讨和合作；在具体项目上互通师资、互通资源，共同发展；搭建有文化底蕴、有学术内涵、参与双方都非常感兴趣的项目；参观互访，开发银发游学活动和组织钢琴、歌舞、绘画、器乐的跨国交流和友谊比赛等。但也认识到，"在国际交流合作方面的思维很缺乏，工作做得并不理想，可以说是个短板"。

2016 年 7 月 15 日中国教育部发布的《推进共建"一带一路"教育行动》文件，就给我们的老年大学推进的共建"一带一路"教育行动提供了一个很好的"参照系"。

对于重点合作项目，中国将以基础性、支撑性、引领性三方面举措为框架来开展合作，对接沿线各国意愿，互相借鉴先进老年教育经验，共享优质老年教育资源，全面推动各国老年教育提速发展。

开展"一带一路"教育法律、政策协同研究，构建沿线各国教育、政策、信息交流通报机制。将积极签署双边、多边和次区域教育合作框架协议，制定沿线各国教育合作交流国际公约。

加强汉语教师和汉语教学志愿者队伍建设，全力满足沿线国家汉语学习需求，推进沿线国家民心相通。

鼓励沿线国家学者开展或合作开展中国课题研究，增进沿线各国对中国发展模式、国家政策、教育文化等各方面的理解。

将丝路文化遗产保护纳入沿线各国老年大学教育课程体系，加强老年人对不同国家文化的理解。

设立"一带一路"中国政府奖学金，把中国打造成为深受沿线各国老年学习者欢迎的留学目的地国。加强"丝绸之路"教师交流，推动沿线各国校长交流访问、教师及管理人员交流研修，推荐优质老年教育模式在沿线各国互学互鉴。

推进沿线国家老年大学间的研修访学活动和老年学员的"银发旅游周"计划。推动联盟内或校际的老年教育资源共享。

拟定"一带一路"老年教育合作交流总体布局，协调推动沿线各国建立老年教育双边、多边合作机制，老年教育质量保障协作机制和跨境老年教育市场监管协作机制。

对在"一带一路"老年教育合作交流和区域老年教育共同发展中做出杰出贡献、并产生重要影响的国际人士、团队和组织给予表彰。

充分发挥国家智库作用，建设好老年教育国际化智库联盟和合作网络。

增进老年教育合作交流的广度和深度，追求老年教育合作交流的质量和效益，构建"一带一路"老年教育共同体，共创人类美好生活新篇章。

2014年6月，国际老年大学协会在法国图卢兹市召开第94次理事会议。这次国际会议又正值这个世界上第一所老年大学——图卢兹老年大学成立40周年校庆，而这届国际研讨会的主题为"老年大学与国际化合作"。因而，强调全球老年大学的国际化交流合作，既有纪念意义，又兼具特殊导向意义。国际老年大学协会领导人甚至认为，老年大学在欧洲以至世界各地的蓬勃兴起和蔓延发展，也全是国际合作的成果。

近年来，随着第三年龄教育以及老年人教育培训等领域在国际层面的交流合作活动日益频繁，西班牙很多依托普通大学开办的老年大学也相应制定了基于国际合作层面的研究和活动规划，并且已经逐渐成为一种特色，同时也成了巩固和推进欧洲终身学习战略的重要因素。

随着全球化程度的逐渐加深与传播媒介、交流渠道的进一步拓宽和丰富，预期西班牙老年人大学的国际化将有更深层次的发展——与世界范围内一些同类型的项目和机构开展不同程度的合作。首先是"欧洲终身学习"项目，其次是"拉莫斯项目"（一个致力于为老年人争取更多教育和培训资源，以帮助其提高知识和增进技能，为适应欧洲人口老龄化所带来的教育新挑战的项目）。

法国老年大学通过国际老年大学协会与世界各地老年大学进行经验交流。

斯洛伐克老年大学通过欧洲终身学习项目之"格林特维计划"，为老年人丰富晚年生活提供了宝贵的机会。老年人参与其中，可以选定特定专题展开学习研究，并与国外志同道合的老年人交朋友。此外还设定了"欧盟伊拉斯莫计划"，已与夸美纽斯老年大学建立了战略伙伴关系。

新加坡第三年龄大学与法国老年大学共同组建"银发群体旅游项目"与老年大学学生相互"学习交流平台"。

澳大利亚第三年龄大学在加入"亚太地区联盟"之后，和周边国家兄弟院校建立起了密切的关系，以期在国际舞台上获得更多的关注。

波兰莫克托老年大学与乌克兰和白俄罗斯的老年大学开展密切合作。

印度环球老年大学则通过两份刊物——《路标》与《帕特里卡》与英国、澳大利亚乃至全亚洲的老年大学进行交流与合作。

……

中国的老年大学人近年来始终坚持不懈地推进着国际化合作的事业，并且自觉地在为"一带一路"多元文化融合工作切切实实地在"践行"着和"推进"着。其中，尤以在东亚地区进行的国际交流活动最为频繁，比例约占总数的50%。当然，这一方面是由于地理位置相近，出行便利，费用亦相对较低等原因；另一方面，东亚范围内的国家和地区，在历史、风俗、人文、语言等方面都有很多相近或相通之处，这也为地域内彼此的老年大学开展交流合作活动提供了便利。在这一地区，我们与韩国、日本和新加坡的交流合作最多。近几年来，像韩国龙仁老人大学、日本大阪府高龄者大学和新加坡快乐学堂等多所老年学校还都经常与中国各地的老年大学进行交流合作活动。由妇联主办的广东省康怡老人大学亦多次接待了来自瓦努阿图共和国、印度和刚果共和国的政府部门、社会团体及涉老机构的访问团，并就妇女权益、老年教育和老年文化等问题进行了深入的研讨。此外，中国内地的老年大学与香港、澳门特别行政区以及台湾地区老年学校的交流合作也十分频繁，像香港理工大学和澳门理工学院的长者书院以及台湾地区的南阳义学等涉及老年教育的组织，亦都与内地多所老年大学建立起了长期稳定的交流合作关系。

中国老年大学参与国际交流的主要形式是参观互访，而且大多表现为友好访问：考察办学场地、设施及课堂情况。当然，由于中国老年大学在开展对外交流活动的时间并不长，与国外老年学校或团体的接触交往普遍仍停留在初步尝试阶段。不过，这种方式也有利于快速加深彼此的了解和发掘彼此的优秀特色。

文艺演出则是中国老年大学在国际交流活动中所经常采用的形式。这是因为文艺表演具有较强的娱乐性和亲和性，有利于活跃气氛和增进友谊。同时也是因为歌舞、器乐等表演性项目在中国老年大学课程中占有较大比例。中国老年大学有相当一部分是由老干部活动中心发展而来。因而，在开办之初考虑到歌唱、舞蹈等项目不但拥有广泛的群众基础，也深受广大老年人的喜爱，在师资、场地和设施上的要求又相对较低，于是很多学校便都将其作为打开局面的重要课程。至今，歌舞、器乐节目便成了中国很多老年大学在对外交往中一个相当重要的形式。

中国书法、中国画、中国京剧，以及各地方剧种等具有中国文化特色的内容，则往往是交流活动中的重头戏，国外团体也对这些具有浓厚东方文化特色的项目很感兴趣。同时，健身、保健项目也一直是世界老年人共同的追求，诸如太极拳、太极剑，以及养生学、经络学等一些由中国传统医学衍生出来的内容，也占了不少的比例。因而，以具有中国传统文化特色的项目作为交流活动的主要内容，无疑对于宣传和推广中国老年文化和中国老年大学的特色十分有利。

（以上所表述的有关"中国老年大学国际化合作"内容，参见王友农、潘宇翔《中国老年大学的国际化合作》《中国老年教育理论研究与国际对接（2013—2016）》第三章第二节）

多年来中国老年大学协会致力于广泛开展国际交流，借鉴国外老年教育的先进理念和经验，以促进我国老年教育与国际对接，宣传推广我国发展老年教育的经验与成果，扩大我国老年教育的国际影响力，这些工作取得了很大的成绩。对此，国际老年大学协会主席维拉斯教授给予了很高的评价。他说："从国际合作角度讲，国际老年大学协会同中国老年大学协会之间的合作，可以成为促进全世界老年大学发展的合作典范。"

（梁烈：广州市老年干部大学特约研究员）

"1＋1"国际议题研讨会在成都召开

由中国老年大学协会国际联络部、国际老年教育研究中心主办，成都锦江区老年大学承办的"'一带一路'与老年教育研究"专题研讨会暨国际议题研讨会于2018年10月18日在成都召开。中国老年大学协会会长张晓林，中国老年大学协会副会长、广州老年大学校长林元和，上海老年大学校长李宣海教授、常务副校长熊仿杰教授，中国老年大学协会国际联络部主任、广州老年大学副校长王友农等13所老年大学和科研院所的30多位专家教授齐聚成都，对"'一带一路'与老年教育研究"课题初稿进行研讨；对即将在毛里求斯召开的AIUTA第103届国际研讨会中国代表的演讲主题进行讨论。与会者对议题进行了广泛而深入的研讨，形成了一些宝贵的成果。

与会专家对11月在毛里求斯召开的103届AIUTA国际研讨会中国代表的演讲内容进行了研讨，各抒己见，畅所欲言。张晓林会长提出："中国老年大学多元文化融合，题目一定要抓住重点，实际上现在办学面对的就是多元化的社会，多元化的老人，在教学过程中也体现了地域文化的多元，民俗的多元。这点从招生不设任何门槛就体现出来了。不论宗教信仰、不论男女、不论地域、不论学历，这就是兼收并蓄。只要是你是老年人就可以报读。"

林元和校长提出："一是题目不宜太大，可把中国老年大学与多元文化融合改成发挥老年大学作用，促进多元文化的融合或中国老年大学的多元文化融合探索均可。要把中国老年教育的做法和经验总结好，推向世界，影响世界，而不是引领示范。二是演讲素材要切入主题，选择的佐证材料要生动典型有代表性，大家愿意听，千万不要讲全面，讲得很全面实际没有价值。三是举例可以选择最熟悉的，可以就举中国成都一个区里面的一所老年大学，各民族、各年龄段、各种信仰师生的文化融合，1万人次学员是如何融合并和谐相处的，就讲这个地方，一斑窥全豹，这个基层学校多元文化融合搞得好，那中国老年教育的多元文化融合一定可以。"

其他与会学者建议在演讲中要突出我们中国模式的特点，多介绍具体做法，通过介绍具体的做法来展示中国老年教育多元文化融合的故事。同时，不少学者也提出，讲中国故事不能套用中国的思维模式，要谨记文化的多样性是世界文化发展的动力，用世界的通用语系来讲中国的故事。对这一点施祖美校长特别强调，要用国际上能听得懂能接受的语气讲中国故事，平和而不是霸气，这才是文化多元性、多样性的融合与共生。

（中国老年大学协会国际联络部）

第四章 AIUTA 及"'一带一路'与老年教育研究"——AIUTA 动态(2018)

　　国际老年大学协会是世界各国老年大学、老年教育机构工作范围内最具影响力和最有权威的国际社团组织。AIUTA 的工作动态是一个从侧面反映全球老年教育发展变化的晴雨表。了解这些信息，有助于我们及时掌握世界各地老年教育、老年大学运动发展脉络的轨迹，从而促进我们的办学、教学和理论研究更好地与国际对接。

　　中国老年大学协会国际联络部根据 AIUTA 秘书处的每日简报，结合各国家和地区的人口状况、涉老政策和相关教育支持等数据，在忠实于原法文、英文本意的原则下，不加修改地将 AIUTA2018 年动态翻译整理如下。

一、AIUTA 在西班牙召开 2018 年首次执委会议

　　2018 年 1 月 25 日，AIUTA 执行委员会本年度首次会议在会员校拉科鲁尼亚(西班牙)老年大学召开。AIUTA 主席维拉斯教授、秘书长玛利亚·切斯特、帕特里克·德穆伊等执委成员出席会议。会议决定于 2018 年 6 月、11 月分别在西班牙巴塞罗那和毛里求斯路易港举行第 102 届、第 103 届理事会议和国际研讨会。

　　AIUTA 代表们会见了拉科鲁尼亚大学负责学术与教学的南希·巴斯克

斯副校长以及负责国际化合作的比拉尔·加西亚副校长，共商新的合作领域。当天，代表们还与拉科鲁尼亚老年大学的学员会面，讨论了世界各地老年大学的异同点、交换项目及国际合作。维拉斯主席做客大学的老年电台，指出 AIUTA 电视台将是联络各大洲老年大学之间的一座桥梁。

二、AIUTA 代表出席尼日利亚全国老年大学大会

2 月 1 日，AIUTA 理事、尼日利亚全国老年大学协会会长阿弗拉比博士主持召开该国首届全国老年大学大会，维拉斯主席、希迪·卡麦拉（塞内加尔）理事出席。尼日利亚系非洲人口第一大国，与会代表发表演讲阐述老年大学的功能与使命。此次会议吸引了来自澳大利亚、加拿大及塞内加尔等国的代表，展示了西非地区老年大学的重要性。2 月 2 日，AIUTA 代表同阿弗拉比博士举行工作会议，讨论在尼日利亚全国扩展老年大学网络的策略。

三、维拉斯赴巴西伊瓜苏参加国际游学会议

3 月 9 日，AIUTA 理事德布拉多教授在伊瓜苏老年大学组织老年游学工作会议，维拉斯、伊瓜苏三国（巴西、巴拉圭、阿根廷）旅游观测台负责人出席。维拉斯主席在会上阐述了老年大学对银发游学项目创新的影响，以及不同国家老年人的旅行意愿。本次会议的议题之一是为中国烟台世界老年旅游大会上的展示演讲做准备。AIUTA 电视台的乔奇·斯坦科夫做直播报道。

四、AIUTA 考察杭州、绍兴两地老年大学

4 月 8 日，AIUTA 主席维拉斯、教育科学委员桑托斯教授、泽尔比尼教授在中国老年大学协会国际联络部主任王友农的陪同下参观浙江老年大学，并与该校领导举行会谈。维拉斯教授还就 AIUTA 的现状及未来向老年师生发表演讲。

4 月 9 日，维拉斯主席一行前往绍兴市参观上虞老年大学，称赞该校为全世界先进老年大学的范例。代表们与该校负责人就国际老年教育合作的新趋势进行讨论。

五、AIUTA 教育科研执委会在上海开会

应中国老年大学协会、上海老年大学之邀，AIUTA 教育科学委员会于

4 月 10 日在上海召开执委会会议。出席会议的中方代表有 AIUTA 第一副主席林元和、中国老年大学协会国际联络部主任王友农，以及上海老年大学校长熊仿杰。在教育方面，会议决定设立 AIUTA 教育项目交流平台，实施计算机科学教学试点项目（未来或将以此为基础确立老年教育的国际标准）。在科研领域，AIUTA 将在代际创意产业的支持下，建立老年大学在艺术及旅游标准方面的合作机制。

六、中国老年大学协会在上海举办老年教育国际学术交流活动，成立新的研究中心

4 月 11 日，中国老年大学协会国际联络部与上海老年大学联合举办 2018 老年教育国际学术交流活动。活动聚焦法国、英国、中国的老年教育模式之比较。中国老年大学协会会长、国际老年大学协会主席以及众多中外代表共同参与。

同日，代表们参加了中国老年大学协会国际老年教育研究中心的官方成立仪式，并采纳了旨在推进老年大学研究的《上海共识》。中国老年大学协会张晓林会长、AIUTA 维拉斯主席及第一副主席林元和发表演讲，强调科研项目的重要性，指出其对各老年大学在教育、卫生、体育、艺术及银发经济方面的国际合作的促进作用。据了解，该研究中心每两年将组织一次国际研讨会，AIUTA 也将参与其中，以推进全球老年教育研究工作。维拉斯、桑托斯、德穆伊、泽尔比尼先生及切斯特女士荣幸地成为该中心的国际顾问。

七、AIUTA 参加首届世界老年旅游大会

5 月 24—31 日，AIUTA 主席、第一副主席及各会员校代表赴烟台参加首届世界老年旅游大会。这是一次聚焦"全球老年大学游学活动要求"的重要会议。参与者来自五大洲多个国家：澳大利亚、印度、巴西、哥伦比亚、塞内加尔、毛里求斯、马来西亚、柬埔寨、吉布提、突尼斯及欧洲各国。与会代表就老年大学和银发旅游的前景开展广泛交流。

八、AIUTA 第 102 届理事会暨国际研讨会在西班牙巴塞罗那召开

6 月 28—30 日，AIUTA 第 102 届理事会暨"老年大学的教育标准"国际

研讨会在西班牙巴塞罗那举行。会议由拉曼鲁尔大学承办。来自全球 20 多个国家的老年大学代表就"老年大学的教育标准"进行演讲和讨论。中国老年大学协会由国际联络部主任王友农等人参会。

上海老年大学常务副校长熊仿杰发表演讲，题目为"教育标准与中国的老年大学"。王友农先生向大会通报了新近成立的上海国际老年教育研究中心。据他介绍，该中心将成为中国和国际老年大学合作的平台，并致力于研究老年大学新的教学手段。此外，西班牙、英国、法国、波兰等国代表也都发表了主旨演讲。

九、维拉斯远东之行

9 月 5 日，应托木斯克老年大学校长艾琳娜·诺维科娃女士之邀，维拉斯主席赴西伯利亚参加托木斯克国立大学成立 140 周年纪念活动。维拉斯在"非古典时期的古典大学"研讨会上，发表演讲介绍 AIUTA 过往所做出的成绩。与会者俄罗斯老年信托基金的负责人强调，俄罗斯依托大学向老年群体提供的制度支持或将实现老年大学发展的第四种模式，未来将在全国发展老年大学的俄罗斯之路。

9 月 7 日，维拉斯主席与托木斯克国立大学校长格兰钦斯基等人举行会谈。格兰钦斯基校长表示了与 AIUTA 合作的意愿，并提议在托木斯克举办 AIUTA 理事会及国际研讨会。身兼俄罗斯地理学会会长的他将支持 AIUTA 参与托木斯克遗产资源项目（涉及老年游学）。

十、维拉斯参加欧洲老年学生联合会会议

应欧洲老年学生联合会主席、AIUTA 理事娜迪亚·赫拉普科娃之邀，维拉斯主席于 10 月 4 日赴布拉迪斯拉发欧盟议会办公处参加 EFOS 研讨会。来自欧洲议会的代表以及 EFOS 会员彼得·哈格（荷兰格罗宁根）、比约恩·奥丁（瑞典乌普萨拉）做了幻灯片展示，聚焦最新的欧盟合作项目和老年大学。

十一、维拉斯中国行

10 月 12 日，AIUTA 第一副主席林元和与中国老年大学协会国际联络

部主任王友农在广州老年大学接待来访的维拉斯主席。维拉斯主席参观了国际联络部新的办公场地，包含多间办公室、会议展览室、美丽的天井。在会谈中，双方主要讨论了将于 2019 年 5 月 20—22 日在中国武汉召开的第 104 届理事会及“'一带一路'与老年教育”国际研讨会的筹备工作。

10 月 13 日，维拉斯、林元和、王友农一行在潮州参加老年教育发展趋势学术交流。潮州市老干部大学校长陈先哲及其团队介绍一项重要的研究项目——编写《老年大学词典》。该项目将于 2019 年在国际老年教育研究中心（上海）及 AIUTA 会议上做展示。维拉斯一行此次来访交流，正值潮州老年大学周年庆典。

10 月 15 日，维拉斯主席携国际老年人协会联合会（FIAPA）主席阿兰·高斯卡于北京会见中国老龄协会会长王建军，探讨中国以及全球老年人口的趋势及如何满足其教育需求。王建军会长将于 10 月 20 日访问法国。此外，AIUTA 与中国老年大学协会会长张晓林就 2019 年 5 月 20—22 日将在武汉召开的理事会及国际研讨会展开讨论。

十二、AIUTA 与保加利亚教育部举行会议

应保加利亚国立第三年龄大学校长、AIUTA 理事特多尔·特内夫教授之邀，维拉斯主席于 10 月 18 日赴索菲亚与保加利亚教育部副部长德尼察·萨切瓦、图书馆研究与信息技术大学校长斯托扬·登切夫举行会谈。会谈聚焦保加利亚在老年大学方面的最新发展，此外维拉斯主席还与索非亚大学老年大学的学员积极分子参加讨论会。据悉，特内夫及斯坦科夫将代表保加利亚的老年大学参加 AIUTA 2019 年的活动。

十三、AIUTA 应邀参加伊比利亚美洲老年大学体系会议

10 月 25 日，伊比利亚美洲老年大学体系第七届会议在智利首都圣地亚哥开幕，维拉斯主席受邀参加。会议聚焦老年大学、终身学习在 21 世纪的发展前景，吸引来自拉美国家和西班牙的 200 多位人士前来参加。维拉斯主席做了题为“老年大学的国际合作之实践”的主旨演讲。

在第二天的研讨会上，联合国老年人事务独立专家科恩菲尔德-马特阐

述了制定老年人权国际公约的战略。智利国家老年人事务局局长冈萨雷斯介绍了智利为改善老年人状况所做的大量工作。当天，AIUTA 理事罗西塔·科恩菲尔德、玛卡雷纳·罗哈斯提议，AIUTA 109 届理事会及国际研讨会（2021 年）可以在智利天主教大学老年大学举办。

十四、维拉斯访巴西、巴拉圭

10 月 29 日，维拉斯教授前往巴西伊瓜苏，为 UDC 老年大学新成立的国际合作处揭幕。该办公处将成为 AIUTA 与 WSTC（世界老年旅游大会）及当地高校开展国际合作的集中地，涵盖终身学习、老年游学、老年大学研究、老年人状况改善及可持续发展等项目。

同日，伊瓜苏 UDC 老年大学校长、AIUTA 理事德普拉多教授陪同维拉斯主席前往巴拉圭东方城参加"众国盛宴节"。他们与 UDC 老年大学巴拉圭分校负责人举行会谈。该校将提交请求加入 AIUTA，致力于在巴拉圭发展老年大学，并支持拉丁美洲老年大学的国际合作工作。

十五、阿联酋在 AIUTA 支持下将开办海湾地区首所老年大学

11 月 7 日，AIUTA 主席维拉斯教授在阿联酋首都阿布扎比的巴黎索邦大学发表演说，与西尔维娅·卡斯蒂略教授会面，还会见了国务部长扎基·努赛贝。卡斯蒂略教授将前往毛里求斯参加 AIUTA 国际研讨会，并就阿联酋的老年人状况及终身学习情况做演讲。她将于 2019 年 1 月 7 日与扎基部长及政府人员举行工作会议，商议在阿布扎比建立海湾地区第一所老年大学事宜。

十六、AIUTA 毛里求斯国际会议

11 月 22—24 日，AIUTA 第 103 届理事会暨"多元文化主义与老年大学"国际研讨会在毛里求斯召开，这是 AIUTA 国际会议首次在非洲召开。会议由毛里求斯老年大学承办。多国代表出席并参加演讲、参与讨论。中国老年大学协会由林元和副会长率团参会。

22 日的理事会由毛里求斯共和国总统沃亚普里先生开幕，出席者包括毛里求斯老年大学的创始校长帕苏拉曼先生、AIUTA 主席维拉斯先生、第一

副主席林元和先生及各位理事。会议全票选举弗朗索瓦·维拉斯继续担任 AIUTA 主席。林元和在发言中向与会代表介绍下一届（第 104 届）将在中国武汉召开的国际会议。

在 24 日的国际研讨会上，各国代表纷纷走上讲台，发言介绍本国老年教育的发展状况。中国代表张泽林以"中国老年大学的多元文化融合"发表主旨演讲。英国第三年龄信托代表伊恩·法内尔向维拉斯主席及各位代表推介第三年龄信托最新出版的研究之作《学习不孤单》。

十七、葡萄牙亚速尔老年大学参加 AIUTA 会议

12 月 12 日，AIUTA 理事卡洛斯·桑托斯教授前来图卢兹老年大学，参加商议 AIUTA 2019 年日程的工作会议。据桑托斯教授介绍，他的团队将使用亚速尔老年大学的方法，发起关于全球老年学生的习惯的调查。这项调查的先期成果将向中国老年大学协会国际老年教育研究中心以及 2019 年 5 月的武汉国际会议和烟台世界老年旅游大会公布。

十八、拉脱维亚将开办波罗的海学院老年大学

12 月 10 日，来自拉脱维亚波罗的海学院的奥尔加·苏巴诺瓦前来图卢兹拜会 AIUTA 秘书处。双方围绕老年大学在波罗的海三国拉脱维亚、立陶宛及爱沙尼亚的发展展开讨论。据苏巴诺瓦女士介绍，波罗的海学院将设立老年大学，并在 2019 年申请加入 AIUTA。苏巴诺瓦女士还做客 AIUTA 电视台，与主持人斯坦科夫先生畅谈老年教育前景。

十九、AIUTA 关于 104 届理事会暨国际研讨会的公告

下一届 AIUTA 国际会议将由中国老年大学协会举办，地点在武汉，时间为 2019 年 5 月 20—22 日。请参照附件，为"'一带一路'与老年教育"研讨会做准备，并说明演讲可能会探讨什么内容。

二十、黎巴嫩将承办 AIUTA 第 105 届理事会暨国际研讨会

应黎巴嫩美国科技大学老年大学之邀，AIUTA 第 105 届理事会暨"文化与老年大学"国际研讨会将于 2019 年 10 月 10—11 日在黎巴嫩比布鲁斯举行。

二十一、刚果将在 AIUTA 支持下建立老年大学

12 月 21 日，布拉柴维尔大学的帕特里斯·莱齐前来图卢兹拜访

AIUTA 秘书处。双方会谈聚焦刚果乃至整个西非地区老年大学的发展。通过联络塞内加尔、几内亚的老年大学，刚果将在首都布拉柴维尔兴建一所老年大学，并于 2019 年申请加入 AIUTA。

（广州市老年干部大学刘畅翻译、王友农编辑整理）

"'一带一路'与老年教育"研究课题启动和进展

2018 年 7 月，"'一带一路'与老年教育"研究课题在广州市社科联立项，确认为"十三五"重大委托课题，支持经费 20 万。7 月 17 日，全国 13 所相关老年大学和教育研究单位、高校的专家学者 20 多人在广州市老年干部大学召开了开题会议。课题组成立，林元和任组长，王友农、李宣海、熊仿杰任副组长。开题会议通过了课题研究框架，做了写作分工，课题正式启动。

10 月 17 日，"'一带一路'与老年教育"研究课题组在成都召开推进会议。中国老年大学协会会长张晓林参会讨论。

12 月 27 日，"'一带一路'与老年教育"研究课题组在上海召开第二次推进会议。中国著名教育家叶忠海、杨德广等参会讨论。此时，课题初稿 29 万字已成形。

为使读者了解情况，在此将相关会议上的部分发言编辑如下。

"'一带一路'与老年教育研究"开题报告（2018 年 7 月 17 日）

各位专家：

感谢大家在学校暑假期间，来到盛夏的广州，参与研究"'一带一路'与老年教育"课题开题会议。这个课题研究，是中国老年大学协会国际联络部、上海国际老年教育研究中心、广州老年大学、上海老年大学牵头，由在座的 13 所老年大学或高等院校、科研机构人员组成的课题组将要联合研究、攻关的重大科研项目。现在我为开题做一个发言。

一、课题立项的背景

自 2013 年习近平总书记提出共建"丝绸之路经济带"和"21 世纪海上丝绸之路"的重大倡议以来，"一带一路"建设逐渐从理念转化为行动，从愿景转变为现实。五年来，作为构建人类命运共同体的重要实践，以"政策沟通、设施联通、贸易畅通、资金融通、民心相通"为核心理念的"一带一路"倡议获得国际社会的高度认可和赞誉，得到越来越多国家、地区和组织、企业等积极响应和深度参与。

"一带一路"倡议作为一项长期性、高层次、全方位的宏大战略，承载着全面开放、统筹发展、民族复兴的伟大目标和崇高使命，包含了基础设施、能源、投资、经贸、金融、科技等各方面的共建、共享与交流合作，同时也为世界各国、各民族的思想交融、文化相融和政策互通创造了良好的平台。作为全球应对人口老龄化问题的共同选择，老年教育在"一带一路"框架下承载了新的历史使命和社会责任，产生了新的时代内涵，形成许多可探索的理论问题。

2017 年，国际老年大学协会主席弗朗索瓦·维拉斯教授先后两次在法国图卢兹会见中国驻马赛总领事朱立英先生，讨论如何在"一带一路"倡议的框架下，开展中法两国老年大学的新型合作。2017 年 12 月，朱立英领事受邀在图卢兹老年大学做专题报告，介绍中国的"一带一路"以及"推动新型国际合作关系，实现区域合作、构建人类命运共同体"等新理念，朱领事提请国际老年大学协会关注和参与"一带一路"建设。2018 年 4 月 8 日，国际老年大学协会考察团在杭州考察时，维拉斯主席做了学术报告《世界老年大学的现状和未来》，向中国老年大学协会建议，针对"一带一路"与世界老年教育发展的关系展开专题研究。4 月 10 日，在上海老年大学召开的 AIUTA 教育与科学执委会会议，决定委托中国老年大学协会拟定一个"'一带一路'与老年教育"国际研讨方案，提交 11 月将在毛里求斯路易港召开的 AIUTA 第 103 届理事会会议讨论。6 月 28 日，在西班牙巴塞罗那举行的国际老年大学协会第 102 届理事会上，维拉斯主席再次明确把"'一带一路'与老年教育"确立为 2019 年老年教育国际议题，并建议于 2019 年上半年在中国举行此专题国际学术研讨会。

在这里我们要感谢广州市社科联的支持，他们敏锐地意识到研究这一课题的重大而深远的意义，把我们的课题确立为2018年度广州市哲学社会科学发展"十三五"规划重大委托课题，使我们的研究有了更深层次、更广泛的社会意义。

二、开展此次课题研究的意义

"'一带一路'与老年教育"研究课题，是一次在全球化视野下对老年教育的教育功能和社会功能的全新角度的审视，更是一次对老年大学办学内涵和外延的升华和创新。开展这个课题的研究有着深厚的理论意义和国际意义，将为我们形成一种老年教育新的战略思维，将为我们发展、创新老年教育注入崭新动力。

（一）开展"'一带一路'与老年教育"课题研究符合全球化和人口老龄化的客观要求

近半个世纪，全球化对世界政治、经济格局的影响愈加深远。与此同时，不可逆转的人口老龄化现象也日益凸显，成为各国共同面对的社会问题。这两者之间既相互联系又相互影响，时刻牵动着国际社会的视线。"一带一路"是我国应对世界格局演变、构建人类命运共同体的"中国方案"。"一带一路"宏大构思和布局涵盖人类社会共同利益的方方面面，理所当然包含了人类应对老龄化的战略——老年教育。通过对"一带一路"与老年教育的研究，从文化相融、民心相通、政策沟通的视野下重新审视、确立老年教育的社会功能和定位；从人口老龄化的发展和需求角度，延伸和丰富老年教育的涉及面和发展模式，为拓展和丰富"一带一路"的内涵提供实践论证案例。

（二）开展"'一带一路'与老年教育"课题研究有利于在国际老年教育工作框架下实现"共商、共建、共享"

世界的发展离不开交流和共享。"一带一路"的核心原则是"共商、共建、共享"。国际交流合作是老年教育发展中至关重要的一环。近年，在国际老年大学协会的工作框架下，由执政党、政府主导办学的老年教育"中国模式"已经逐渐被国际业界所认同，与"法国模式"和"英国模式"共同成为全球主流的三大老年教育发展模式之一。研究"一带一路"与老年教育这一国际高度关注的前沿论题，有利于进一步让中外老年大学互相了解、互相借鉴，相知互重，又提升中国老年教育在国际业界的影响力和话语权。同时，也可以通过老年教育这一全球关注的朝阳事业，从一个侧面向世界宣传"一带一路""构建人类命运共同体"等国际倡议和外交政策，传递协同发展、持续发展、多元发展、友好发展的"中国智慧"。

（三）开展"'一带一路'与老年教育"课题研究将进一步提升老年大学工作的广度和深度

"一带一路"是我国着眼全球局势和政治经济发展的重大战略和宏观布局，对我国社会每一个领域、每一个行业甚至每一个人都将产生深远的影响。主动融入"一带一路"建设框架，汲取其丰富内涵的养分，必将对老年大学的教学理念、课程设计、校园文化、理论研究、教材采编等各项工作产生新的强有力的启示，也必将进一步推动诸如老年游学、银发旅游、国际教育资源共建、共享等老年教育相关新兴领域的研究和发展，进而全面提升我国老年大学的国际化发展水平。

三、对课题研究方法的建议

对于课题研究的方法，我讲几点建议。

（一）要有更开放的国际视野

"'一带一路'与老年教育"既是我们今年重要的理论研究工作，也是一项受国际老年大学协会委托开展的"老年教育国际议题"。目前，国际老年大学协会已基本确定 2019 年上半年在中国举行第 104 届理事会暨国际学术研讨会，主题就是"'一带一路'与老年教育"。因此，此次课题的成果除了在国内传播，还要拿到国际上接受世界同行、专家、学者们的检验。这就要求我们在研究过程中必须有开放的国际视野，积极引入国外不同模式老年教育发展的情况、数据和调查分析，博采众长、综合分析，做对比研究。"一带一路"与老年教育有什么关系？"一带一路"老年教育与全球化背景下的老年教育有什么共性和个性？发展"一带一路"老年教育可以从哪些方面着手？这是课题研究的重要节点。

我们出来的成果既要反映"中国智慧"，提出"中国方案"，也要具备一定的国际认受性，对国际老年教育的发展，对世界老年大学之间的多层面、多层次的交流合作产生积极影响。

（二）要有较高学术层次的思考

"'一带一路'与老年教育"课题是一个非常新颖的论题，无论在国内还是国际上，都没有人系统地研究过，几乎没有任何材料可以借鉴。中国提出"一带一路"倡议，我们引领研究，责无旁贷。希望各位专家、课题组员们在研究过程中要以着眼国家宏观政策全局，着眼于应对国际社会问题的角度来思考，力争提出能够广泛应用于实践的新观点、能够用于发展"一带一路"老年教育发展的新办法、能够拓展老年教育国际交流的新建议。

（三）要运用科学的论证方法

大家在研究和写作过程中，要注意运用科学的论证方法，大量运用数据、图标、实例说话，避免流于表面的空想空谈。特别值得一提的是，我们在此次研究过程中必然会涉及大量国外文献，在组织翻译、取证的过程中一定要坚持严谨科学、实事求是的原则。

我就讲这么多，谢谢大家。

关于"'一带一路'与老年教育研究"课题说明（2018年7月18日）

这次课题主要由中国老年大学协会国际联络部和上海的国际老年教育研究中心主办，这两个组织都是涉及与国外交流的，依托两所大学，一个是广州老年大学，一个是上海老年大学。可以说，是四家牵头，组织国内13家单位，包括高校科研部门以及办学规模、能力强的老年大学参与课题。

第一，虽然是广州社科联委托的重大课题，但一定要理解是为参与各校的集体成果，绝不是广州、上海的，而是集体的。但为什么在广州立项呢？因为咱们总要获得支持。开题会参会的人与课题组名单不同，课题组名单的确认是经过反复酝酿的。有的同志没来，也派了代表。另外课题得到了协会的学术委员会支持，陆剑杰教授、张宝林教授都表示全力支持，他们委托学术委员会办公室主任刘长生参会。另外我跟教学委员会的孙建国副会长沟通了几次，他表示支持。林元和是组长，3 个副组长是课题需要。课题组还有一个副组长李宣海校长，有事没有来。在座还有领导同志也只是一般课题组员，希望大家理解，主要是为了搞课题。

第二，开展课题的指导思想，有三点非常重要。一要确立一种思想：它是立足于中国，面向世界。中国人做的老年教育课题很多，但面向世界的不多。二是我们在论证、研究过程中，要严格规范研讨范围、使用语句。因为它面向世界，所以需要规范。怎么规范？要按照国家、我们党对国际问题、"一带一路"倡议，不要超越。还有不要涉及国际政治问题、国际经贸问题，也不要将经贸的东西扯进来，包括反对单边主义，我们都不涉及。三要确立非常明确的课题目标。最近建立的工作群有几个教授谈得很重要，我们的目标是推进建立一种老年教育的国际体系，或者叫国际老年教育的利益共同体。这是 AIUTA 章程、《老年大学宪章》提出的。AIUTA 所有工作包括我们的课题，是要建立一种国际学术交流体系，不是政治体系。

第三，关于课题背景。我不展开讲，因为林校长讲得非常到位。我想补充一点，张晓林会长、孙建国副会长都表示支持。关于课题的进展，10 月中旬在成都召开中期推进会，张会长会参加，他是搞理论研究出身，会来关心参与。在推进这个课题过程中，可能会听到一些不同的看法，包括对"一带一路"都有非议。这绝对不能左右我们的思想。"一带一路"写进了《党章》，在党的十九大报告提了十多次，难道我们现在还要质疑它吗？我和熊校长在巴塞罗那跟维拉斯谈，维拉斯说这题目不改，"一带一路"很新鲜，全世界都能接受。我们讲到背景时，也可能有不同的看法，我们说，就是要做这样的课题，老年教育才能对国家的整体战略起到积极作用。

第四，关于课题的命题。工作群讨论中有两三个教授建议我们改题。我觉得此议有思考的价值，但不能接受。可能他们认为"'一带一路'与老年教育"是不同层次的东西，一个是宏观高层次的，一个是低层次的，两者并列讨论是有问题的。我觉得在形式逻辑上来说两个不对等的东西是可以一起研究的，宇宙演变与基本粒子运动都可以拉在一起。关键是研究的重点在于两者的关系。所以"一带一路"可以跟老年教育放一起研究。有同志认为把口子缩小为"一带一路"框架下中国老年大学应该怎样研究，如中国老年教育的创新、改革。我认为提法很有见解，但这样口子就太小，会束缚自己。认真想一下，我们的研究不单纯是研究中国老年教育的创新，还要研究中国老年教育对世界的影响、共融。但定位只在创新上就局限了研究范围。这个题目当时我们报项目是"'一带一路'与老年教育"，维拉斯也是这样讲的。后来广州社科联加了"研究"。

第五，关于这次课题的意义。我补充一点，在每一章里，涉及具体内容时，可能都会讲到这个研究的意义。大家在思考的时候，我觉得有个提法要贯穿全书，就是"一带一路"宏观战略的意义，实际上是中国对人类社会的贡献。因为世界近代史几百年来，大国的更替、崛起都是通过战争、掠夺，这个叫修斯底德陷阱。而中国崛起要跳出这个陷阱，不是跟现有大国对着干，而是共同发展、共同繁荣，所以提出"一带一路"。同样在老年教育里，我们不是取代谁，也不输出中国模式，当然我们也不引入模式，只是借鉴。在这种情况下，"一带一路"主张太吸引人了，"一带一路"最主要的是主张人类社会共融、共存，相互尊重，共同发展。

第六，关于课题成果。我们明确了要出版四个东西，一是提交毛里求斯会议的研究方案。"一带一路"全世界老年大学怎么研究，我们中国人出个方案。二是以中国老年大学协会名义出个公告，向全世界老年大学发布，讲我们对"'一带一路'与老年教育研究"这一课题的观点。记得在西班牙阿里坎特开会时，阿里坎特大学校长发了公告，阐述对"公民、社会凝聚力与老年大学"的理解。维拉斯也发了公告。接着我们到哥伦比亚开会，讨论"关于机构对老年大学的作用"，哥伦比亚拉蒂娜大学古斯塔沃教授也发了公告。所以，我们现在也发个公告，题目是维拉斯提的，但我们有深入理解，要在毛里求斯会议之前做好，请外国人研究时参照我们的思路。三是出版一本中文版专著。四是出版英文版专著。中外出版的东西应有点不同，要避免一些说法，即外国人觉得不太舒服的地方。英文版短一点，中文版 20～25 万字，英文版 15 万字。这个英文版专著，是中国人第一次向全世界比较系统地介绍中国的老年教育，而且是从"一带一路"视角出发。所以课题组成员肩负的责任重大，因为这个东西必须有分量。

第七，关于课题的框架。一是框架提出初稿以后，王卫东教授、岳瑛教授、梁烈教授都提出了对框架的思考，我觉得有可取之处。我们原来的依据是这样的，从"一带一路"内涵导出一些理念、原则，然后对应研究老年教育在这方面互相关联、互动创新的问题。二是不对"一带一路"和老年教育两者单独设章。一定是每一章每一节都把二者联系在一起。刚才林校长提到教育部那个文件，是关于人才培养的，但我们不涉及人才。三是把 QQ 工作群里每个人的意见都收集，我们会将这些资料公开。有一种看法认为"一带一路"是沿线国家的事，我们研究的还不单是沿线国家，而是"一带一路"的理念，在文化、民心、政策沟通方面这三大块老年教育的合作。沿线国家有许多国家确实没有老年教育，怎么搞？可以说在地域划分上主要讨论沿线国家，但又不局限于沿线国家。维拉斯也不是沿线的，欧洲那些国家不少不是沿线的。四是不涉及经贸、国际政治。五是各章可以独立立论，又有紧密联系，可能内容上会有交叉。交叉非常好，最后统稿时协调好。就像林校长说的，你接任务后可以自己组织一个工作班子。研究的问题要等到我们这本书出版后你才可以拿去发表，不要抢着发表，过后可以作为成果发表，独立立论，例如，"一带一路"框架下的理论研究，完全可以写一本书，可以搞一个导论，起到穿针引线的作用。

第八，关于课题方法。我们会不断地在相关工作群里发布各种信息，如今天三位领导讲话，包括我们的讲话。每个人搜索的各种信息都会放在一个资料库。另外关于资料，我们的《中国老年教育理论研究与国际对接(2013—2016)》的书是主要的，第二部 2017 年的已经在出版社了。这两本书，是近年来国际交流与合作的汇编，信息量很大，可以用于课题研究的参考资料。另外课题要使用大量案例数据，可以用学术委员会"五个十工程"的成果，包括今年三月出版的《学术通讯》，里面有很多数据。我认为在论证中，"一带一路"的提法，中国老年大学的现状，过去做了很多，但没有上升到"一带一路"的原则高度加以分析。现在就是把老年教育实践跟"一带一路"的理念糅合一起，这样就会很充分。我们开题以后等到确认课题的框架之后，我们将它翻译成英文发到 AIUTA 五个外聘教授那里，请他们为我们这本书写点东西。前两天张会长还问这次做课题有没有请外国人，我说还没有，涉及钱和时间。但是会有外国人的意见参与进来，因此，这部专著是中外合作的结果，也是广州、上海两个协会与 AIUTA 合作的成果。这次在巴塞罗那开会，AIUTA 秘书处不断发信息，其中就讲到我，说王友农先生介绍上海国际老年教育研究中心成立的情况，就是开创了 AIUTA 与中国合作的新平台。

第九，关于课题的推介。明年五月份召开的湖北武汉国际会议，要将中文版、英文版提交。还有我们提出的方案、公告提交毛里求斯会议。另外，我们要在国内中国老年大学协会的各种会议上推出课题成果。

最后，我想讲一下课题研究现在的条件。非常有利的条件就是国家政策，还有课题组力量是充分的，课题最初是外国人提的，我们受了触动，林元和又是 AIUTA 第一副主席，我们和上海两个对外交流的机构也有学术力量。最重要的是在座的各位专家所代表的单位，都是我们学术研究很有力的单位。虽然时间紧，明年三月份结题，十多年来做课题这个可能是最难的。因为它需要创新，没有任何参照物，而且是把政治性的和教育性的东西结合起来，是交叉学科、跨学科的，需要我们开动脑筋、大胆创新、创造性工作。

我就讲这么多。谢谢。

（王友农：中国老年大学协会国际联络部主任，广州市老年干部大学副校长、教授）

"'一带一路'与老年教育研究"课题开题会各位专家发言摘要

梁 烈：

开题会选在我们广州我觉得挺有意义的。广州刚好是海上丝绸之路的始发点，南海神庙或者叫波罗庙，现在已经有 1400 多年了。大家既然远道而来，我建议东道主应该安排大家去看看，非常漂亮，也是羊城八景之一，像林校长说的"开放我们的视野"。

关于研究框架，我在微信里说了 15 个问题。关于议题本身，我觉得比较乱，没有一个梳理。我想就是两个大主题："一带一路"和人类命运共同体。人类命运共同体不要讲太大，我们老年教育就是一个共同体，这是一个问题。在整个统稿的里面，假如混在一起，又有全球化，又有"一带一路"，甚至连游学都独立成章，我觉得作为一本专著来说太繁杂了。可以归纳为两个问题：一个"一带一路"，一个老年教育共同体。这两个问题也有交叉，是不是可以分成上编和下编就不会交叉那么大？还有最好参考一些工具。这个很重要，我拿的是《"一带一路"蓝皮书》，就是"一带一路"建设发展报告，在图书馆、网上查得到。还有一个《"一带一路"大数据报告》(2017 年版)，内容很丰富。所以，既然研究一个课题，不管哪一章，都要涉及这两本书，这个大数据报告，包括"一带一路"覆盖的国家，一共收纳了 5000 亿数据。建设进度、成就，包括 31 个省市区。总之，里面信息量很大，还有文化和教育。没有专门的老年教育数据，所以一定要从里面找东西。我建议，我们的研究成果也要搞蓝皮书。我们国际联络部的工作，只是与国际对接，才刚刚开始，没有深入，以后要走出去，就有很多内容。教育部的教育行动就很有提示了，对我们有很多参考的东西，所以我先发了一篇文章，就是做了点研究准备。

我们要搞一个报告，包括前一段工作，跟哪些国家在哪里开会，要列出来，心中有个数。以后怎么发展规划，现在还没有听到国际联络部有什么长远规划，我们已经做了 5 年工作了，从 2013 年广州会议开始，按维拉斯的说法，我们前段工作是一个典范，但我们现在课题不应限制在这个水平，再强调现在的工作是没有必要的。刚才林校长说的人才问题，我们也需要各种语言人才，汉语人才、英语人才，所以外语人才很重要。"一带一路"能做什么，如文化遗产，要不要在中国老年大学的课程里列一个"一带一路"遗产保护项目？有关的历史、文化可以列入课程。既然叫"'一带一路'与老年教育"，就要有国际性，就是全球课题，全球化与老年大学之类的，所以我加了几个字，"'一带一路'与老年教育的国际交流"。

彭克敏：

刚才王校长说，过去在学术委员会搞过十多个课题。以前每一个课题心里还有底，而现在这个课题基本上就没底。但我看大家在网上讨论的时候也深受启发。刚才梁烈教授说的，有些观点和王校长说的大体还可以糅合起来。紧扣"'一带一路'与老年教育"，也不局限，但也不完全是老年教育的全球化。我们的特点还是"一带一路"问题，它是中国提出的，可以说是中国智慧。本课题如果做出来，实际又是向世界贡献了中国智慧。我看整个课题框架基本上可以接受。如果分任务的话，我们想承担第二章"文化融合与老年教育"。因为老年大学文化研究我们搞了十年，从 2008 年开始，而且发动了三次全国性讨论，集思广益，学到了很多。我觉得这应该是一个老年教育方面价值的聚合。而且我们自己研究老年大学文化，已经感觉到仅仅研究国内的是不够的，因为文化有多元性，融合的特点很明显。每次外来文化，都有中国文化的影响、冲击，都带来中国文化大的发展。我们刚好考虑这个问题，眼睛向外，学习国外好的东西。我们的文化创新希望有外来的东西，刚好和课题有契合的地方。我们现在集中力量参加这个课题工作，回去还要和郑校长商量，还要组织一个写作班子。当然这是新东西，也不能说有什么底气和把握。因为每次搞课题，我们愿意参加，其实是逼我们学习，就是这样一些任务压下来，带动我们学习。

施永达：

作为一个课题开题，我觉得有关课题的意义还要稍微重复一下。刚才几位发言说到，今年上半年我们举办的国际会议，现在又有这么一个国际项目，我觉得不是偶然。我们的老年教育发展了 30 多年，开始的时候是把国内的老年教育做好，所以 30 多年做出了很多成绩，被称为中国老年教育新的模式。当然不能只埋头做我们自己的事，还是要和国际接轨，当然不是说老年教育原来没有一点国际交流，我们也参加过国际会议，但是，我们现在到了这么一个阶段，要用国际视野去审视自己的老年教育，不能关上门看我们做得多么好。那么另一方面，我们做出的成绩，中国的老年教育是国际老年教育的一部分，所以要把成功的经验、中国的故事讲给世界听。所以，这个课题在推进过程中，也许是一个里程碑，至少起到重要作用，这就是意义所在，非常有必要。

再说一点具体的，课题框架可以有不同的写法，我个人的想法，是不是可以从宏观、中观、微观角度构建这样一个框架。像全球化与老年教育、文化融合与老年教育、包括人类命运共同体都是宏观的；有一些是中观的，如组织、政策、法律、老年教育的管理，甚至是办学模式，这些是不是可以放在"一带一路"背景下？还有一些是比较微观的，不是说微观的就没有意义，实际上国外对中国老年教育的关注很多是微观问题。比如说，老年教育的游学问题，师资问题，这也是教育部 2016 年推动共建"一带一路"的文件提到的课程问题，任何一种教育都是通过课程去体现的，甚至包括课程的评价、老年教学的评价。是不是也可以在"一带一路"框架下做一些研究？然后，下面每一章具体框架涉及对每章内容的深入思考，可能有不同想法。比如，第七章，老年教学研究，我觉得老年教育作为终身教育的一部分，这不是现在有的事，中国很早就有"活到老，学到老"。很多国家都有这种思想，《古兰经》也有这样的意思。从历史来看，老年教育的思想早就存在了。我觉得可以从历史角度先做这样的一个回顾，在这个框架下，国际老年教育的思潮近年来发展也很快。当然不仅仅是国外，还有中国的，应该把两者结合，做一些比较。还有很多是要展望的，未来应该怎么做。就我个人来说，第七章"'一带一路'框架下的老年教学研究"这一章的工作。

徐　隽：

"一带一路"从 2013 年习近平总书记提出后不断得到深化。老年教育虽然历史不长，但是朝阳事业，将"一带一路"与老年教育结合是有必要的，既填补了老年教育在"一带一路"研究方面的空白，反过来也填补了"一带一路"

关于老年教育的空白。从课题目录中，我印象深刻的几个关键词，文化融合、民心相通，也是习近平总书记几次演讲的关键词。所以这些词相当符合国内语境，但是考虑到本书读者，除了国内的，还有国外的。是不是要把语言更加中性化一点？举个例子，第二章"文化融合与老年教育"，第一节是"一带一路"的文化融合要求，我感觉"要求"在国内来讲是恰当的，在国外变成"价值追求"更妥当。我对第六章，"'一带一路'框架下的老年游学"有兴趣。游学本身是很具象的，很容易让人有探知美好事物的联想，而且人们生活水平提高了，旅游很有操作性，但考虑到本书篇幅在25万字，目前有9章，每章2～3万字，游学这个有点微观了。是不是能把游学扩展得更宽泛点，引入课程体系。因为在课程体系中，有其他东西与游学有共同性。我想了几个例子，人文方面有世界历史、名著、艺术、美术、音乐，是人类的共同财富，不需要通过语言来表达。当然，"一带一路"沿线本身牵涉60多个国家，50多种语言，外语学习也可以作为课程提到。再有信息化，无论发展中国家、发达国家，老年人在现代化技术的应用上与青年人相比还是逊色。比如，计算机的应用，智能手机的使用，还有这一章的整体结构，除了这些具体的课程，还要有个提纲挈领的文章，是不是可以参考熊校长做的课程标准。

刘长生：

我是代表陆剑杰校长和张宝林主任参会。昨天我把课题框架看了下，刚听了林主席的开题报告，也听了王校长的课题说明，体会很深。第一，感觉关于这个课题，广州老年干部大学做了很多工作，因为我知道，一个课题的立项在社科联获批，前期就有很多工作。仅仅立项书就要厚厚一摞，可能要几万字，确实不容易。老年教育在省市国家社科院立项是很不容易。第二，感觉课题立意很好。因为"一带一路"已成为党和政府的一个意志，也是国家的意志。通过"一带一路"的实施，走出改革开放全新的路子，这个课题体现老年教育如何服从于国家重要战略。第三，框架非常好，很全面，方方面面都考虑了，宏观、中观都有。老年教育如何服从服务于国家宏观战略？我感觉讲了两方面，一是老年教育在国家战略中的地位。比如，文化相融与老年教育，民心相通与老年教育，实际上讲老年教育从宏观上怎么做。二是中观、微观也很全面，教学、科研，包括游学都有。有一点我想补充，在中观方面要更具体一点。中国的老年教育在世界上，不管是中观、微观，其理念、目标、方法，可以向世界推广。比如，"一带一路"下的老年教育，有几个地方，如第五章提到的就是微观，老年大学是老年教育下游的，所以老年大学实际在框架中处于下位的，可以作为老年教育的教学，不仅是老年大学，还有远程教育、函授。是不是不提老年大学，就提老年教育的教学研究？这样标题从层次看就整齐了。今天我来代表协会学术委员会、金陵老年大学，有什么需要我们做的，请林校长、王校长安排。2016年开始我们搞了"五个十工程"研究，出版了五本书，里面有大量国内老年教育的数据，如果需要请跟我联系。

岳　瑛：

我觉得广州一向在学术方面研究很超前，以前是现代化研究，现在是"'一带一路'与老年教育"，都是有国际视野的课题。"一带一路"是国家战略，以前我觉得跟老年教育没什么关系。现在提出了课题，确实是豁然开朗了，给我们在思路上一个提升。提出讨论的框架，是"'一带一路'与老年教育研究"。刚才王校长也提了，以"一带一路"内涵研究为主要框架，它就是高度精练的"五通三同"。目前咱们的框架，好像是从里面挑出来跟咱们有关的，没太大关系的就放一边。我觉得这样就把"一带一路"原来的框架变得支离破碎了，如果在"一带一路"框架下，我们也不能断章取义地取一点算一点，老年教育应该在这一框架下重新整合，这就是在大的框架中做研究。再一点，在每章的节里，我觉得重视理念的多，实际和老年教育有关的可操作的少。是不是说各个成员领了任务后，下面的节点可以自由发挥？如果可以，是不是也有个范围？刚才施老师提到历史、现状、未来。我觉得框架可以为纵向联系，横向以历史、现状、未来在每个章节把老年教育融进去。再一个问题，教育部的通知主要从人才培养切入，那么老年教育和"一带一路"

关联是不是也找一个切入点？比如，刚才也提到教学、课程。因为老年教育的基本元素就是课程、教师、学员、培养目标。这些元素怎么融到各个章节？假如按现状框架来做，确实有一些宏观、中观、微观问题，多多少少会交叉有些乱。是不是大家今天提出了看法后，王校长把框架重新整合一下？比方说，文化融合、民心相通与老年教育各有一章，后面又有"'一带一路'框架下的老年教育"一章，有点乱。每一章的题目是不是也要精准化，你光说文化融合与老年教育，里面写的内容肯定也是文化融合与老年教育某一个方面，政策也是一个方面。那么是哪个方面，是不是章的题目应落得精准一点？包括里面的节，是不是王校长可以具体化，或者给大家一个空间，在某个范围内自定。

彭克敏：

关于老年游学，我们省里面有两个游学点。一个是武当山太极湖，另一个是庐山幸福岭。武当山的太极湖，太极养生文化，庐山传统文化多，历代名人、近代政治家活动多。它们都打着文化的旗帜。我考虑游学实际是一种文化的交流和融合，它不光是一个老年大学课程问题，它可能要超出课程。

王友农：

刚才专家们谈到的几个问题，我的看法是这样的：第一，关于"老年大学教育"或者"老年教育"概念在这里不要讨论了，因为在座的都清楚他们的定义。第二，关于微观的东西能不能独立成章，大家集中谈到老年游学。其实还有一个微观的东西，就是理论研究。为什么单独列章呢？跟国际交流动态有关。因为现在越来越多办学者认为游学是伴随着老年教育的重大问题。AIUTA 执委会每一次都谈游学，游学也跟"一带一路"交流密切相关，所以绝不是课程设置的问题。它的重大意义不是很微观，应该单独成一章，它包含东西太多，贯穿文化融合、民心沟通。今早我跟中国老年大学协会的李春华通电话，她说我们协会建了 30 多个游学点。AIUTA 在葡萄牙设立老年游学观测台，为什么不能设立其他类别教育观察点？所以游学虽然表面看是微观的，但很多东西值得研究，从"一带一路"角度研究。还有刚才施教授和徐隽提的具体化的师资、课程、校园文化、信息化技术在老年人中的应用这些问题，我觉得还是不能单独立章，可以放在表面看有点重复的第五章，标题可能改一下，重点写"一带一路"框架下对这些具体问题的审视以及怎么创新。这样就不会跟一些东西重复了，跟民心相通、政策沟通不重复。另外，刚才刘长生主任讲的，我觉得学术委员会参与课题非常重要，这些年学术委员会的成果都应该被我们这次课题吸收。特别是大量数据、例证。刚才林元和校长也拜托刘主任，也请刘主任跟陆剑杰、张宝林他们说一下，他们就算不参加，也请像国外专家一样发表一点课题看法。至于课题框架，我觉得还是按照现有框架先做，到了中期推进会我们再来调整。更不要说那些节，绝对可以推翻另起炉灶。我们这么多年跟 AIUTA 打交道主要是理论对接，理论问题是"一带一路"构成的三大要素解决的最主要的一个途径。为什么把老年大学国际合作单独立章？这里和游学、理论研究又不同了。请大家相信，所有这些章节的设置绝不是随心所欲的，为什么有些东西有不同层面，这里边都是有构思的。

张泽林：

我现在全国协会学术委员会里面参与工作。我觉得这个课题研究题目、框架都非常好。实际上这个题目非常新颖，包括在群里有些专家的意见，是即兴发表的意见。而林校长、王校长、熊校长的这个课题框架，是深思熟虑的结果，是研究了十几年老年教育之后非常严谨地提出的。第一章就把课题高度提出来了，全球化视野，眼光必须要有。如果没有这样一个高度、视野，那么后来的问题都达不到要求。后来几章都非常好，谈文化融合、民心相通与老年教育有什么关系。后面几章，"一带一路"框架下的游学、老年大学合作，也都是广州老年干部大学过去一直在做的。他们积累了这么多年的经验，给课题提供了提纲挈领的指导意义。第九章研究了"一带一路"与老年教育的方方面面，又回到了构建人类命运共同体这个大题目。关注老年教育这么多，还是回到人类命运共同体。共同体首先是你我的个性发展，然后大家共同发展。刚才岳教授提的几个观点，我们拿"一带一路"倡议来和老年教育关联研究，岳教授说有点"撕裂"，或者破碎，我不这样看。我们就在找"'一带一路'与老年教育"的结合点，我们提到的框架的方方面面，恰恰是"'一带一路'与老年教育"相关联的地方。要完成这个课题，我们想在明年3月之前写好这个书，是要按这个框架，先工作起来再说。我觉得这个框架还是比较好，在想要不要出个上下卷。起点很高，以后可能还有新的成果出现，这本书装不下，可以放在第二本。这是我一个感受。另外，我感觉工作很新，是好好学习的机会。不管给我哪一章，我都接受。我表个态：感谢课题组吸收我加入，更重要的是对我们有一个大促进，四川老年教育科研一直是短板，尤其是国际化视野，我会积极学习，努力完成这个任务。

董利华：我传达一个信息，这个月13号，中国351所高校在云南大学成立了中国高等教育学会"一带一路"研究分会。会长是云南大学党委书记，理事是清华大学、北京大学、浙江大学、四川大学几所大学的领导。这次开题会议以后，我们回去与他们联系一下，看他们有什么研究意见。因为他们也在研究"一带一路"与高校教育，与我们还是有联系的，有所结合的。教育部常务副部长专门去做了讲话，组建了领导班子。

林元和：

第一章讲"一带一路"的背景、内涵，还有意义，意义里面体现了它的精神。然后论述的时候，强调文化融合、不谈经济没问题。但一开始问题的提出可能还要简述来龙去脉，因为全世界都知道那几条，共享、共通。后面讲"'一带一路'与老年教育"，开始进入我们这一块。但是这前面的精神要指出，"一带一路"的精神体现在整体框架上，总体精神有哪些？不要砍掉。

熊仿杰：

"一带一路""五通三同"八大关系中哪一类最密切，那就是我们的切入点。不要给人留下印象说你们牵强附会，关系都没厘清，所以就人类命运共同体这个点切下去，这一点是关键。第二章、第八章、第九章、第十章承接的逻辑关系，我建议是不是请岳瑛也理个头绪，因为我看了她写的许多文章。你提出来意见，王校长再调整，假如题目精确，那么就好些，效率就高。

王友农：

各位专家教授，下午继续讨论课题的框架。我有个建议，先分工，然后下面再继续讨论，这是一种方法。另外一种方法就全部都讨论完以后，最后才分工，大家看看怎么样？

谢英姿：

各位领导、各位专家，下午好。我非常荣幸能够代表湖北省老年大学的万年春校长参会，非常荣幸能够近距离聆听专家对老年教育的深层次的探讨。我回去以后把会议的精神以及专家教授的意见和建议做一个汇报。万校长本来是想要来参加这个会议的，后来主要是因为我们学校承担了省级老领导艺术疗养的保障任务，他只好请假了，所以万校长表示非常歉意。他给我布置的两项任务是：第一项是听会，把会议精神带回去；第二项是接会，就是明年的国际会议是在我们湖北召开。早上各位专家都进行了讨论，我刚刚调到宣教处，而且刚刚接触这个工作。所以从课题框架这个角度来看，谈不出来有见解的意见。我们协会国际联络部确实是紧扣时代，与国际老年大学协会开展"'一带一路'与老年教育"的研究，对进一步提升我国的老年教育理论研究水平，对国际化的发展都是非常有意义的，这是一项创新的举措，我觉得非常有意义。这个课题在广州社科联进行了立项，与各位领导、各位专家的思考是分不开的，所以说对我们湖北老年教育今后的研究有很好的指导作用。关于这个课题分工，中午跟我们万校长做了电话汇报，我们湖北想承担第二个部分，就是文化融合的这个部分。我们准备下半年，依托我们老年大学协会和全省老年教育理论研究中心的这个专家库的力量，在全省开展老年教育的研究，从中评选出优秀的征文，争取明年能够参加国际性的会议。我们学校也会组织专门的人员进行专项的研究，完成我们在会议上接到的任务。再就是关于这次国际会议，我们万校长说非常感谢林主席、熊会长以及王校长把明年的这个国际会议放在我们学校开，我们学校非常重视这项工作，我们专门向部领导和局领导做了专题汇报，提前也与我们的外事办公室进行了沟通，将来联络部的函件到了以后，我们再按照相关的流程，办理相关的手续，从人力、物力各方面做好保障。

王友农：

大概 2019 年 5 月，将在湖北省老年大学召开国际老年大学协会第 104 届理事会，主题就是我们现在这个课题。办会模式是：AIUTA 主办、我们国际联络部协办、湖北省老年大学承办。正因为这样安排，我们的课题要往前赶，如果说明年年底的话那就比较松，现在是非常紧。

吴宝儿：

本来应该是我们施祖美校长来参会的，他刚好这两天出国访问，没时间过来。我对这个课题一点准备都没有，今天主要是来学习的，我会把今天会上专家讨论的建议、意见带回去，向领导汇报。早上听到林校长的开题报告，还有王校长的课题说明，我对研究方向有了一定的了解，可以看出我们这个课题的框架，是广州市老年干部大学花了很大的精力，经过深思熟虑提出来的，有它的逻辑性与合理性。早上有的专家也说了，这个课题比较新，我相信现阶段我们对课题内涵的了解应该不是很深。所以建议分三节任务领回去后深入研究，在中期的推进会上对文章的结构再做微调。我觉得今天讨论的重点应该是放在框架的内容是否涵盖了我们所要研究的内容，是否全部涵盖进去了，或者说哪些内容是多余的，可以不用写的。这些应该做重点讨论。比如，早上有的专家说，像课程的设置，教学的方法，还有一些师资的问题，有没有必要写进去，或者是在哪个章节写，我觉得这些都要重点讨论。另外就是我们施校长出国前给我发了条短信，他说我们可以考虑第九章的撰写，我们也会听从课题组的安排，到时候任务分到哪一部分，我们也会尽自己的能力将任务完成好。

董利华：前两个月和王校长通话的时候，王校长向我传达了这个信息，就是要搞"'一带一路'与老年教育"研究。当时我听了以后，首先感觉是新，这课题特别的新；其次是感觉这个课题高，就是研究的课题应该站在很高的高度；再次感觉是大，这个内容太广泛；最后归结到一点，是难，研究非常困难。因为在几十年的工作当中，我们也接触了不少这种课题，也参与了不少这种课题。但是一听到这个课题我就感觉到技术很难，所以心里没底。昨天晚上我跟王校长在交流的时候，我也说除了有一两章有一点底，其他很多都要去创新，而且要去"杜撰"。今天上午听了我们林校长的开题报告，还有我们王校长、熊校长的这个说明，对这个课题有了一个初步的认识，特别听了专家们的发言，我感觉到这个课题的思路越来越明确。当然，我感觉在我们的微信群建立的那天开始，非正式的会议已经开始。今天是正式会议，非正式会议实际上已经开了好几天了，专家们在这个微信群里面都发表了很多意见和看法，我们国际联络部搞的这个框架比较好，我原则上同意这个框架，这个框架再做一些适当的修改微调，我觉得也可以。因为搞这样的一个框架不容易，他们也经过了深思熟虑。筹备这样的会议，我认为是在老年大学召开会议当中最难的一次会议。但是这个会议要拿出这个干货，不容易、不简单。他们之前经过认真的研究，但今天早上听林校长说，这是维拉斯教授提出来的。这说明：第一，国际老年大学协会肯定我们的"一带一路"，他们接受"一带一路"；第二，他讲"'一带一路'与老年教育"，他认可中国的老年大学，老年教育办得好。在这样的一个前提下，我们中国人再不去研究，有一点说不过去，这个逻辑关系也可以，爷爷和孙子的关系也不错，为什么不能并列呢？前提就是老年教育在"一带一路"的总体框架下，我们来研究总的"一带一路"，精髓不能丢掉，但切入点是老年大学哪一点能跟它结合，我们就从哪儿开始搞，就搞那些与我们有关的。因为"一带一路"是一个整体的大环境，我们老年大学结合我们自己的实际情况，从哪儿去努力，我们就重点搞这些。再就是要搞自己能搞的，自己会搞的，人家能认可的，并且搞了以后能起到实效的，对世界老年教育有贡献的，不能放空炮。

　　通过 30 多年的实践，中国老年教育应该说在国际上有了一定的地位和影响力。国际上谈到的三种模式，是交叉相融的。比如，法国的模式，实际上在我们中国也有，在高校里边有的也是这样，像我们昆明的云南师范大学，还有昆明理工大学，他们的老年大学实际上和法国的那种模式也差不了多少，所以这些模式实际上就是说互融互通，不是法国独有的，也不是中国独有的，发展过程当中都是融会贯通，互相学习的。这个框架总体我同意，专家们也提了一些修改意见，我看可以把一些适当的、符合老年教育发展的东西吸收进去。我想提一点建议：能不能在确定章的名称的前提下，在节里面，有三节、四节、五节的，让作者能够有适当调整。根据他的研究，在写作过程当中符合学术性逻辑性的前提下，做适当的调整，给这样一个权力，他们写起来更得心应手，好写一点。但是为了保证今后统稿工作的顺利，章节也不能动太多，所以只做适当的调整。

林元和：

关于这个问题，自己写成以后，赶快跟我们这边沟通一下，然后你再往下写，不要费很大的劲全部写出来，然后发现重复了，浪费时间，不要怕沟通，要多沟通，要做有效率的事情，写好以后赶紧发过来，微信发过来也可以，然后在中期调整的时候就不会偏离太大，这个可以商量，商量两次三次都可以，这是个过程。

董利华：

文章要注重理论性、学术性，也应该注意政策性。当然我说的这个政策性不是我们研究它的政治、经济。因为在世界范围内，老年教育的发展，只有中国老年大学数量最多，这本书是代表中国向世界发出的，所以一定要注意政治性，政治性不是说我们去研究政治，而是整个文章必须有科学正确的价值取向，统稿的时候要把握好，但是我想大家写作过程中应该也要注意。另外，要有专著意识。这是一本完整的书籍，是由多人合作来完成的一本专著。它不是一个论文的汇编，是一本完整的书籍，有不同的作者，有不同的思路，就是说它可能会出现重复。今天早上林校长他们几位都讲，就是要统一思想，明确中心，界定范围，这样写起来就会好写一些。这本书如果明年上半年要出，确实时间紧，任务重，难度大。就那么几个月要完成，又要写出国际水平，更不容易了。所以我想这个字数要求弹性点，原则上一章25 000字左右，但是可能你写到18 000字，也差不多了，要根据每一章节的具体情况，有量化，有要求，也要从实际出发。

陈先哲：

林校长的报告，王校长、熊校长的讲话，还有领导专家的意见，我听了很受启发。我自己还有同来的两位同志，是抱着学习的心态来的，也感谢林主席和这个课题组的领导给予我们潮州参与的机会，这是对我们的信任。我认为有四个理由使我们能够成功。第一，"一带一路"国家的倡议，我们的老年教育肯定有我们的切入点。有这样的一个大的背景，还有国际老年大学协会主席维拉斯，都框定了这样一个题目来搞，我觉得有一个政治的、经济的、文化的好背景，再借助老年教育，有立足点、切入点。这是我觉得能够成功的第一点。第二，政治因素非常重要。我觉得我们这次课题能够立项，也是由我们中国老年大学、老年教育有 30 多年的发展历史奠定的。30 多年的发展历程，我们有很多丰富的实践经验。第三，这几年我非常积极参加我们国内国外的研究活动，感觉老年大学协会的学术委员会的理论研究，教学委员的研究，特别是从 2013 年以来，广州老年大学承办国际联络部工作以来，老年教育跟国际接轨方面成绩突出。我参加过一次国际老年大学协会的会议，回过头来看，这些交流活动，在理论研究方面，我们协会的国际联络部、王校长做了大量工作，使我们能够与国际对接。林主席提出了"1＋1"这种研究模式，我们国内先做了一次研讨，然后再走向国际讲台。我们的理论研究方法方式也在创新。2015 年，我走上国际舞台去演讲，我当时讲完回到台下，好多国外同行围着我交流名片，我很有感触，深有体会。现在我跟国外这些专家直接交流，我反而觉得他们现在的研究有点落后我们，虽然他们的理念是超前的，但是一些实际的操作方法，是比不上我们的。国际联络部组织这些对外的交流，有这个基础，我们再来研究"一带一路"大的课题，我觉得是能够成功的。第四，我们很有信心，就是集合在座的国内一流的老年教育方面的专家、领导一起来商讨，虽然时间紧，任务重，课题非常巨大，我还是很有信心的。这几天在微信群进行的讨论，很多专家学者提了很多意见，我都有看，有学习。从课题切入到现在，经过这个学习的过程，今天我有感而发，对这个课题确实是充满信心的。这个著作还有中文、英文，特别是英文版，对外交流是非常有用的。2015 年我在西班牙阿利坎特演讲完了以后，有两三个国家说能把中文翻译成英语，或者是其他语言，他们能够直接采用就最好。我们潮州老干部大学出版的两本书是有英文的。我们两本书其中的原理篇部分有 45 万字，老年学习学的原理，老年教学论的原理，抽出最精华的部分翻译成英语，我们已经交付出版社，10 月底就会出版。本课题出版专著的时候，很有必要出英文版。我切身感觉到，这几年出去以后，跟国际的交流非常重要。

另外，这个课题框架总体都很好，我也给我们潮州的专家教授看过，他们看了也觉得不错。虽然课题大，但"'一带一路'与老年教育"的切入点，确实是把握得很好。在框架里面，九章有六章都是"什么什么跟老年教育"，只有三个谈得比较微观，那我们也感觉到其中第五章能不能改一个字，就变成"'一带一路'框架下的老年教学"。因为施老师上午也讲到老年教育里面有好多内容，教育教学实际上是两个范畴，那么我们可以再切入教学，我们潮州就专门出版了几十万字的老年教育教学论，专门讨论老年教育教学方面的情况，所以我们觉得这个框架里面第五章，可把老年教育改成老年教学。世界各地有不同的文化特色，有不同的课程设置，那么在世界上交流起来，我们就可能拿出我们的特色，我们的实践经验，再看看其他国家，看了以后有点启发，这也达到我们的目的。教材课程也是老年教育的一个重要方面，能够讲到老年游学，教育的理论研究，这么一个具体的微观方面，还有国际合作，特别是其中这两点比较具体的，老年游学实际上也是一种教学课程的另外一种形式，也是新兴的，另外，因为其他章里面也提到，特别是一些未来的，比如说目标，老年大学国际化项目以后的目标是民心相通，就是说讲到面向未来的事情，能不能在最后或者在导论里面，重新再搞一章，老年教育在"一带一路"框架下，或者在世界的这么大的领域里面，愿景是怎么样的？未来会是怎样的？我们可能会朝着这个目标去努力，因为涉及的比较广泛，这是我一点浅薄的看法。

我们潮州是一个地级市，比起上海、武汉、天津这些大的省级学校，我们的科研力量比较微薄，我们的能力比较有限，但是我们非常高兴、非常荣幸地接受任务，继续做一些研究，谢谢大家。

兰承晖：

开会之前，我对已经在群里发布的框架有过一些想法，准备说说。但经过上午王校长对这个课题的解答，以及大家讨论发表的意见以后，我觉得原来想的问题都没有再讲的必要了。因为我原来考虑的是概念之间的逻辑关系问题，是不是要厘清一下。在网上王校长已经把这个问题讲得很清楚，所以我可以不用去讲。我觉得这个课题，应该说可以按照这个框架进行操作。我参加的这方面的工作不多，感觉把课题框架，考虑得越细，越不好去操作。就像办事情一样，你做一件事情，如果把计划搞得越详细，越具体，越不好实行。因为在执行过程当中总会有调整，有修改，所以我觉得大的框架没问题，就可以按照分工去操作。因为在分工以后，各个小组在每章的具体撰写过程当中才能真正发现问题，发现更深的问题，更需要调整的问题。我觉得只要大框架没有什么问题就可以。在撰写专著的过程中，上午熊校长讲的两点非常重要。一个是理论阐述的逻辑性问题，每一章的逻辑不能有混淆，至于各章间内容上互相有点交叉，有点重叠，都不是大问题，因为咱们对整个课题的设想已经有比较明确的指导思想，就每章的逻辑性问题，确实需要注意。第二个问题就是故事性问题，就是在叙述过程当中的故事性。比如，把我们老年教育讲好，在叙事的故事性上，确实需要注意。这两个问题做好，实际上就是我们整个专著出来以后的可读性问题，这两个问题注意了，我们国内的老年教育的同行，我们理论工作者都愿意去读它。如果它在国内有可读性，才能真正到国际上去推荐，才能真正走得远。我觉得就课题本身没什么话说。至于分工问题，感谢课题组对我的重视，把我列在这个范围，我觉得我们这个课题组人才济济，力量雄厚。如果分配到什么任务，我都可以服从分配。

周美华：

对这个框架，我想讲一点就是，我们老年教育针对的主要是老年大学，从我们老年大学的中心工作、重点工作去看，外语方面应该要加强。因为"一带一路"涉及那么多国家，现在有 65 个国家加入，以后还会更多。如果我们对外语不加强，怎么去沟通？但是现在我们老年大学的外语基本来说就是英语，我们广州老年大学开了几十个班，40 个班都是英语。我的想法是，适应"一带一路"，老年大学外语的语种要扩大，开设法语和其他小语种。正规大学里面研究的"一带一路"，研究的第一个就是语言要互相沟通，语言是很重要的，所以就要不断地扩大小语种的教学工作，因为亚太地区小语种就有好多种。但我们老年大学不可能开那么多，可以选择开几个，在一个地区内可以通过老年大学协会协调，增加外语课。另外，我们都知道"一带一路"对我们中国非常重要，但是我们老年大学的学员有多少人了解"一带一路"？所以我认为我们老年大学的思想教育课，应该要开设这门课。这个思想教育应该有一定的交叉，也就是说从我们国家这个角度来说，习近平总书记的讲话，国家的有关文件、政策，用什么方法向我们的学员来传递，来进行教育，要考虑这个问题，用思想教育课来统一教育，还是用其他的校内的活动，或者其他各种形式来进行？这些都应该考虑在内。我们搞这个理论主要是要走向世界的，不管跨度多大，我们的前景是在老年大学，如果连我们的老年大学都无法执行，无法去完成的话，那就是空谈。所以我考虑是否能够增加一些有关理论方面的内容，想想究竟哪些理论有助于国际融通、文化融通，理解比较深刻的课程开一点。我知道他们大学有好多语种，如果我们不能开班，开个外语俱乐部也可以。我们学校开了一个英语俱乐部，开了 20 多年，中外融合得很好。所以开个外语俱乐部也好，使大家都有条件学习外语，学多种国家的语言。

另外，有关"一带一路"和我们中国的传统，就是通过那些民间的手工艺术品的交流，来达到我们思想互通的作用的，这个在历史上是发挥了作用的。我们的老年大学可以了解一下"一带一路"的国家、民族，他们喜欢哪方面的艺术品。因为现在我们的老年大学里面都有民间的艺术课，如编织、串珠等。通过这样的交流和传递，可能会达到互相融通的目的。总的来讲，老年教育的主要机构是老年大学，老年大学的主要任务是教学，以教学为中心。如果教学工作一点都没有结合理论，理论就很难落实到下面去，特别是第五章可以加上这些内容，即科学设计课程，是一种教育的核心问题，我就谈这点看法。

梁　烈：

前面几章的结构都差不多了，最后几章就弱一点，第九章就显得非常弱，就是构建人类命运共同体。所以我说帽子不要戴得那么大，它其实就是要构建老年教育共同体，所以在这方面我们要加强一下，而且最后一章要跟前面那几章呼应。这个呼应当然不是简单的重复，但是一定要跟"一带一路"来呼应。人类命运共同体一定是要由"一带一路"来促进这个老年教育共同体的建设，这是一种方式。人类命运共同体，跟这个人的全面发展是很有关系的。习近平总书记在党的十九大报告里面好几次提出来，要不断地促进人的全面发展，那我们不能不把它反映到里面去，特别在这章，要好好论述建构共同体跟人的全面发展的关系。整本书都这样，就是我们"一带一路"也好，人类命运共同体也好，都需要我们的传统文化来支撑。中国文化很重要，但是里面都没有提到，所以这方面恐怕要加强一点。

第二个问题就是现在这个"'一带一路'与老年教育研究"，只是一个子题，我们的母题应该是"一带一路"或者是人类利益共同体，所以我们写这个东西最低限期只有半年的时间。在这半年的时间内，我们要密切关注"一带一路"的发展跟人类命运共同体的发展。而且我们希望课题组，一定要搞一个后勤组，把有关的资料，就是提供不断发展的状况。现在沿线是 65 个国家，那以后又怎么样呢？有没有达到 80 多个呢？或者是减少，这个变化，我们都应该掌握。这个母题很重要，所以我们一定要把这个母题研究好才有我们的子题。今天上午我提到那个大数据报告和蓝皮书都很重要，所以希望能够找到。那里面就讲得很细了。比如，每个国家的参与度、合作度，这很重要，大家都不了解，都不知道是哪一个跟我们最好，朋友很多，有六七十个，哪个跟我们关系最好，哪个一般，所以这些要关注。我们国内的参与度，我们各省市的参与度呢？也有很多讲究。比如，排在前五位的是广东、福建、上海、浙江、山东。这个母题都没研究好，我们来做这个子题，那就觉得很虚了，所以我们一定要把整个"一带一路"也好，人类命运共同体也好，深入了解，而且每一个阶段都要了解。我们还有很多机构可以接触，广东省有好几个，广东省社科院、广东国际战略研究院、在深圳的中国深圳综合开发研究院等，还有很多高校的研究机构，我们都要接触。当然这不是我们每一个学者都需要解决的，但作为后勤组，把那些资料都完备下来，写着就会顺利很多。谢谢。

谢德勇：

我补充一点，这个课题非常有意义，也是我们国际老年大学协会和中国老年大学协会的几位大师，特别是广州、上海发起单位，组建的研究团队。我们现在列出这个课题的框架，不容易，也是花了心思的。这个课题框架既注意到内在的逻辑，又有全面的考量。但是我觉得这个课题里面的章节，无论是哪个章节，我现在考虑都是很难的。因为这个课题太大，作为我们理论研究的一个最大的忌讳，就是课题大，论述就很难渗透，所以我也非常赞成岳瑛教授早上提出的观点，就是尽量地把这个课题的内容精准化。还有一个就是课题框架里面提到六点，其中第四点不涉及经贸问题，不涉及国际政治问题，这个当然是很正确的。我早上听了林校长讲到"一带一路"是我们国家全球的政治、经济的宏观布局。其实"一带一路"是什么？就是经济，里面也离不开政策。但是现在我们要论述"一带一路"跟老年教育的关系，你避开政治、经济政策，怎么样避开？我觉得这也是一个难点。还有我们在家里就已经看了这些课题框架，我们几个人商量，我们也是选了文化相融这个章节。因为我们对这个文化章节有几年的研究，我们的论文参加省里论文交流，得了一等奖，参加全国南通会议也是被评为一等奖，后来因为我们是地级市才拉到二等奖。其实潮州也是"海上丝绸之路"的出发点。我们潮州的陶瓷很有名，唐宋时期潮州就已经有陶瓷，在南海的沉船里面还发现了我们潮州的陶瓷，现在我们是中国的瓷库。现在我觉得心中还是很有数的，如果我们碰到什么难题，一定会多请教。

梁　烈：

我补充一句，就是刚才你提到的"五通"——政策沟通、设施联通、贸易畅通、资金融通、民心相通。当然这个民心相通，对我们老年教育是最贴切的，但是不要忘记教育部发的教育行动文件，对"一带一路"的教育行动里面，也注重民心相通，但是它有一句话，"五通"是一个整体。我们老年教育到底怎么来支撑？说我们老年教育特殊，就说除了政策沟通、民心相通，其他三通跟我们没关，这个说法不妥，不要这样说。

林元和：上午大家谈了不少，都感觉有很多困难，这个题目对大家都很新，对全世界来说都是新的，因此不要害怕，就是要在这些关键点上往下研究，不往下研究，困难永远是困难，因此，这是我们的难点，也是我们的努力点。只要有一点成就，就是对全世界来说也是一个突破。不要指望我们这篇文章水平高到什么点都是能解决的，也许一两个点有一个突破，它就是成绩。首先在指导思想上不要害怕，那么容易，那就不用去研究了，要下功夫去研究，研究出来一点，那就是成就。

我感到今天我们谈了那么多，缺少一个研究，就是"一带一路"沿线老年教育是什么状况。"一带一路"覆盖了 65 个国家，全球是 200 多个国家和地区，从国家的比例上大概占了全球的 28％。"一带一路"覆盖人群是 44 亿，全球是 72 亿（2014 年的资料），人口比例大概占了 61％。既然要研究"一带一路"沿线国家的老年教育是什么状况，起码要有个初步了解。我认为写这个东西至少有一条就是沿线国家的老年教育的状态，要研究国家，还要研究这些国家的国情。如果"一带一路"沿线根本没有老年大学或者很少的，那我们研究点放在哪里呢？那就是启发他们怎么去办老年大学，要推动他们。如果沿线国家有很多，老年教育很发达的，那是一个提高水平的问题，是另外一种对策。研究到什么程度，我们就是权威，我们不研究谁研究？我们不干谁干？还是这句话，没有这个位置，没有这个高度就没有这个远度。第一，思想上不要害怕，要乘风破浪、披荆斩棘去探索。不要指望这篇文章有多么伟大的成就，在两三点上有所突破，就是国际水平的。第二，你要紧紧抓住"一带一路"去研究沿线的事情，这是一种思考。理论上讲是用"一带一路"这个理念来推动全球的老年教育，实际上谈的还是老年教育。第三，研究方法即有"一带一路"思想覆盖全球，也有"一带一路"思想建立人类命运共同体，以及全世界的老年教育的发展问题，由线到面。另外，教育部的那个方案，有的地方也可以借鉴，比如说建立区域人文交流机制，搭建民心相通的桥梁，我们老年教育也是可以的，有一两条就好写了。第四，扩大教育领域，形成往来频繁、交流活跃、关系密切、携手发展的局面。第五，鼓励沿线国家学者开展或者合作开展课题研究，对三大发展模式、国家政策等各方面的理解进行专题的研究。比如，推动沿线各国校长交流访问，推进优质教育模式在各国互学互鉴。另外讲到"一带一路"与老年游学的问题，有的同志问要不要讲，还是要讲，第八章里面都是务实的，加强国际合作。国际合作里面可以写老年游学互访，都可以。大学的教学合作、平台展示、老年大学网络合作、老年大学科研合作都可以，都是国际教育合作，就叫国际合作，游学加进去没关系的。这一章单从逻辑上来讲，全部是国际合作，都是实实在在的。另外，从逻辑上来讲，如果有紧扣"一带一路"这个思想又辐射到全球的，两者都能结合起来的，也是可以的。"'一带一路'与老年教育"课题是AIUTA 提出来的，我们跟 AIUTA 怎么合作来推进"一带一路"的事情，来带动全球的老年教育，因此总体概论里面，我们要讲"一带一路"沿线国家老年大学大概什么状况，最后进行理论升华：全球命运共同体，全球的老年教育怎么发展，用"一带一路"的思想来推动全球的老年教育。研究的时候，在每一个节点上面，一定要找一批人深入下去，往下挖，挖尽了。我们是吃螃蟹者，要敢吃这一口。

熊仿杰：

通过一天的会议，刚才林主席又做了一个归纳性的指导，非常好。第一，还是应当增强信心。大家是很期待这本书写出来的。我有两个小的体会。第一次，3月29日，合肥换届大会，在座的好多都参加了，大会有9位代表交流发言，其中我们两个都是发言者。王校长发言讲到国际合作问题，当时下面鸦雀无声。从听众的注意力可以看得出，中国的老年教育工作者非常期待、非常迫切地想知道国外老年教育在做些什么，他们是怎么做的，哪些东西值得我们学习和借鉴。我讲的是课程建设，大家反响也不错。第二次，上个月29日，我在巴塞罗那，奉 AIUTA 第一副主席林元和之命去发言，讲老年大学与教育标准。我当时非常担心，我们的讲的话，要通过翻译，所以还是动了一些脑筋，王校长帮我出了不少主意。那天做报告时，下面鸦雀无声，但是没想到，我话音刚落，掌声响起，而且响了两轮。这说明什么呢？这说明：第一不是我讲得好，因为我 PPT 做的是中英文对照的，我在讲的过程他们听不懂中文，但可以看英文，再加上翻译，也听进去了；第二，他们高度关注中国老年教育在做什么。过去我们更迫切地想知道外国人在做什么，学一点，拿回来。现在呢，我明显感觉到，外国人想知道中国在做什么，他们要学习。保加利亚的前教育部长，退休下来专门做老年协会主席还有校长，现在也是 AIUTA 理事，就跟我说："今天你的发言浓缩得很经典，我非常感兴趣，但是资料太少，你能否再给我一点？"我说有一本书是中文的。他说："我也要，我们国家有孔子学院，它是我当教育部长的时候创办的，懂汉语的人很多。"第二天走的时候他特地跑来送了一张名片，说："这是我的地址，你要给我寄东西就寄往这个地址。"想了解中国的不只他一个人，特别是东欧、非洲那些刚进理事会的国家代表，都迫切地想知道，不仅要知道欧洲在做什么，也很想知道中国在做什么。我举这两个例子说明，就是我们要写的东西，对内用中文版，对外用英文版，这对我们讲好中国老年教育故事是个非常好的机会。

第二，今天刚才好几位都提到第九章的内容，要不要调整为一章，或者是增加一章？我觉得很重要的老年教育理论研究，这章已经有了，但是没有老年教育教学研究。我们说老年教育靠两个轮子，一个轮子是教学，一个轮子是理论研究，可把国际游学那一章改成教学研究，把游学作为其中一节，就是小徐上午发言的建议，这个昨天晚上我们三个人讨论过的。还有一种，如果一定要游学单独一章，是否再加一章老年教育教学研究，这一章也是外国人迫切想知道的，这个是建议。

第三，我还是重复林校长说的，假如把第九章或者第十章的名字、内容定了之后，各校领回这一章任务，自己去组织，对这一章收集资料，深入研究，列出二级提纲，然后及时和王校长沟通。刚才大家提到的逻辑性问题，在这一章里，要把它厘清。第九章、第十章内容之间这条线，王校长肯定是有思考、有思路、有线条、有逻辑的。这样总体就串起来了，加上每一章的课题组把它串上，到中期拿出来之后稍做调整，再补充完善，可能到明年5月份，就会拿出一份像样的东西。我还是完全有信心的。但是大家必须要下苦功夫，大家共同研究。加油！

孙登成：

我来自哈尔滨老年大学，受张丽华校长的委托参加这次会议。上午各位专家发表的意见我在这儿就不赘述了。张校长当时提出的，向张主任也汇报了，说我们打算做第六章游学这一章的研究。张书记交代这个工作以后，我们马上就开始在中国知网上搜集相关的资料，查到的只有三篇，三篇里边是讲游学，查到的是1975年，美国的五所大学，利用暑假搞的老年游学营，一个月到两个月，还是借助这个大学放暑假，教授也有时间，然后宿舍也都闲置，应该是从这开始的老年游学。第二篇是上海老年大学的报道，是记者采访说有这个游学项目，学员对游学的一些认识。第三篇就是山东召开的烟台游学大会。查完了以后向张书记汇报，因为她当时在外地，我说这个题目非常难写，基本上是学术空白，没有相关的资料。张书记给我发了一条微信，说要从现象研究入手，搜集和归纳国内和沿线国家的游学案例，分析与思考章节写作内容有关的经验，进而提出具有一定创新价值的理论发现。

我们任务也非常重，我给相关的老年大学都去了电话。山东省老年大学组织学员到日本游学，我们查到的目前就这一个案例。国内的游学也是刚刚兴起，对于游学这个概念，我个人认为不能说老年大学组织学员到外地去旅游就算游学，游学一定要有学。我们学校成立了游学部，今年10月份我们要去福州老年大学游学。因为去年福州老年大学到我们学校来，然后今年我们要到那去游学。我们这次组织的是国画班的学员，一个是到武夷山去写生，一个是到福州老年大学去交流，交流的内容要有现场的体会，而且要听对方学校专家搞的一次讲座，学员要有交流，如果可能的话，还要办个展览。

我们写"'一带一路'框架下的老年游学"，思考沿线国家老年大学将来开展国际合作的老年游学有无可能。游学对民心相通、文化融合也有一定的促进作用。我参加6月底的烟台会议，国外的老年大学去了很多，好像有20多家。凡是去的，第一他们有学员的作品，各地老年大学也都提前把手工艺作品、书画作品邮寄到那，效果非常好。我感觉游学应该就是民心相通和文化融合的一个重要的载体。要写"一带一路"框架下的老年教育，如果咱们和国外的老年大学没有沟通交流，没有校际往来，包括学员之间的交流，切入点就很难找到。所以说，我们认为游学这一章非常重要，这是我个人的一点建议。

（广州市老年干部大学研究室）

在"'一带一路'与老年教育研究"成都学术会议上的讲话

同志们，今天我们在历史文化名城、古蜀文明发祥地成都召开"1＋1"国际议题研讨会暨"'一带一路'与老年教育"课题的中期推进会，我对与会的各位专家学者表示欢迎和感谢，对会议召开表示衷心祝贺。

自2013年习近平总书记提出共建"丝绸之路经济带"和"21世纪海上丝绸之路"的重大倡议以来，经过五年发展，应该说，"一带一路"正在从理念转化为行动，从愿景变为现实。五年来，作为构建人类命运共同体的重要实践，以"政策沟通、设施联通、贸易畅通，资金融通、民心相通"为核心理念的"一带一路"赢得国际社会高度认同，得到越来越多国家和地区包括企业的热烈欢迎。

通过这次中美贸易摩擦可以看出，我们如果完全依赖美国市场，美国卡脖子的话我们将会损失很大。我国的改革开放一开始就是全方位立体式的，从这个角度看，提出"一带一路"是深谋远虑的，不能把鸡蛋都搁在一个筐里。"一带一路"为我们打开了一个很大的世界市场。现在的国际形势远没有2008年金融危机严重。从雷曼集团垮台引起世界多米诺骨牌一系列倒塌，发达国家经济体哀鸿遍野，新兴经济体也困难重重，但我国迎难而上，出台4万亿经济刺激方案，包括美国都承认我们在2008年经济危机中损失最小。我们实现了软着陆，从快速增长变到中高速增长。现在的形势好过2008年的形势，如果我们丢掉了美国市场，美国也丢掉了中国市场，这是一种较量，时间会说明问题。从这个角度看，"一带一路"的提出，历史意义深远。

"一带一路"建设作为一项长期性、全方位、高层次的宏大战略，是我国新时代全面对外开放的鲜明标志，新时代的改革开放跟以前的开放有所不同，最大的区别就是我们提出"一带一路"。它包含和承载了全面开放、统筹发展、民族复兴的伟大目标和任务。老年大学30多年的发展，可以说感受到的一个最主要的原则和经验，就是融入党和国家的大局。如果离开了党和国家的发展大局，我们自娱自乐，专属老年人的视野而不考虑老年人之外的世界，反而把眼界局限了。古语说："功夫在诗外。"老年教育只有放在党和国家的发展大局中才有生命力，就像一滴水放在阳光下一晒就没了，如果融入大海就会永不枯竭，所以我们老年教育要自觉融入党和国家的大局。

老年大学协会国际联络部和上海国际老年教育研究中心提出这个课题非常好，就是要研究"一带一路"应该如何与老年教育对接，要考虑我们能够做什么。2018年4月10日国际老年大学协会教育科学执委会在上海召开会议。考虑到中国人口最多，老年人也最多，"一带一路"又是由中国提出的，会议提出要拟定"'一带一路'与老年教育"研讨方案，该方案并于11月在毛里求斯召开的国际老年大学协会第103届理事会讨论。10月15日国际老年大学协会主席维拉斯、世界老年人联合会主席阿兰教授到访了国家老龄委办公室，老龄协会会长王建军与之座谈，16日跟我座谈。维拉斯和阿兰教授对中国老年教育发展高度肯定，其中谈到这个课题。我相信明年的会上可以提交比较成熟的方案来讨论，国际老年大学协会也把"'一带一路'与老年教育"确定为 2019 年老年教育国际议题。广州市社科联敏锐地意识到这一课题研究的重大意义，确定为 2018 年度广州哲学社会科学发展"十三五"规划重大课题，使课题研究更加具有社会意义和现实意义。

因为"一带一路"的内涵非常丰富，最早提出的是中国国际经济交流中心。他们到东北亚考察，看到那里基础设施非常落后，就提出成立亚洲基础设施投资银行，大家觉得凡是有差距的地方往往有发展的机遇。新兴国家比较落后，差距比较大，市场容量非常大，越是短板越是差距，越是蕴含着发展生机，所以他们就向中央提出建议。现在经过五年的发展，应该说"一带一路"渐成气候。老年教育应该重点还在文化上，这点与林校长、上海的李校长都有共识，就是着重文化相融、民心相通，从我们这个视角来做，不介入实体经济，从文化尤其是老年文化角度来看"一带一路"，这也是我们最早在衡阳提出的老年教育国际化这一概念。"一带一路"是新的视角。"一带一路"沿线国家的老年教育怎么样，老年教育发展和当地经济发展水平有什么关系，老年教育与当地老年人口、老年文化的关联，可以提出很多课题供我们研究。课题的提出为老年教育国际化和交流合作开辟了新的方向，应该说丰富了老年教育的国际化空间，也有利于我们国内老年教育的发展。人口老龄化是世界趋势，已经成为各国面对的社会问题，国际上都非常重视。尽管发展中国家，新兴市场国家，老龄化没有我们严重，但是尽早介入这个问题，对我们老年教育包括对当地的老年教育都有促进作用。

国际交流合作历来是重要一环，研究"一带一路"与老年教育这一前沿课题，有利于中外老年人互相了解、借鉴、相知互重，提升中国老年教育在业界的影响力和话语权。同时我们也通过老年教育这一朝阳事业从一个侧面向世界宣传我们国家老年人形象以及党和国家构建人类命运共同体的战略决策，传递协同发展、持续发展、多元发展、友好发展的中国智慧。应该说这个空间比较大，也是新兴课题。到底我们"一带一路"沿线国家的老龄化进程如何？因为老年教育总是和老龄化联系在一起。人口的进程和经济发展有什么关系？民族有什么特点？包括老年教育承载着老年文化，不同国家的老年文化是不同的，对老年教育会提出什么新的问题？我大概看了一下课题的章节，主要还是从文化、民族、经济发展的特点以及老年教育对当地经济文化的发展做文章。可能视野打开之后，又会有新课题、新重点出现。

这次会议也是国际议题"1＋1"研讨会。11月将在毛里求斯路易港召开"多元文化融合与老年大学"国际理论研讨会，林元和副会长将率团参加，张泽林校长做演讲，我们在这里进行先期研究，请各位专家畅所欲言，以便更好地修改完善讲稿。我参加过几次"1＋1"研讨会，这是一个很好的形式，就像冰山露出的实际是冰山的一角，底下还有很大的基座。出去演讲的是张泽林，实际他的演讲稿注入的是大家的智慧。我想有这么大的学术团队做基座，演讲稿肯定出类拔萃，希望各位专家可以畅所欲言、提出建议、建言献策，共同丰富张校长的演讲稿。

同志们，中国老年教育已经进入黄金发展期，理论上的创新非常必要，推进老年大学教育国际化发展也势在必行。中国老年大学协会国际联络部与上海国际老年教育研究中心联合组织这次前沿理论研究，得到了 13 所老年大学和科研机构的支持。我再次向大家表示感谢，也感谢这次会议的承办校四川老年大学和成都锦江区老年大学，谢谢大家。

（张晓林：中国老年大学协会会长）

"'一带一路'与老年教育研究"中期推进会综述

由中国老年大学协会国际联络部、国际老年教育研究中心主办，四川老年大学、成都锦江区老年大学承办的"'一带一路'与老年教育研究"专题研讨会暨国际议题研讨会于 10 月 18 日在成都召开。中国老年大学协会会长张晓林，中国老年大学协会副会长、广州老年大学校长林元和，上海老年大学校长李宣海，中国老年大学协会副会长、上海老年大学常务副校长熊仿杰，中国老年大学协会国际联络部主任、广州老年大学副校长王友农等 13 所老年大学和科研院所的 30 多位专家教授齐聚成都，对"'一带一路'与老年教育研究"课题初稿进行研讨；对即将在毛里求斯召开的 AIUTA 第 103 届国际研讨会中国代表的演讲内容进行讨论。此次会议是继 2018 年 7 月广州开题会议后在成都召开的课题中期推进会，主要任务是审议各成员提交的初稿，研讨及解决写作中遇到的问题和困难。在为期两天的会议中，与会者对议题进行了广泛而深入的研讨，形成一些宝贵的成果。

一、会议一致通过"'一带一路'与老年教育"的《公告》与《研讨方案》

根据维拉斯主席的建议，AIUTA 教育和科学执委会于 2018 年 4 月 10 日在中国上海召开执委会议，会议决定 2019 年 5 月 21 日至 22 日在中国武汉召开关于"一带一路与老年教育"的国际研讨会。按照惯例，主办国将向 2018 年 11 月 22 日在毛里求斯召开的第 103 届国际老年大学协会的理事会提交下届国际研讨会的《公告》和《研讨方案》。

与会者对《公告》和《研讨方案》分别进行了认真研讨。会议认为，研究"'一带一路'与老年教育"问题，最主要是聚焦"一带一路"所倡议的共商、共建、共享的原则，围绕"一带一路"倡议的政策沟通、文化融通和民心相通这三个方面进行深入研究，即主张在 AIUTA 的框架下，对国际老年教育也实行共商、共建、共享原则。会议一致同意通过两个文件。

会上，湖北老年大学校长万年春就 2019 年承办第 104 届国际老年大学协会理事会会议的筹备情况进行了汇报，办会申请已获湖北省政府审批通过，目前正在紧张的筹备中。

二、对"'一带一路'与老年教育研究"课题内涵的认知和把握

会议研讨阶段由王友农主持，各章负责人分别汇报了写作的框架和思路。与会者认为要对全球老龄化有一个客观全面的认识，要正面地评价全球老龄化。它除了影响人类社会经济的发展，可能会产生一些负面的影响，还要从长远的历史的眼光来看，老龄化对整个人类社会来说，是一场无声的革命，要认识到全球老龄化给人类带来的是一个重大的进步。在此基础上可以深入进行课题研究。

与会者对"一带一路"对老年教育产生的深刻影响进行更细致的讨论。李宣海校长认为，"一带一路"是国家倡议，要在"一带一路"沿线国家建立政策

互信、经济融合、文化包容的利益共同体、命运共同体、区域共同体。我们老年教育身处国家发展的洪流中，应主要在政策沟通、文化融通、民心相通上发挥作用，加强与沿线国家的文化包容，文化互动。

林元和校长提出，我们在关键词语的提法上要谨慎，尽管"一带一路"是我们首先提出来的，但要注意措辞，不要授人以口实，避免出现"引领"等大而不当的词汇。有的学者提出，写作的角度可以根据具体情况进行改变，有的章可介绍中国老年教育的基本情况，有的章建议多总结经验。梁烈研究员提出，整本书要有全局和统筹观念，要有平衡与取舍，对内容的交叉重复部分要进行删减，力求文字的简洁。

另外，与会专家对整本书的编写结构也提出了自己的看法。张晓林会长认为，老年教育要融入党和国家的发展大局，不能局限于老年人的视野，不能自娱自乐，只有这样，课题研究才能更加具有社会意义和现实意义，因此，站位要高。刘长生主任提出本书还需增加老年教育的愿景与行动，大家都表示认同，回去后，要精心打磨出精品。

三、确立"'一带一路'与老年教育研究"的重点

与会专家一致认为，"'一带一路'与老年教育研究"的重点应当聚焦于"一带一路"所倡议的共商、共建、共享的原则，同时围绕"一带一路"倡议的政策沟通、文化融通和民心相通这三个方面进行深入研究。

（一）彰显中国模式

林元和校长认为，中国老年大学的办学规模，占全世界老年大学较大份额，因此，中国老年教育的理论和实践，对世界老年教育的发展具有一定的影响。近年来，继全球公认的老年教育法国模式、英国模式后，提出的中国模式既是对中国老年教育在国际上的地位的肯定，也是对世界老年教育的贡献。在借鉴外国经验的同时，我们的研究成果、办学理念、办学的模式也可以宣传介绍，但措辞、用语要谦虚。

（二）要重视理论研究

施祖美教授认为，在"一带一路"框架下，老年教育的理论研究应该关注

前瞻性课题，我们完全可以介绍中国老年教育，中国老年教育与国际老年教育的相互关系，在这方面老年大学协会国际联络部发挥了桥梁和纽带作用。通过国际联络部我们直接参与 AIUTA 的一些国际研讨会议，传递中国老年教育理论和实践成果。梁烈研究员认为，应该借此机会，总结一下我们那么多年来的老年教育理论研究的经验和成果。王友农教授直接提出，中国老年教育与 AIUTA 理论互动和交融，本身就是中国对国际老年教育理论的贡献。

（三）对政策的把握

对于课题中涉及较难把握的"政策沟通"问题，岳瑛研究员提出，"一带一路"宏观上的政策沟通与我们老年教育的联系不太密切，可以解读为具体政策，如《老年教育发展规划》等，这既可以与国外做比较，又可以与老年教育之外的相关政策做比较，也可以论述沟通的一些原则。针对文化融合，卢彩晨博士提出，老年大学本身有一种功能就是促进文化融合，因为进入老龄社会，老年人多了，通过老年人来促进文化融合，是新时代的一个趋势，可以讲一下通过"一带一路"如何促进文化融合。

四、对"'一带一路'与老年教育研究"各章节写作重点的研讨

研讨中，李宣海校长认为，必须厘清"一带一路"与老年教育的关系，为什么研究"一带一路"与老年教育？我们的老年教育的贡献在什么地方？要让这本书成为"一带一路"沿线国家了解中国老年教育的载体，要通过这本书讲好中国故事，而且要用国际通用语言来讲这个故事。研讨中，与会专家对一些不当和过于牵强的提法也进行了质疑和研讨。例如，"党中央对老年游学高度重视""'一带一路'倡议包括老年游学"等提法。会上，王友农教授、卢彩晨博士对一些具体章节的标题也提出了不同看法。

王友农重申研究的重点。第一个是聚焦共商、共建、共享的原则，第二个是围绕政策沟通、文化融通、民心相通三大块展开研究。"一带一路"的共商、共建、共享原则就是要求在 AIUTA 的框架下，对国际老年教育也实施共商、共建、共享。具体写作思路为：导论、第一章、第九章属于宏观的理论性的阐述；第二章到第四章属于"三通"与老年教育的研究；第五章到第八章均是"'一带一路'框架下的××××"涉及老年大学的教育范畴的研究。其中第八章带有小结性质，主要从国际合作的角度来做一些总结，因为现在一些学者认为该课题的主题应该是"一带一路"与老年教育的国际合作。国际合作问题是"一带一路"对老年教育最根本的、最主要的一个总的要求。"一带一路"要求老年教育要进行国际合作，所以第八章它既带有小结性，同时又带有全书尚未涉及的一些问题。比如，建立国际体系的问题、网络的问题等集中进行论述。第九章改为"'一带一路'框架下的老年教育发展愿景"，全书宜采取分分合合的写法。

关于章节之间的重复问题。由于书稿是各校课题组分工完成，客观上易出现内容重复，针对多章重复问题，会议确定，重复问题最后由统稿人统一处理，但在书稿修改阶段，仍要围绕主题组织材料，论述问题，要删减完全无关紧要的东西，不要牵强附会，不要东拉西扯。林元和校长要求各课题小组会后要迅速组织专家，把大家会上的意见进行集中梳理，进行统一修改，保证质量。

五、"一带一路"框架下讲好老年教育的中国故事

张晓林指出，国际联络部和上海国际老年教育研究中心提出这个课题非常好，国际老年大学协会也把"'一带一路'与老年教育"确定为2019年老年教育国际议题。广州市社科联敏锐地意识到这一课题研究的重大意义，确定为2018年度广州哲学社会科学发展"十三五"规划重大课题，使课题研究更加具有社会意义和现实意义，这个课题就是我们中国故事。李宣海校长认为，"'一带一路'与老年教育"需要有一个载体，可以利用现有的遍布全球的孔子学院，在"一带一路"沿线的65个国家开展老年教育。我们不介入实体经济，只从文化尤其是老年文化的视角来看"一带一路"，从中可以了解"一带一路"沿线国家的老年教育怎么样，老年教育发展和当地经济发展水平有什么关系，老年教育与当地老年人口、老年文化的关联。课题的提出为老年教育国际化和交流合作开辟了新的局面，也为在"一带一路"框架下讲好老年

教育的中国故事奠定了基础。同时，不少学者也提出，讲中国故事不能套用中国的思维模式，要谨记文化的多样性是世界文化发展的动力，用世界的通用语系来讲中国的故事。施祖美教授特别强调，要用国际上能听得懂、能接受的语气讲中国故事，平和而不是霸气，因为我们这本书是面向国际的。

六、关于"多元化与老年大学"国际议题的研讨

会议还穿插进行了国际议题研讨，与会专家对 11 月在毛里求斯召开的第 103 届 AIUTA 国际研讨会中国代表的演讲内容进行了研讨，各抒己见，畅所欲言。张晓林会长提出，中国老年大学多元文化融合，题目一定要抓住重点，实际上现在办学面对的就是多元化的社会，多元化的老人，在教学过程中也体现了地域文化的多元，民俗的多元。这点从招生不设任何门槛就体现出来了。不论任何宗教信仰、不论男女、不论地域，不论学历，这就是兼收并蓄。只要你是老年人就可以报读。林元和校长提出，一是题目不宜太大，可把"中国老年大学与多元文化融合"改成"发挥老年大学作用，促进多元文化的融合"或"中国老年大学的多元文化融合探索"均可，要把中国老年教育的做法和经验总结好，推向世界，影响世界，而不是引领示范。二是演讲素材要切入主题，选择的佐证材料要生动典型有代表性，大家愿意听，千万不要讲全面，讲得很全面实际没有价值。三是举例可以选择最熟悉的，可以举中国成都一个区里面的一个老年大学，各民族、各年龄段、各种信仰的师生文化融合，1 万人次学员如何融合并和谐相处的，窥一斑而知全豹。这个基层学校多元文化融合搞得好，那中国老年教育的多元文化融合一定可以。其他与会学者建议在演讲中要突出我们中国模式的特点，多介绍具体做法，通过介绍具体的做法来展示中国老年教育多元文化融合的故事。

（孙运莉：广州市老年干部大学研究员）

在"'一带一路'与老年教育研究"上海课题会议上的讲话

各位专家学者：

欢迎大家参加"'一带一路'与老年教育研究"课题组的第三次会议暨上海会议。我做一个简单开场白。

第一个问题，"'一带一路'与老年教育"课题研究的启动和顺利进展，越来越显示出它的重要性和社会意义。

2018年7月广州开题会议以后，经过10月份在成都中期推进的会议，到目前为止，课题研究可以说已经完成了70%以上，在国内外的影响已经开始显现出来，并且越来越大。

11月22日在毛里求斯路易港召开的AIUTA第103届理事会议上，中国老年大学协会的代表提出我们课题组在成都会议上通过的关于"'一带一路'与老年教育研究"的公告和研究这一问题的中国方案，AIUTA理事会通过了我们的意见，并且建议我们用英文、法文和西班牙文翻译出来，以便发放到全世界各老年大学。

12月初，我们协会国际联络部翻译了这两个文稿。AIUTA秘书处已经将关于"一带一路"研究的公告和"一带一路"研究的方案，用英文、法文、西班牙文通过电邮全文发放，全世界AIUTA的会员校都看到了这两个文件。这是我们课题组对AIUTA的重大贡献，也是对宣传我们中国老年教育，对我们在国际上取得一定话语权的重大贡献。

在国内，许多老年大学的校长和管理人员知道我们做"'一带一路'与老年教育"的课题之后，都表示赞赏和钦佩，期待我们能够尽快出成果。前天在北京召开的中国老年大学协会30周年及纪念大会上发放了一个纪念画册，上面就刊登了我们10月份在成都召开的"'一带一路'与老年教育理论研究"的那张比较典型的照片，同时在《中国老年大学协会大事记》上面，也对"一带一路"的研究做了记录。有的学校的领导问我们为什么没有通知他们，让他们也参与这样一个课题研究，可见这个课题是非常切中当前的形势，得到了大家的认可。因为它是我国老年教育第一次主动融入国家发展大局的重要的理论探索，它的意义怎么估计都不会过高。这个研究的成果将对我国老年教育的发展起到重大的影响和推动。

第二个问题，各参与单位的领导、专家、教授的高度重视，积极工作，愉快合作，课题获得重大进展。

应该说这种进展是与大家特别是各个参加课题的单位的领导的高度重视直接关联的。课题有六章是两个学校合作进行的。很多学校组成了写作班子，调动一切写作力量，调动一切可以参与的人来进行研究。例如，湖北省老年大学和福建老年大学组成了一个联合的写作班子。昆明老年大学和成都锦江区老年大学又组成一个写作班子。在广州的南方医科大学老年大学和广州大学的教授联合组成了写作班子。武汉老年大学通过武汉的一个老年教育研究机构，与武汉东西湖老年大学的一些同志合作。这都是采用一种群策群力的方法，成立一个集体写作组，这样来做研究。另外潮州市老干部大学组成了一个研究团队，多次进行学术方面的讨论，所以他们这些做法取得很好的成效。

正因为大家的努力，现在交来的第二稿质量比第一稿有了很大程度的提高，基本达到了原设想的质量要求，也基本达到了统稿所需要的基本条件和要求。例如，第二章董利华和张泽林教授是负责的。他们反复修改，并且与我们主编多次讨论里面的一些具体的观点。第三章、第四章，在成都会议之后，都有了较大的优化，都接受了成都会议之后我们在提纲修改方面加入和删除的意见，接受了这些意见。另外，关于第四章，原来我们以为政策沟通这个问题比较难写，潮州方面集中比较优势的学术力量，所以这一章写的是比较理想的。第五章的老年游学，吸取了成都会议上提出来的修改意见。第六章和第七章都有了较好的修改和补充。第八章原来在成都会议上提交第一稿不是很理想，但是现在做了重大的修改，已经基本符合原设计意图，而且有一些观点，直至整个章节的观点都是比较新颖和有所突破的。第九章在成都会议上是建议把它改为"一带一路"框架下的老年教育愿景。现在我们看到第九章最主要是内在的逻辑好多了，逻辑性深化和加强了，理论性也加强了。同时我们这一次可以看到"导论"已经初具雏形。这标志着这本书已经完成了 70％。

第三个大问题，课题研究到目前为止已经显现出来的学术水平得到很大的提升，应该说是达到甚至超越了我们原来的一些设想。

在第二稿里面的新思维、新见解、新观点已经不是在第一稿里面的星星点点的闪烁，而是较大面积的出现一些新的观点、新的看法，有价值的东西不乏其说，特别是这个课题采用或者是引用了我国老年教育国际交流与国际对接的一些理论成果，主要就是我们国际联络部出版的这几本书。因为第二本是今天才看到，第二本书的电子稿已经发给了很多同志，所以大家都知道2017年的理论对接里面的一些东西。我们发现"'一带一路'与老年教育研究"的课题大量地使用了这些国际交流的一些理论成果，这将使我们这个课题与原来出版的和将不断出版的理论对接的丛书相映生辉，相得益彰，这是非常好的一种理论现象。

另外，我们这次会议在上海请了我国著名的专家杨德广教授和叶忠海教授，这将会很大地提升我们的学术层次和学术水平。我们也期待这两位专家和其他的教授对我们这个课题提出一些非常中肯的看法和意见，以便于我们在第三稿里面进行修改。同时我们通过这次上海会议将会在"导论"里面进一步把每一章的重要的新成果，在突出的位置显现出来，也就是说将增减、修改导论。

同志们，我们感谢所有参与课题研究的专家学者，也感谢参与课题讨论的专家学者，感谢中国老年大学协会学术委员会的支持和参与。感谢上海老年大学，安排我们在这样一个好地方开会。我们可以用"一带一路"的视野来看一看这所独特的"海派文化智慧养老"的模式，这对我们将会产生很好的启发。

谢谢大家。

（林元和）

附　录

中国老年大学协会国际联络部国际交流大事记(1989—2018)

1989 年

6 月 18—23 日，武汉老年大学校长杜子才赴墨西哥参加第 14 届国际老年大学协会专题研讨会，会上宣读了杜子才、刘平生合作的论文《中国老年教育规律探索》。

11 月 21—25 日，老年教育国际研讨会在武汉召开，董明传、张亚群、臧伯平、刘平生、王平、王明权、杨国权、杜子才、叶永泽、曾锡亨等出席会议。

1990 年

9 月 21—23 日，以杨国权为团长，武汉老年大学校长杜子才、甘肃老年大学副校长裴江陵、金陵老年大学副校长罗炳权、全国老龄工作委员会办公室外事室干部肖才伟一行 5 人赴加拿大赫尔(魁北克)参加主题为"老年大学，发展的源泉"的第 15 届国际老年大学协会专题研讨会。

1991 年

11 月，武汉老年大学校长杜子才赴法国图卢兹参加老年教育国际研讨会（TALIS），会上，宣读了与刘平生合著的论文《为了第三年龄的第二次青春》。

1992 年

9 月 13—20 日，以王祝光顾问为团长，中国老年大学协会刘平生秘书长、金陵老年大学马昭宏名誉校长、本钢老年大学钱之荣校长、本钢老年办公室刘锡民主任、广西外经委吴岸洪秘书一行 6 人赴英国剑桥皇家学院参加第 2 届"迎接未来挑战"国际会议。会上，刘平生宣读了论文《人口老龄化与老年大学》。

10 月 10—12 日，以贾方为团长，张洛校长、北京市海淀老龄大学齐心校长、广州军区老干部大学王之明校长、华龄出版社丁洪章社长和民政部国际合作司傅旻翻译一行 6 人赴西班牙巴塞罗那出席第 16 届国际老年大学协会年会。

1993 年

1 月 30 日，中国老年大学协会刘平生秘书长、魏莲一校长在北京铁路老年大学接待来访的日本国际妇女教育振兴会会员雁野弘子、小林弘子并陪同参观校容校貌。

2 月 12 日，中国老年大学协会刘平生秘书长、老龄委外事室副主任苏京华在北京铁路老年大学、北京市东城老年大学接待欧中文化交流协会负责人赵安妮女士。

5 月 8 日，刘平生秘书长、外事室贾福水主任、老龄委张亚群副主任、北京市东城区委老干局杨书章副局长、北京市东城老年大学学校领导在北京东城老年大学接待以日本社会联合会理事长小杉山清为团长的 9 人访华团，并陪同参观了该校。

7 月 4—9 日，国际老年学协会第 15 届老年学世界大会在匈牙利首都布达佩斯召开。来自 67 个国家和地区的 230 多名老年学研究者参加了这次学术盛会，其中中国学者 40 余人。中国老年大学会会长邬沧萍教授出席了国际老年大学协会理事会。中国社会科学院老年科学研究会会长熊必俊教授应大会主席特别邀请主持了专题学术讨论会。与会的中国专家、学者分别在分组会上宣读了论文，并就有关问题与国外同行进行了学术交流。

11 月 18 日，刘平生秘书长在法国巴黎会见国际第三年龄大学协会执行秘书路易斯女士，双方就中外老年教育问题进行了交流。

11 月 19—21 日，以刘平生秘书长为团长的 7 人中国代表团赴法国参加第 2 届老年教育国际研讨会。会上，刘平生宣读了题为《中国老年大学学生的创造性的学习》的论文。

1994 年

2 月 23 日，刘平生秘书长、王照华会长，外事室副主任宋玉华、苏京华在北京接待了法国巴黎第七老年大学负责人王女士，向其介绍了中国老年教育情况，并陪同参观了北京市海淀老龄大学、北京铁路老年大学。

4 月 23—5 月 8 日，瑞士日内瓦老人院院长麦哈特先生先后到访北京、山东、上海、广州，参观了 5 所中国老年大学。

5 月 10 日，英国第三年龄大学贝利先生到访中国，先后参观了北京海淀老龄大学、金陵老年大学、四川老年大学、苏州市老年大学等。贾方、齐心副会长、刘平生秘书长接待来宾并向其介绍了中国老年教育的情况。

8 月 12—15 日，以李冀峰为团长，中国老年大学协会刘平生秘书长、张弛副秘书长，贵州老年大学协会赵强秘书长，武汉老年大学李子范副校长，扬州老年大学周华瑞副校长，大庆老年大学蔡葆晨校长，东风汽车公司老年大学韩高洪副校长，老龄委外事室副主任苏京华一行 9 人赴芬兰于韦斯屈莱市出席第 17 届国际老年大学协会年会。14 日，我国代表团作为 AIUTA 成员参加大会，王照华当选理事会候补理事，刘平生在会上宣读了题为《人口老龄化与老年大学》的论文。

11 月 25—12 月 7 日，以章明为团长，武汉苏荣发为顾问，刘福祥和翻译李鲁玲一行 4 人赴意大利威尼斯、瑞士日内瓦参加第 3 届老年教育国际研讨会。

1995 年

9月22—23日，第4届老年教育国际研讨会在北京召开，顾问章明、马耳他驻华大使高奇出席开幕式，张亚群致欢迎词，全国有70多位老年教育工作者参加大会，邬沧萍教授做了题为《健康老龄化需要终身教育配合》的报告，刘平生与皮克顿做了题为《中澳老年教育比较》的演讲。

9月25日，中、美、澳三国老年教育比较研究项目第一次会议在北京召开，中方参会人员为杜子才、罗炳全、刘平生、张弛、肖才伟。

10月11日，联合国国际老龄研究所副所长马耳他大学社会系教授朱斯富·特鲁伊思博士到访北京丰台区老年大学，刘平生秘书长陪同参观该校并介绍基本情况。

1996 年

7月25—27日，第5届老年教育国际研讨会在加拿大萨斯喀彻温省里贾讷市召开，以刘平生为团长，青岛市老年大学夏方成副校长、金陵老年大学吴泽亮副校长、宝钢老年大学朱品成副校长、运城老年大学蔡贵农副校长、老龄委外事室苏京华6人组成的代表团参会。会上，刘平生代表中国做了题为《中国城乡老年人学校的异同》的报告。

9月11—13日，第18届国际老年大学协会大会在法国南特大学召开，我国派出了以于国厚为团长，李克俊、苏京华3人组成的代表团出席。

1997 年

4月8日，新加坡社会发展部长阿布杜拉一行6人到访北京铁路老年大学，并与该校教师座谈，刘平生秘书长陪同参观。

9月29—10月3日，第6届第三年龄教育国际研讨会在阿根廷巴拉那召开，我国派出以于国厚为团长，福建老年大学李宗明、福州市老年大学陈作细、青岛市老年大学王世辉、全国老龄协会袁新立、翻译贾国平6人组成的代表团参会。

1998 年

9 月 6—9 日，第 7 届第三年龄教育国际研讨会在瑞士日内瓦召开，我国派出了以刘平生为团长，青岛市老年大学副校长徐志亮、上海老干部大学副校长王遐、上海老年大学闵行分校副校长石其伟、福建老年大学协会副会长李青藻、福州市老年大学协会副会长李东山、泉州老年大学副校长王素华、翻译贾国平 8 人组成代表团参会。会上，王遐做了题为《老年教育与老年人的智力开发》的报告。

9 月 10—12 日，第 19 届国际老年大学协会大会在德国斯瓦尔哥明德市召开，我国派出了以刘平生为团长，青岛市老年大学副校长徐志亮、上海老干部大学副校长王遐、上海老年大学闵行分校副校长石其伟、福建老年大学协会副会长李青藻、福州市老年大学协会副会长李东山、泉州老年大学副校长王素华、翻译贾国平 8 人组成代表团参会。刘平生、贾国平代表张文范会长参加 AIUTA 工作会议，会议选举张文范为 AIUTA 理事，刘平生做了题为《老有所学》的报告。

1999 年

7 月 21—24 日，第 8 届第三年龄教育研究会 1999 年研讨会在美国明尼苏达州圣克劳德市举行。刘平生、臧伟洋、翁国新、陆剑杰、苏京华等代表参会，刘平生做了题为《老年教育与健康老龄化》的演讲。

2000 年

9 月 5 日，国际助老基金会主席佛劳拉·麦克唐纳女士和该组织亚太地区代表朱迪·罗伯茨女士到访北京，参观北京京教老年大学，中国老年大学协会副会长张志鑫陪同。

9 月 6—8 日，第 9 届第三年龄教育研究会 2000 年研讨会在加拿大蒙特利尔举行。中国老年大学协会顾问强锷一行 4 人出席会议。会上，刘平生做了题为《中国老年教育发展新趋势》的报告。

9 月 14—16 日，第 20 届国际第三年龄大学协会大会在加拿大魁北克举行。中国老年大学协会张文范会长、肖才伟副部长、强锷顾问、张弛副秘书长，金陵老年大学陆剑杰，上海老干部大学沈诒，天津老年人大学高令贤及宁夏老年大学的 4 人出席。会上，张文范会长做了题为《中国第三龄教育的发展和进步》的报告。

<h3 align="center">2001 年</h3>

4 月 2—12 日，国际第三年龄大学协会主席路易·波吉瓦教授应张文范会长邀请来华访问并讲学，到我国京、沪、宁三地老年大学参观访问并做了题为《关于国际第三年龄教育现状和发展》的报告。

9 月 20 日，北京铁路老年大学师生 200 人与日本老年人在北京世纪剧院同台演出歌舞节目，刘平生秘书长出席并观看节目。

11 月 6 日，2001 年国际助老会亚太地区会议在北京召开，北京京教老年大学学员陈复衡代表中国老年大学学员出席，并在会上发言。

<h3 align="center">2002 年</h3>

4 月 5—9 日，第 2 届世界老龄大会在西班牙马德里举行。以赵宝华副会长为团长，刘平生副会长、中国铁路老年大学学员、北京京教老年大学学员等代表一行 28 人出席。刘平生代表在"中国论坛"发言，介绍了中国老年教育的现状和发展成果。

10 月 1—12 日，第 21 届国际第三年龄大学协会会议在瑞士日内瓦召开。中国派出以李宝库为团长，刘平生为副团长，中国铁路老年大学副校长石晓燕，国际部主任肖才伟组成的代表团出席。

10 月 21—23 日，第三年龄学习国际研究研讨会在武汉市举行。来自中国、加拿大、美国、澳大利亚、法国、西班牙、德国、奥地利、韩国的代表共 100 余人参会。这次大会是 TALIS 第二次在中国举办的年会，张文范会长、刘平生副会长、武汉市委副书记殷增涛出席并致辞。

<h3 align="center">2004 年</h3>

10 月 12—16 日，第 22 届国际第三年龄大学协会会议在上海举行。会议主题是"新时期老年教育的传统与创新"。全国各省、市、自治区以及香港、澳门的老年教育工作者 150 余人参加了会议，李本公、袁新立、刘平生、上

海市副市长周太彤等出席了会议。会上，刘平生做了题为《与时俱进的中国老年教育》的主题发言。

12月24日—2005年1月3日，"2004年东亚地区高龄教育学术研讨会"在台北市台湾师范大学教育学院大楼二楼国际会议厅举办，刘平生、桂容安、雷鸣春、吴自明、陈勇、臧伟洋、蔡杰一行7人参加了会议。会上，刘平生做了题为《与时俱进的中国老年教育》的报告。

2005年

1月27日，朝鲜助老会一行10人到访北京，参观北京市东城老年大学，刘平生副会长陪同并介绍学校发展情况。

2006年

4月5—7日，越南老龄协会代表团来华考察中国老年教育，先后参观了北京师范大学老年大学、东城老年大学、天津老年大学，袁新立副会长、刘平生副会长、臧伟洋副秘书长与来宾座谈并介绍中国老年教育的发展现状。

2007年

8月14日，澳大利亚及新西兰老年大学主任丹尼斯·西蒙、克里夫·皮克顿一行到访北京，中国老年大学协会副会长袁新立、刘平生与代表团会谈，交流老年大学发展的经验。

8月28—31日，为庆祝中韩建交15周年，首尔市政府邀请中国老年人和涉老团体访问首尔，中国老年大学协会刘津远参加了老年人福利交流赴韩访问考察团。

11月22日，新加坡社会发展、青年与体育部政务部长符喜泉女士一行6人到访北京，与副会长袁新立、刘平生座谈，交流中新老年教育的相关问题。

2008年

3月，新加坡快乐学堂校长黄明德到上海老年大学参观。同年10月，上海老年大学常务副校长江晨清应邀赴新加坡出席在该校举办的"新加坡—中国长者终身学习论坛"及该校毕业典礼，做了《上海老年大学网上学习模式》

的演讲，参观了新加坡"活跃乐龄理事会""社区乐龄服务中心"等机构。

5月9日，应韩国京畿道利川市政府的邀请，景德镇老年大学瓷乐团随景德镇市政府代表团参加韩国第22届利川陶瓷庆典（博览会），在韩国瓷都——利川市进行为期3天的访问展演。景德镇市政府代表团团长、市委常委、常务副市长陈兴超和瓷乐团团长、景德镇老年大学校长杨启村及中国陶瓷艺术大师、陶瓷指画创始人戚培才先生与韩国京畿道知事金文洙、利川市市长赵炳敦及来自世界各国的代表、驻韩外国大使馆官员、驻韩外国新闻机构的记者和利川各界人士一同观看了演出。

9月29—30日，国际老年大学协会会议在匈牙利布达佩斯召开。之后，国际第三年龄大学协会全体委员会在比利时布鲁塞尔召开，中国派出了以袁新立为团长的代表团出席。

10月17日，由韩国京畿道利川市政府崔文镕副市长、权宁天副议长率领的政府代表团和议员访问团一行14人，回访景德镇老年大学，在杨启村校长、吴仁儒副校长、中国工艺美术大师戚培才和市委老干部局领导等陪同下，参观了市老年大学校舍，看望了5月份赴韩国利川市演出的市老年大学瓷乐团成员。

11月2日，金陵老年大学和日本名古屋市民亲善使节团在南京老干部活动中心礼堂举行庆祝缔结友好城市30周年联谊会。出席会议的有金陵老年大学常务副校长杨守清、副校长张中强和顾问王启培。双方进行了文艺交流。

2009 年

7月20日，首届国际中国古筝团体邀请赛（A团）在香港举行，共12支队伍参加，其中包括来自加拿大的参赛者。金陵老年大学选送的《茉莉花组合》脱颖而出，荣获一等奖。

11月4日，联合国老龄研究所所长一行在广东省委老干部局领导陪同下到广州市老年干部大学参观视察。该校专职副校长、大学管理办主任张小平等热情接待了来宾。客人们还深入英语俱乐部、书画班等课堂与老师、老年学员进行亲切交流。

2011 年

4月2—12日，国际第三年龄大学协会主席路易·波吉瓦教授到我国京、沪、宁三地老年大学参观访问，做了题为《关于国际第三年龄教育现状和发展》的报告。

6月20—26日，第6届中韩国际老年书画摄影作品展在吉林省长春市老年大学开展，共展出书画、摄影、手工艺三大类作品680余件。两国的老年朋友每年举行一次的书画交流活动，吸引了大量的观众。

6月21日，日本兵库县青年洋上大学海外研修团先遣组一行在广东省人民对外友好协会(广东省友协)领导的陪同下到广州市老年干部大学参观考察。专职副校长王友农、校长助理钟学等陪同参观了学校的办学现场。

8月18—20日，首届2011年海西武术大赛在厦门工人体育馆综合馆正式拉开帷幕，福建省市领导出席了开幕式。本次武术大赛聚集了来自北京、上海、广东、台湾等全国各省市的武林高手，还吸引了来自俄罗斯、日本的众多代表队。共有92支代表队、1411名武术运动员参赛。大赛以"精彩赛事、文化商旅、体育盛典"为主题，为期3天，是一次展示武术风采的盛会。

11月17日，韩国国际教育交流友好协会事务总长韩仁熙教授一行来到上海老龄大学进行访问交流。副校长张宗梅向韩国友人介绍了学校的概况和近年来学校的理论研究、新课开发、教育教学、学习成果等基本情况，并陪同参观。

2012 年

4月，国际老年大学协会"旅游业和老龄化及老年大学"国际会议暨第25届理事会在葡萄牙首都里斯本召开。中国老年大学协会常务副会长袁新立、上海老年大学副校长熊仿杰及中国老年大学协会国际事务顾问孟祥斌3人应邀出席会议。袁新立在演讲中重点介绍了中国政府重视和关心老年人物质、精神和文化生活，在开展老年大学、老年旅游等方面取得的成就，以及今后中国老龄事业的发展规划。

6月2日，为了加强中日两国民间文化艺术交流活动，纪念中日邦交正常化40周年，在黑龙江省美术家协会副主席兼秘书长赵丹琪等同志的陪同下，日本虹桥会5位和纸撕贴画老年艺术家到哈尔滨市老年大学进行访问，交流纸画的制作艺术。

9月17—20日，新加坡快乐学堂游学团一行29人到山东老人大学学习观摩，受到师生热烈欢迎。

2013年

1月23日，以刚果劳动党副总书记安德烈·马桑巴为团长的刚果劳动党干部考察团一行15人到访广东省康怡老人大学参观考察，盛赞这里是老人的快乐之家。

5月17—18日，由国际老年大学协会和中国老年大学协会主办、广州市老年干部大学承办的第92届国际老年大学协会理事会议及全体会议暨国际研讨会在广州白云国际会议中心召开。顾秀莲、万庆良、陈传书、张帼英、王世彤、郑红、王东等中央、省、市领导同志，国际老年大学协会主席及理事会各成员国代表，以及国内各老年大学代表等200余人出席会议。广州地区老年大学近3000名学员参与此次会议的各项活动。与会代表围绕"老年大学创新发展、老年人融入社会""关注银发旅游热潮"等主题进行研讨。

5月22日，国际老年大学协会主席维拉斯先生应邀到山东老年大学进行参观访问。山东老年大学校长杜英杰等有关人员陪同参观了学校及学员学习情况，并进行了座谈。维拉斯先生说，世界第一所老年大学——法国图卢兹老年大学和中国第一所老年大学——山东老年大学在一起交流具有非常重要的意义。维拉斯先生为山东老年大学和《老年教育》杂志题词。

9月4日，由新加坡快乐学堂组织的老年游学团到山西太原、山东等地老年大学参观学习。

9月12—13日，第93届国际老年大学协会专题讨论会及理事会议在瑞典乌普萨拉市举行。来自世界各地的会议代表出席会议。会议由国际老年大学协会主席维拉斯教授主持。受中国老年大学协会委派，广州市老年干部大学常务副校长张天亮，代表中国老年大学协会和广州市老年干部大学林元和校长出席会议，并做了关于《第 92 届国际老年大学协会理事会及全体会议暨老年大学创新发展、为老年人融入社会提供支持及拓展银发旅游研讨会》的总结报告。与会理事们一致同意中国老年大学协会副会长、广州市老年干部大学校长林元和为国际老年大学协会理事。

10 月 21 日，澳大利亚布里斯班老年大学学员一行 22 人在老师布赖恩（Bryan Iles）带领下到金陵老年大学参加中国文化班学习，受到金陵老年大学校领导赵文玉、张中强和师生们的欢迎。

11 月 28 日，韩国国际文化交流事业团一行 62 人赴山东老年大学进行校际交流活动，带来了《露梁后山小调》等 9 个歌舞类节目，展现了韩国的风土人情和传统文化，杜英杰校长与 300 余名学员代表观看了演出。

11 月，第二届世界南音联谊会大会唱暨印尼东方音乐基金会成立 30 周年庆典在印度尼西亚首都雅加达隆重举行。福建省泉州老年大学南音社一行 17 人作为受邀的唯一一支老年大学代表队全程参与了本次活动，受到了世界各地华人华侨、南音社团的关注和赞誉。

2014 年

3 月 18 日，日本静冈县浜松市浜北日中友好协会访中团内山副会长一行 5 人赴杭州老干部大学参观考察。杭州老干部大学校委会办公室副主任周苏文陪同参观，并向来宾介绍了该校办学基本情况。

3 月 20 日，泰国曼谷教育局赴华汉语研修班一行 25 名教师来到天津市老年人大学学习参观。泰国客人分两组分别参观了太极 56 式、瑜伽入门、民族舞、国标舞、声乐演唱、工笔花鸟、时令菜品制作等教学班，并与民族舞班的师生一起载歌载舞。常务副校长史学忠等向客人介绍了该校教育教学的基本情况。

6 月 2—4 日，第 94 届国际老年大学协会全体会议暨"老年大学与国际合作"国际研讨会在法国图卢兹第一大学召开。中国老年大学协会常务副会长袁新立、广州市老年干部大学副校长王友农参加了会议。AIUTA 第 94 届理事会会议由维拉斯教授主持。理事会对 AIUTA 在 2012—2013 年的工作进行了总结，特别是高度肯定了 2013 年在广州召开的第 92 届理事会议和国际研讨会。会议重新选举了理事会成员，中国的袁新立和林元和当选为理事会理事。

10 月 25 日，由中国教育国际交流协会与北京东方妇女老年大学、北京朝阳社区学院联合主办的第二届"老年教育国际论坛"在北京国家会议中心举行，旨在通过中外老年教育工作者面对面沟通，共同探讨老年教育与后职业发展中的机遇与挑战。参加会议的有：第十届全国人大常委会副委员长、中国老年大学协会名誉会长顾秀莲，中国老年学创始人、人口学家邬沧萍，中国老年大学协会常务副会长袁新立。来自泰国、中国香港、中国台湾等国家和地区的专家学者也应邀参加会议。

11 月 13—14 日，第 95 届国际老年大学协会理事会会议及"老年教育和老年大学新的经验'代际合作'国际研讨会"在巴西伊瓜苏 UDC 大学召开。中国老年大学协会副会长、山东老年大学校长杜英杰，绿城颐乐公司总经理葛婷婷等一行 5 人应邀出席会议。会议选举了法国图卢兹大学维拉斯教授为新一届国际老年大学协会主席。中国老年大学协会副会长杜英杰在演讲中介绍了中国各级政府对老年教育事业的关心和重视。绿城颐乐公司总经理葛婷婷代表绿城·颐乐学院，做了题为《颐乐学院——代际沟通的绿城实践》的专题报告，介绍了绿城对"学院式养老"模式的探索。

11 月 14 日，泰国僧王赵昆通猜率泰国博仁大学副校长、泰国宣苏南他大学前校长、泰国旅游部副部长等一行 6 人，到天津市老年人大学考察。常务副校长史学忠向客人介绍了学校基本情况。

2015 年

3 月 23—25 日，中国老年大学协会国际议题"老年大学、公民、社会融合"专题研讨会在潮州召开。广州市老年干部大学校长林元和、副校长王友农参加会议。此次研讨会由中国老年大学协会国际联络部与广东省老年大学协会联合主办，潮州市老年大学承办。国内老年教育专家、学者 22 人参加了研讨。"老年大学，公民和社会凝聚力"是 6 月于西班牙阿里坎特大学召开的国际老年大学协会第 96 届理事会会议和国际研讨会议的主题，举办这类针对国际会议和国际议题的专题研讨会在我国老年大学尚属首次。

4 月 19—27 日，福建老年大学芝兰越剧团一行 15 名演员及 8 名陪同人员，前往泰国参加 2015 中泰国际"金象奖"音乐舞蹈艺术大赛。通过 9 天 8 夜的努力，越剧团不负重任，参赛的两个节目分别获奖。《长生殿》荣获最高奖，《蝶恋花》获得金奖，福建老年大学获得最高组织金奖，裘鑫琴老师获得最高创作奖。这是芝兰越剧团走向国际舞台的重要一步。

5 月 7—8 日，由中国老年大学协会国际联络部与广州地区老年大学协会联合主办的国际议题"老年大学学生——新一代学生"专题研讨会在广州举行。中国老年大学协会会长张晓林，中国老年大学协会副会长、广州地区老年大学协会会长、广州市老年干部大学校长林元和做重要讲话。广州市副市长王东，市委组织部常务副部长、老干部局局长李瑾出席研讨会开幕式并致辞。来自全国高校、社科机构、老年大学及媒体的代表和专家，广州地区老年大学协会 34 所会员校的代表近 60 人参与了为期 2 天的研讨。研讨会为即将参加 9 月于波兰卢布林召开的国际老年大学协会第 97 届理事会会议和国际学术研讨会的中国代表准备理论思路和演讲素材。

6 月 11—13 日，第 96 届国际老年大学协会理事会会议及"公民、社会凝聚力与老年大学"国际研讨会在西班牙阿利坎特召开。来自法国、中国、英国、西班牙、意大利、德国、俄罗斯、乌克兰、哥伦比亚、巴西、印度、毛里求斯、冰岛等近百名代表与会。中国老年大学协会派出以哈尔滨老年人大学张丽华校长为团长的 5 人代表团参会，成员有青岛市老年大学副校长官涛，广东省老干部大学常务副校长蒋海鹰、副校长卢育红，广东省潮州市老年大学校长陈先哲。陈先哲代表用英文做了专题演讲《社会凝聚力：老年大学在中国的价值》。

8 月 5 日，国际老年大学协会主席弗朗索瓦·维拉斯到访西安老年大学，考察了解中国省会城市老年大学发展情况。西安老年大学校长毕锟及学校有关同志和维拉斯主席进行了座谈。

9月10日，澳大利亚养生学会一行12人到西安老年大学参观访问。孙永强副校长向来访的外国友人介绍了西安老年大学发展现状和组织机构等情况，并陪同来宾观摩了各系教学实况。

9月17—19日，第97届国际老年大学协会理事会会议及国际研讨会在波兰卢布林市举行。广州市老年干部大学校长林元和率中国老年大学协会代表团参加了会议，并在会上做题为《把握老年大学学生的新时代特点》的专题演讲。

11月，泰国曼松德昭帕亚皇家师范大学师生赴天津市老年人大学参观访问，常务副校长史学忠与来宾进行了座谈，中泰两国学员表演了各自的拿手节目。

2016 年

1月6—8日，中国老年大学协会"第三年龄大学在世界上的历史与发展"专题研讨会在云南省昆明市召开。广州市老年干部大学管理办公室主任段彦超参加会议。会议与会人员就"第三年龄大学在世界上的历史与发展"这一国际议题进行了专题研讨。

3月21日，以德国的诺伊曼（Neumann Rosian）博士为代表的访问团在华中科技大学德国文化研究中心主任张建伟的陪同下到湖北省老年大学访问交流，副校长严红等与来宾进行了座谈。

4月13日，国际老年大学协会主席维拉斯和世界旅游组织专家组专家莱昂·内尔（Lionel Becherel）一行参观访问了山东老年大学。在山东省委老干部局副局长、山东老年大学校长杜英杰，副校长赵明华、任德强、郭峰及有关人员陪同下，维拉斯一行参观了老年大学校舍和教学设施，以及正在上课的太极拳、舞蹈、书画等老年大学教学班。

4月17日，第六届中国画节、第九届文展会、第二届民博会在山东潍坊开幕。黄冈市老年大学书画院院士、大师级宣纸烙画传承人胡友恒应邀携带《毛泽东》《赤壁风光》等优秀画作参加此次活动，现场得到联合国教科文民间艺术组织委主席卡门·帕德拉女士的好评，并在他个人宣传画册上签名。

5月12—14日，第98届国际老年大学协会理事会议和"第三年龄大学在世界的历史与发展"国际研讨会在法国兰斯举行，27个国家的100多名老年教育专家学者聚会兰斯，中国老年大学协会常务副会长袁新立率领由昆明老年大学校长董利华，北京东城区老年大学校务委员会主任朱蓉先、副校长郭宝婵，哈尔滨老年人大学党委副书记王江，广州市老年干部大学副校长王友农、管理办公室主任段彦超，以及中国老年大学协会翻译管进共8人组成的代表团参加了会议。

5月19日，由中国老年大学协会主办的第五届全国老年书画展在山东省烟台市隆重开幕。中国老年大学协会常务副会长袁新立，山东老年大学校长杜英杰，国际老年大学协会主席弗朗索瓦·维拉斯，获奖作者代表以及来自全国各地老年大学、老年书画社团的近600名老年书画爱好者出席了开幕式。

7月5日，新加坡南洋艺术学院南艺董事会主席刘心玲女士一行4人来到天津市老年人大学访问。常务副校长史学忠、副校长潘望远等陪同客人参观了钢琴、绘画、计算机、舞蹈、拳剑教室、烹饪实习室和远程教育学院。史学忠向来宾赠送了刻瓷班学员的作品，刘心玲女士回赠了南洋艺术学院的图书。

9月8日，福建老年大学芝兰越剧团赴大连，参加由中国国际中老年艺术节组委会主办的第九届中国国际中老年艺术大赛总决赛。参赛作品越剧《西施浣纱》荣获戏曲类金奖。

10月9—13日，第99届国际老年大学协会理事会议和"积极健康老龄化与代际合作"国际研讨会在日本大阪召开，来自亚洲、欧洲、美洲、非洲的30多个国家400多名代表参加了会议。中国代表团以江西省老年大学协会副会长、景德镇老年大学82岁的老校长杨启村为团长，广州市老年干部大学张俊香调研员和天津教育科学研究院老年教育研究室主任、研究员岳瑛为助理，澳门理工大学老年大学校长林韵薇、景德镇老年大学宣教理论处处长朱保峰为团员以及翻译陈曼丽一行 6 人参加了会议。中国代表杨启村做了大会第一个发言。

11 月 10—21 日，山东老年大学组织 40 名学员赴澳大利亚、新西兰游学访问，参加新南威尔士州各民族中老年联友会组织的中澳文化交流活动。

10 月 12 日，汉语桥——东盟国家校长团（泰国团）一行 12 人到访天津市老年人大学。副校长何宝忠等陪同客人参观了钢琴、速写人物、二胡演奏、家常菜点制作、数码摄影、民族舞、48 式太极拳等班级，还参观了远程教育学院。

11 月 26 日，国际老年大学协会考察团一行在主席维拉斯教授的带领下到广东省老干部大学实地考察，了解广东老年教育发展情况。广东省人大常委会原主任、省老干部大学校长张帼英，省委老干部局局长、省老年大学协会副会长郭跃文，省委老干部局副局长、省老年大学协会副会长钟铨接见了来宾，省老干部大学（活动中心）常务副校长（主任）蒋海鹰，省老干部大学（活动中心）副校长（副主任）卢育红等陪同参观，并向维拉斯赠送了篆刻班程道树老师雕刻的维拉斯中文名章以及纪念画册。

11 月 27 日，国际老年大学协会维拉斯一行 5 人在广州期间，还参观广州市老年干部大学新校区，广州市老年大学副校长王友农、管理办调研员张俊香等参加了交流活动。

11 月 28 日—12 月 1 日，国际老年大学协会维拉斯一行 5 人在中国老年大学协会国际联络部主任王友农陪同下到广西参观考察，自治区人大委员会原副主任、广西老年大学名誉校长丁廷模、自治区党委组织部副部长、老干部局局长，广西老年大学校长唐咸仅会见了考察团一行。

12 月 1—3 日，国际老年大学协会主席维拉斯到湖北考察老年教育。考察团在鄂期间，对湖北省老年大学、武汉老年大学及武汉市江汉区老年大学的校舍建设、办学情况、教学及活动情况进行了全方位的考察。

2017 年

1 月 16—18 日，林元和校长、王友农副校长、张俊香调研员等一行 4 人参加在上海举行的"1＋1"国际议题"老年人平等学习的机会专题研讨会"。

2月22日，日本和歌山县交流协议团一行4人在山东省人民政府外事办公室工作人员的陪同下，对山东老年大学进行友好访问。山东省委老干部局副局长兼山东老年大学校长杜英杰参加了座谈交流。

3月17日，以法国鲁昂副市长纽埃勒·拉贝先生为团长，包括宁波老年大学客座教授樊尚·勒马尚先生在内的市政府代表团一行5人到宁波老年大学参观访问。宁波市委老干部局副局长、宁波老年大学主持工作副校长吴德水和老年大学副校长董芳陪同参观了学校的教学设施和学员上课情况。

4月21日，国际游学研讨会在烟台天马维拉斯老年大学会议室成功举办。来自世界5个国家的8名外宾参加了研讨会。该机构向来宾展示了其办学规模、特点和发展前景。

4月24—28日，老年教育国际学术研讨会在济南召开。国际老年大学协会主席弗朗索瓦·维拉斯，中国老年大学协会会长张晓林，国际老年大学协会第一副主席、中国老年大学协会常务副会长袁新立，国际老年大学协会第二副主席玛尔戈泽塔·斯塔诺斯卡，国际老年大学协会教育委员会主席利维奥·泽尔比尼，中国老年大学协会副会长周同战，国际老年大学协会理事、中国老年大学协会副会长林元和，中国老年大学协会学术委员会主任、金陵老年大学副校长陆剑杰，天津市教育科学研究院研究员岳瑛及中国、法国、英国、波兰、意大利、突尼斯等的专家代表参加了会议。会议以"老年大学在推进健康老龄化、积极老龄化中的作用"为主题。会议重点关注了老年教育所面临的新挑战。

5月2日，福建老年大学舞蹈队的节目《踢踏舞》《炫目伞技》和《挑幡》入选由国务院新闻办监制、五洲传播中心出品的，瑞士知名主持人奥利弗·格朗担纲的微视频《奥利弗游中国》，向世界展示了福州老年人"老有所为、老有所乐、豁达乐观、积极进取"的精神面貌。

5月18日，美国老年协会学者之路旅行团一行12人，到湖北武汉市江汉区老年大学交流学习，此前他们还曾到访北京、洛阳、重庆3座城市。

5月18—20日，第100届国际老年大学协会理事会会议暨"老年人平等学习的机会"国际研讨会在斯洛伐克首都布拉迪斯拉发召开，国际研讨会主题为"老年人平等学习的机会"。中国老年大学协会副会长林元和率领的代表团出席了会议。会上，林元和当选AIUTA第一副主席。上海师范大学老年大学副校长缪德良做了《让每一个老年人都享有学习权利——中国的国家意志和上海的实践》学术演讲。

5月24日，法国布列塔尼大区产业集群主席季思谭一行到山东老年大学参观访问。校长杜英杰，副校长赵明华、任德强等主要负责人陪同参观并进行了座谈交流。

5月24日，印度尼西亚科学院代表团成员保罗斯·鲁道夫·宇尼阿尔多先生到上海老年大学参观考察。常务副校长熊仿杰、办公室副主任褚沁等陪同参观。

6月1日，日本山口县知事村冈嗣政一行在山东省外办巡视员李荣的陪同下到山东老年大学参观访问。校长杜英杰，副校长赵明华、任德强及相关处室主要负责人陪同参观并进行了座谈交流。

6月7日，法国鲁昂代表团参观访问了宁波老年大学，代表团由法国鲁昂宁波城市友好委员会副主席樊尚·勒马尚先生，法国鲁昂宁波委员会秘书长费朗丝瓦·莫南女士和鲁昂大学校长代表、物理学教授阿兰·莫南先生3人组成，常务副校长李德芳陪同参观。该校聘请了勒马尚先生为摄影客座教授。此行该校还为勒马尚先生举办了"宁波情怀"个人摄影作品展。

9月11日，法国布列塔尼大区产业集群主席季思谭先生访问山东老年大学，并与杜英杰校长进行会谈。双方商讨了该校参加联合国教科文组织终生教育委员会年会前期沟通与协调工作。

9月15日，南昌市老年大学教师肖明光带领校女子合唱团，在位于俄罗斯符拉迪沃斯托克（海参崴）举办的"放歌俄罗斯·舞动符拉迪沃斯托克（海参崴）——2017走进俄罗斯符拉迪沃斯托克（海参崴）大型文艺汇演"中获得了最佳指挥奖、最佳钢琴伴奏奖和合唱钻石奖三项最高奖项。

9月25日，维拉斯主席接见由中国老年大学协会副会长、山东老年大学校长杜英杰率领的代表团，以及巴利阿里群岛老年大学校长卡尔曼·奥尔泰教授。三方就夏季老年大学、终身学习教育创新以及 AIUTA 会员校之间的合作项目进行了深入交流。9月26日，维拉斯主席及山东老年大学校长杜英杰带领的代表团参加了由 AIUTA 理事阿莫罗斯在马德里第三年龄课堂组织的研讨会。他们还访问了联合国世界旅游组织总部，会见了国际合作部负责人马赛尔·莱瑟，就老年大学参与国际银发旅游事宜展开磋商。9月27日，应联合国教科文组织世界终身教育委员会主席尼维斯·伊瓦杜的邀请，山东老年大学校长杜英杰率团出席了在西班牙马德里举办的第5届世界终身教育委员会年会暨"融合之措：以终身教育促可持续发展"主题论坛。与会期间，杜英杰向各国代表介绍了中国老年教育的发展和山东老年大学的办学情况，赠送了《中国·山东老年大学——老年人的养老新乐园》宣传手册，向大会提交并播放了宣传片，生动形象地展示了中国老年教育的发展和山东老年大学的办学成果，并与法国图卢兹第三年龄大学签署了合作意向书。

11月12—13日，中国老年大学协会会长张晓林在烟台会见 AIUTA 主席维拉斯，会同山东省旅游局官员及山东老年大学校长杜英杰，参加世界老年旅游大会筹备研讨会。研讨会议定全球首次"世界老年旅游大会"将于明年5月26—28日在烟台黄金海滩召开。

11月14—23日，中国老年大学协会国际联络部组织广州老年干部大学的27人老年游学团赴西班牙多个城市游学。

11月29—12月1日，第101届国际老年大学协会理事会议和"机构在老年大学发展中的作用"国际研讨会在哥伦比亚波哥大召开。中国老年大学协会国际联络部主任、广州市老年干部大学副校长王友农，福建老年大学副校长、福州大学老年教育研究所所长施祖美教授，以及国际联络部翻译刘畅参加了会议。研讨会主题为"机构在老年大学发展中的作用"，中国福建老年大学的施祖美教授代表中国发言。

12月5日，中国驻马赛总领事朱立英在图卢兹老年大学会见维拉斯主席，并向当地的老年学生发表演讲。朱立英总领事介绍了中国正在实施的"一带一路"新发展理念，希望国际老年大学积极融入与参与，拓展新的合作领域。

2018 年

1月，福建省厦门市思明区老年大学官任国际学堂举办期末成果展示会，有 103 名外籍人士进入官任学习中国传统文化。

4月8日，浙江老年大学"常青园"大讲堂邀请国际老年大学协会主席弗朗索瓦·维拉斯教授做题为《世界老年大学的现在与未来》专题学术报告。中国老年大学协会国际联络部主任王友农主持。浙江省委组织部副部长、老干部局局长鲍秀英，杭州老干部大学、宁波老年大学代表，浙江老年大学老年教育理论研究会会员代表，以及浙江老年大学学员代表等共计 150 余人聆听了报告。

4月9日，国际老年大学协会主席维拉斯一行在王友农的陪同下到上虞参观考察。浙江省委老干部局副局长王晖玲，绍兴市委组织部副部长、老干部局局长朱敏龙，上虞区委副书记王奇洲，区委常委、组织部部长潘超英等参与考察。

4月11—12日，2018 老年教育国际学术交流活动在上海举行，与会嘉宾学者围绕"参与、实现、共享：从老年大学到老年学习者"的主题展开交流研讨。中国老年大学协会国际老年教育研究中心揭牌成立，落户上海老年大学。会议通过了"老年教育上海共识"。

6月28—30日，第 102 届国际老年大学协会理事会暨老年教育国际学术研讨会在西班牙巴塞罗那召开，大会的主题是"老年大学的教育标准"。中国老年大学协会副会长熊仿杰、国际联络部主任王友农、成都锦江区老年大学校长张泽林，以及翻译陈若菲参加了会议。王友农在理事会上做了关于中国老年大学协会成立国际老年教育研究中心事宜的报告；熊仿杰做大会演讲《老年大学教育标准》。中国代表向与会外国代表赠送了 60 个包含 10 所中国老年大学宣传片的 U 盘，广州老年大学的宣传片《云山珠水绿映红》在大会上播放。

10 月 12 日，AIUTA 第一副主席林元和与中国老年大学协会国际联络部主任王友农在广州老年大学接待来访的维拉斯主席。维拉斯主席参观了国际联络部办公场地。会谈中，双方主要讨论了将于 2019 年在武汉召开的第 104 届国际老年大学协会理事会及"'一带一路'与老年教育"国际研讨会的筹备工作。

10 月 13 日，维拉斯、林元和、王友农一行在广东省潮州市参加老年教育发展趋势学术交流，维拉斯应邀做《老年教育新动态》学术报告。潮州市老干部大学校长陈先哲及其团队介绍一项重要的研究项目——编写《老年教育词典》。

10 月 15 日，维拉斯主席和国际老年人协会联合会（FIAPA）主席阿兰·高斯卡于北京会见中国老龄协会会长王建军，探讨中国以及全球老年人口的趋势及如何满足其教育需求。王建军会长将于 10 月 20 日访问法国。此外，维拉斯与中国老年大学协会会长张晓林就 2019 年 5 月 20—22 日将在武汉召开的理事会会议及国际研讨会展开讨论。

（广州市老年干部大学孙运莉整理，王友农校核）

参考文献

1. 中共中央党史和文献研究院．习近平谈"一带一路"[M]．北京：中央文献出版社，2018.

2. 王义桅．世界是通的——"一带一路"的逻辑[M]．北京：商务印书馆，2016.

3. 尚虎平．"一带一路"关键词[M]．北京：北京大学出版社，2015.

4. 冯并．"一带一路"全球发展的中国逻辑[M]．北京：中国民主法制出版社，2015.

5. 顾明远，鲍东明．推进共建"一带一路"教育专题研究[M]．北京：教育科学出版社，2017.

6. 郑通涛，方环海，陈荣岚．"一带一路"视角下的教育发展研究[M]．广州：世界图书出版广东有限公司，2018.

7. 顾秀莲．中国老年教育的国际背景研究[M]．北京：中国妇女出版社，2009.

8. 林元和，王友农．中国老年教育理论研究与国际对接（2013—2016）[M]．广州：广东高等教育出版社，2018.

9. 林元和，王友农．中国老年教育理论研究与国际对接（2017）［M］．广州：广东经济出版社，2019.

10. 陆剑杰．老年教育学——中国老年教育 34 年实践的学术研究升华［M］．南京：河海大学出版社，2018.

11. 杨德广．老年教育学［M］．北京：人民教育出版社，2016.

12. 熊仿杰．老年大学课程建设要略［M］．上海：上海教育出版社，2017.

13. 钱源伟．老年教育教学论［M］．北京：人民教育出版社，2016.

14. 叶忠海．老年教育学通论［M］．上海：同济大学出版社，2014.

15. 陆剑杰，张丽华．中国教育战线的新军突起——10 所省市（副省级城市）老年大学纪实［M］．北京：团结出版社，2016.

16. 中国现代国际关系研究院．国际战略与安全形势评估（2017—2018）［M］．北京：时事出版社，2018.

17.［法］弗朗索瓦·维拉斯．老年大学的现状与未来［C］．老年教育国际学术研讨会材料汇编．山东济南，2017，4.

18. 中国老年大学协会国际联络部．AIUTA 新动态述论［J］．广州老年教育研究，2016(5).

19.［斯洛伐克］纳德茨达·赫拉普科娃．夸美纽斯大学的代际合作研究［J］．广州老年教育研究，2015(6).

20.［英］珍妮·卡利．老年大学的英国模式［J］．广州老年教育研究，2016(11).

21. 广州市老年干部大学研究室．西班牙国际老年教育研讨会各国代表发言摘要［C］．广州老年教育研究，2015(11).

22.［日］冢古晶子．日本社会老龄问题调查及日式老年大学的创新举措［J］．广州老年教育研究，2017(6).

23. 刘静．韩国老年教育的特点及其对中国的启示［J］．成人教育，2015(1).

后 记

2013 年 11 月，中国老年大学协会四届三次常务理事会决定将国际联络部移设广州市老年干部大学，开启了中国老年大学国际交流合作的新格局。中国老年大学协会负责国际交流合作工作的林元和副会长和中国老年大学协会国际联络部主任王友农主编了《中国老年教育理论研究与国际对接》系列丛书。该丛书已出版了两本，本书是第三本。

广州市老年干部大学将此系列丛书作为重大科研课题，在人力、财力上予以了大力支持。中国老年大学协会国际联络部和广州市老年干部大学研究室为书籍编撰做了大量工作，从资料收集、翻译、分析，到整理、校核、筛选、归类，都倾注全力。

本书有大量首次在中国国内发表的国外专家学者的研究成果，具有较高的学术价值。

本书的章节安排者及统稿人为王友农。前期文字编辑工作者为孙运莉。林元和负责全书审定。参与书籍编辑工作的还有张俊香、龚德军、丁正良、许均翔等。

参与翻译的人员主要有刘畅、王晨旭、王文斐、王远等人。